성막과 예수 그리스도

TABERNACLE OF JESUS CHRIST

쿰란출판사

성막과 예수 그리스도

김한배 지음

추천사

　목회자들에게 가장 중요한 일은 죽어가는 영혼을 살리는 일입니다. 하나님을 모르고 살아가는 사람들, 인생에 실패하여 좌절한 사람들, 죄의 유혹 앞에 무릎을 꿇는 사람들까지 이 세상에는 구원받아야 할 영혼들이 많이 있습니다.

　백석총회에는 죽어가는 영혼을 살리는 일에 평생을 정진해 오신 귀중한 목사님들이 많이 계십니다. 그중에서도 건강한 목회자요, 영적 지도자요, 인격자로 많은 동역자들에게 귀감이 되는 목회를 하고 계신 김한배 목사님께서 《성막과 예수 그리스도》라는 귀중한 책을 출간하게 된 것을 진심으로 축하드립니다.

　성막은 '눈의 복음'(The Gospel of Eye)이라고 불립니다. 복음이신 예수 그리스도를 모형적으로 보여준다는 말입니다. 이스라엘 백성들이 40년간 광야 생활을 할 때 성막은 예배의 중심이었고, 구속된 백성 가운데 거하시는 하나님의 임재 처소였습니다. 하나님의 입장에서 보면 자기 백성에게 자신을 보여주시는 만남의 장소가 되고, 죄를 범한 백성에게는 구원의 장소가 되었습니다. 예수 그리스도께서 성육신하셔서 십자가를 통한 완전한 희생 제사를 이루시기 이전까지 성막은 이스라엘 백성에게 죄 문제를 극복하는 안전망이었습니다. 성막은 죄인들을 위해 죽으시고 부활하신 예수 그리스도의 그림자로서 하나님의 영원하신 계획인 구속 사역을 예시한 가장 완벽한 구조물이었습니다.

　김한배 목사님께서는 이런 의미들을 살려내기 위해 오랫동안 성막에 대해 깊이 연구해 오셨습니다. 성막이 이스라엘 백성에게만 필요한 과거의 구조물이 아니라 현재를 사는 성도들에게 많은 유익을 준다는 확신이 있었기 때문입니다. 더 많은 사람들이 하나님의 계획 속에서 '구원' 받도록 하기 위해 목사님께서는 광은기도원 안에 '세계성막복음센터'를 세우셨고, 성막을 통해 구약과 신약을 전체적으로 연결하여 한 권의 살아있는 하나님의 말씀을 직접 체험할 수 있도록 하셨습니다. 목사님께서는 성막을 공부해야 할 필요성에 대하여 10가지로 요약합니다. 구약과 신약의 연결성, 예수님을 온전히 이해하는 길, 성령이 인도하시는 생활, 신앙생활 전체를 한눈으로 보게 되는 것 등 성막에 대한 적절한 필요성을 제시하고 있습니다. 특기할 만한 사실은 성막의 기구들과 모형들을 세부적으로 설명하고 실제적인 의미를 찾아내셨다는 점입니다. 또한 목사님의 연구가 더욱 의미 있는 것은 단지 문헌적인 연구에서 멈추지 않고 성경에 기록된 대로 성막의 모형을 그대로 복원하여 성도들과 목회자들에게 실제적으로 성경을 볼 수 있도록 돕고 있다는 점입니다.

하나님께서는 사람을 통해서 영광을 받으시고 그 뜻을 이루어가십니다. 성막을 단순한 구조물로 생각하지 않고 십자가 언약의 그림자임을 밝히 드러내주신 목사님의 사역은 분명히 하나님께는 영광이 되고 우리에게는 기쁨이 된 줄 믿습니다. 목양 일념으로 늘 분주하신 상황에서도 늘 기도의 사람이요, 말씀의 사람으로 살아오셨기에 이렇게 귀한 일들을 해내셨다고 생각합니다.

이 책을 읽고 성막의 모형을 직접 보게 된 목회자들과 모든 성도들에게 주님을 만나는 기쁨과 감격이 있기를 바랍니다. 또한 재현된 성막을 통해서 한국 교회가 다시 한 번 성령운동, 회개운동, 기도운동, 나눔운동에 나서길 소망합니다.

김한배 목사님의 귀한 사역과 앞날에 하나님의 은혜와 평강이 늘 함께 하길 바라며, 광은교회와 광은기도원에 속한 모든 성도들에게 하나님의 축복이 넘치시길 기원합니다. 다시 한 번 《성막과 예수 그리스도》의 출간을 축하드리며, 이 책을 기쁨으로 추천합니다.

2015년 10월 1일
백석대학교 설립자, 백석총회장
장종현 목사

추천사

　성막은 이스라엘 백성이 출애굽한 후 40년 광야 생활 동안 하나님께 제사 지내기 위해 만든 성소다. 시내 산에서 모세가 십계명을 받은 후 이스라엘 백성은 광야의 조각목으로 상자를 만들어 두 개의 돌판을 담았고 성막의 지성소에 안치했다. 성막이 우리에게 의미가 있는 까닭은 바로 그 핵심이 하나님의 말씀을 중시하기 때문이다. 고대 이스라엘은 제사를, 초대 교회는 메시아를, 카톨릭은 교회의 권위를 강조했다면 개신교는 오직 말씀으로 구원받는다는 신앙관을 가졌기 때문에 성막과 같은 맥락에 놓여 있다고 볼 수 있다.

　광은교회에서 일찍이 성막 센터를 세워 정성과 노력을 들여 구약 시대의 실제 성막을 복원하여 일반인들에게 전시하는 것은 매우 뜻 깊은 일이다. 나아가 목회자들과 성도들을 대상으로 그동안 수많은 성막 세미나를 개최하여 성막의 의미를 일깨워 줌으로써 한국 기독교계에 지대한 공헌을 했다고 본다. 아무쪼록 성막에 관한 훌륭한 이 저서를 통해 더 많은 성도들이 고대 이스라엘의 유물로만 여겼던 성막이 오늘날 우리에게도 예수 그리스도의 상징으로 가슴 깊이 새겨질 수 있기를 기대해 본다.

2015년 10월 1일
협성대학교
김 성 교수

머리말

오늘이 있기까지 지켜주시고 보호하여 주신 하나님의 은혜에 먼저 감사와 영광을 돌린다.

이스라엘을 애굽에서 인도하여 광야를 거쳐서 가나안에 이르게 하신 하나님께서는 광야에 머무는 이스라엘 백성에게 그들이 가나안 땅에서 영원히 지켜야 할 귀한 신앙적 법도를 가르치셨다. 광야교회의 의미는 하나님의 임재를 바르게 체험하면서 하나님을 섬기는 경전을 배우고 또 경건에 이르는 훈련을 받는 것이었다. 이를 위하여 하나님께서는 세 가지 방법으로 훈련시켰다.

첫째는 율법에 대한 바른 이해와 신앙적 순종이었다. 율법 그 자체가 큰 은총으로 주어진 것이며, 이를 따라서 경건과 사랑으로 순종하는 것이 하나님의 은혜를 받아들이는 신앙적 자세다. 둘째는 하나님께서 지명하여 세우신 모세와의 은총적 관계인데, 이는 하나님께서 모세를 통해 말씀하시기 때문에 모세에게 순종함이 곧 하나님께 순종하는 것이 되기 때문이다.

그리고 마지막은 성막을 주신 것이다. 성막을 통하여 하나님께서 백성들과 함께함을 계시하셨으며, 이 때문에 온 이스라엘은 성막 중심으로 살게 하셨다. 이는 상징으로 말씀하시는 하나님의 말씀이었다. 그러므로 성막의 오묘한 뜻을 바로 알 때 올바른 경건에 도달하게 된다.

모세오경 중에 이 '성막'은 대단히 중요한 위치를 차지한다. 성막은 예수 그리스도의 모형이요, 교회의 예표이며, 하나님 나라, 즉 '천국의 조감도'다. 성막은 하나님 임재의 성소이며, 인간과 영적으로 교류하는 유일한 장소다. 성막은 말씀을 통해 하나님을 만나는 성숙한 신앙이 되게 하며, 믿음의 목표를 뚜렷하게 해준다.

이 책과 함께 임마누엘 하시는 하나님의 말씀을 확실하게 들으면서 신앙적으로 성숙한 교회, 성숙한 성도들이 되기를 바란다.

누구나 꼭 알아야 하는 것이기에, 체계적인 성경공부 교재용으로 정리하였다. 성경 본문에 충실하려고 노력했지만, 미흡한 부분이 있으면 지도 편달하여 주시기를 부탁드리며, 이 책이 교회 내 각 기관에서 성경공부 교재로 활용되기를 간절히 소원한다.

더불어 이 책을 보시는 모든 독자 여러분에게 하나님의 크신 은혜가 임하시기를 간절히 소망한다.

2015년 10월 1일
광은교회 담임목사
김 한 배

목 차

추천사(장종현 목사 · 김성 교수) 4
머리말 7

성막론

제1편 성막 서론
제1장 성막을 세우신 목적 25
제2장 성막의 명칭 36
제3장 성막의 기구 40
제4장 성막의 모형 53
제5장 성막의 변천사 59

제2편 성막의 기구와 영적 의미
제1장 서론 68
제2장 성막의 명칭 72

제3편 성막 뜰
제1장 울타리 83
제2장 장막의 뜰문 91
제3장 번제단 96
제4장 물두멍 114

제4편 성소
제1장 성소 130
제2장 떡상 133
제3장 금등대 144
제4장 분향단 153
제5장 휘장 162
제6장 앙장 166

제5편 지성소
    제1장 서론 ······ *172*
    제2장 법궤 ······ *174*
    제3장 널판 ······ *185*
    제4장 덮개 ······ *190*

제사론

제1편 제사장과 5대 제사
    제1장 제사장 ······ *200*
    제2장 5대 제사 ······ *208*

제2편 7대 절기
    절기 개론 ······ *234*
    제1장 유월절 ······ *240*
    제2장 무교절 ······ *243*
    제3장 초실절 ······ *246*
    제4장 오순절 ······ *250*
    제5장 나팔절 ······ *254*
    제6장 속죄절 ······ *258*
    제7장 초막절 ······ *261*

부 록
    솔로몬 성전과 예수님의 생애관 전시전 ······ *267*
    노아 방주와 유물관 ······ *332*

성막론

제1편 성막 서론

제1장 성막을 세우신 목적
제2장 성막의 명칭
제3장 성막의 기구
제4장 성막의 모형
제5장 성막의 변천사

성막 내부 전경

제사드리는 방법

물두멍

4 덮개

성막 뜰

회막문 앞

성소 내부

진설병상

분향단

금촛대

만나 항아리

법궤

제1장 성막을 세우신 목적
(출 25-40장)

내가 그들 중에 거할 성소를 그들이 나를 위하여 짓되(출 25:8).
거기서 내가 너와 만나고 속죄소 위 곧 증거궤 위에 있는 두 그룹 사이에서 내가 이스라엘 자손을 위하여 네게 명령할 모든 일을 네게 이르리라(출 25:22).

1. 성막이 세워진 동기와 이유

(1) 세워진 동기

하나님께서는 약 3,500년 전 시내 산에서 하나님께서 거할 성소인 성막을 직접 모세에게 보여주시고, 지시하신 기구와 형태를 식양에 따라 짓게 하셨다.

(2) 세워진 이유

성막은 하나님이 임재하시는 처소요, 죄인인 인간과 만나 주시는 유일한 만남의 장소였다. 하나님께서 하나님 자신을 인간에게 보여주지 않으시면 유한한 인간은 하나님을 알 수 없다. 그런데 하나님께서 성막을 선택하셔서 자신이 어떤분인가를 인간에게 알려 주셨다.

성경을 보면 많은 부분에 성막에 관한 내용이 기록되어 있다.

출애굽기에 13장, 레위기에 18장, 민수기에 13장, 신명기에 2장, 히브리서에 4장, 요한계시록 5장 등 모두 55장이 성막에 관한 내용이다. 특별히 계시록에서는 성막의 원형적 기록이 많이 수록되어 있다. 이 많은 성경 내용을 이해하기 위해서는 성막을 알아야 한다.

2. 성막 이해의 필요성

(1) 예수 그리스도의 모형과 그림자

구약의 성막을 확대해 놓은 것이 신약의 예수 그리스도요, 신약의 예수 그리스도를 축소해 놓은 것이 구약의 성막이다.

죄로 말미암아 하나님과 멀어졌던 인간들이 자발적으로 하나님을 찾지 못했을 때, 하나님은 스스로 양을 잡아 그 피 묻은 가죽을 아담과 하와에게 입히시고 인간에게 먼저 찾아오셔서 화해하셨다. 이는 창세로부터 행하셨던 하나님의 방법이었다. 성막 역시 이러한 목적으로 만들어졌다.

(2) 범죄한 인간의 구원 장소

하나님께서 성막을 만드신 목적은 이 성막을 통하여 예배 제도를 세우시고, 그 제사를 통하여 이스라엘 민족과 교제하시며 친교하시기 위해서였다. 성막은 하나님께서 구속의 계획을 나타내시기 위하여 강림하신 장소다. 즉 백성들과 더불어 살며 당신 곁에 영원히 살기를 원하여 지으셨던 것이다.

3. 성막을 공부하는 이유 세 가지

(1) 성막의 의미

성전의 구조나 비품은 하나하나 의미가 있어야 한다. 그 의미는 성막에서 찾을 수 있다.

(2) 교회의 원형

교회의 모습을 거슬러 올라가면 종교개혁 시대의 교회가 있고, 더 거슬러 올라가면 초대 교회가 있다. 흔히 초대 교회가 교회의 원형이라고 하는데, 더 거슬러 올라갈 수 있다. 더 거슬러 올라가서 만나게 되는 것이 성막 교회다.

(3) 하나님을 만나도록 안내하는 약도

성막에 대한 연구는 의외로 많다. 성막은 우리를 하나님께로 안내해 주는 약도이기 때문이다.

4. 성막을 공부해야 하는 이유 열 가지

하나님을 만날 수 있는 길을 발견하게 되기 때문이다. 지금 인간은 하나님께서 창조하신 본래의 인간이 아니다. 고장난 자동차가 정비공을 만나야 하듯이 고장난 인간은 하나님을 만나야 한다. 하나님과 함께하는 아름다운 삶이 인간 본래의 모습이었다. 그곳에는 행복만이 깃들어 있었고, 죄가 무엇인지조차 몰랐고, 저주와 아무런 관계가 없었으며, 병이 어떤 것인지 전혀 상관이 없었다. 그러나 하나님의 명령에 불순종한 인간은 마귀의 식구가 되어 버렸다. 이같이 고장난 인간은 하나님을 만나야만 온전해질 수가 있다. 아담은 가죽옷을 입고 하나님을 만났다(창 3:21). 가인과 아벨은 제물을 통해 하나님을 만났다(창 4:1-4).

또 성막을 바르게 알아야 예수 그리스도를 바로 알고, 바로 믿을 수 있기 때문이다. 구약의 중심은 오실 예수, 신약의 중심은 다시 오실 예수다. 그러므로 신구약의 중심은 예수다.

(1) 모세의 글을 믿어야 예수를 믿을 수 있다

모세 5경이 예수 이해의 첫 단추가 된다. 그런데 모세 5경 중 가장 중요한 부분이 성막이다. 출애굽기, 레위기, 민수기, 신명기 등은 성막을 모르고는 결코 이해할 수 없기 때문이다.

(2) 성막은 예수님의 이야기이기 때문이다

어느 학자는 "구약의 성막을 확대해 놓은 것이 신약의 예수요, 신약의 예수의 생애를 축소시킨 것이 성막이다"라고 했다. 성막 전체는 예수의 사건이요, 성막의 모든 것은 예수의 사실이요, 성막의 전부는 예수님의 이야기다. 예를 들면 예수께서 십자가에서 몸이 찢어지실 때 성막의 휘장이 위로부터 아래로 찢어졌다. 이 사건을 히브리서 기자는 "그 길은 우리를 위하여 휘장 가운데로 열어 놓으신 새로운 살 길이요 휘장은 곧 그의 육체니이다"(히 10:20)라고 성막과 예수를 일치시키고 있다. 그러므로 성막 공부는 곧 예수 공부다.

(3) 성경에서 55장이 성막 이야기이기 때문이다

출애굽기에서 13장, 레위기에서 18장, 민수기에서 13장, 신명기에서 2장, 히브리서에서 4장, 모두 50장이 성막만 기록하고 있다. 그러므로 성막에 대해 알지 못하면 성경에서 막대한 부분에 무지하게 된다. 그리고 다른 곳들에 등장하는 성막 이야기는 이루 헤아릴 수 없이 많다. 천지창조가 거창한 것이지만 겨우 11장이 할애되어 보도하고 있을 뿐이다. 성막은 천지창조보다 4배 이상 많은 분량이다. 믿음의 조상 아브라함 이야기도 겨우 14장일 뿐이다. 성경에서 단일 주제로 최고로 큰 비중을 둔 것이 성막이다. 그러므로 우리는 성막을 공부해야 한다.

(4) 성막은 죄인의 구원 장소이기 때문이다

성막은 너무나 귀한 자리다. 왜냐하면 다음 몇 가지 이유 때문이다.

1) 하나님께서 죄인을 만나주시는 장소다

죄인은 하나님을 만날 수 없다. 캄캄한 방에서 태양을 볼 수 없듯이 죄를 가진 인간은 결코 하나님을 만날 수가 없다. 그럼에도 불구하고 하나님께서는 성막 안에서 죄인 된 우리를 만나 주시겠다고 약속하셨다.

"거기서 내가 너와 만나고"(출 25:22)라고 언약하셨다.

2) 하나님께서 자신을 계시하시는 장소다

빌립은 하나님을 보여 달라고 예수께 요청하였다. 그때 예수께서 "빌립아 내가 이렇게 오래 너희와 함께 있으되 네가 나를 알지 못하느냐 나를 본 자는 아버지를 보았거늘 어찌하여 아버지를 보이라 하느냐"(요 14:9)하고 말씀하셨다. 예수를 본 자는 하나님을 본 자다.

> 본래 하나님을 본 사람이 없으되 아버지 품속에 있는 독생자이신 하나님이 나타내셨느니라(요 1:18).

성막을 본 자는 예수를 본 자다. 성막이 곧 예수이기 때문이다. 그곳에서 하나님은 자신을 계시하신다.

거기서 내가 너와 만나고 속죄소 위 곧 증거궤 위에 있는 두 그룹 사이에서 내가 이스라엘 자손을 위하여 네게 명령할 모든 일을 이르리라(출 25:22).

3) 하나님께서 죄인들과 말씀하시는 장소다

하나님과 대화를 나누고 싶은가? 성막 안으로 들어가야 한다.

여호와께서 회막에서 모세를 부르시고 그에게 말씀하여 이르시되(레 1:1).
이는 너희가 대대로 여호와 앞 회막문에서 드릴 번제라 내가 거기서 너희와 만나고 네게 말하리라(출 29:42).

이같이 성막은 하나님과 죄인이 만나 함께 대화하는, 너무도 흥분된 곳이다.

4) 하나님이 죄인을 받아 주시는 장소다

하나님께서 다른 곳에서는 죄인을 만나 주지 않으신다. 다른 곳에서 하나님을 만나면 급살 맞을는지도 모른다. 그러나 하나님께서 성막에서는 죄인을 만나 주시고 받아 주신다.

그는 번제물의 머리에 안수할지니 그를 위하여 기쁘게 받으심이 되어 그를 위하여 속죄가 될 것이라(레 1:4).

이는 하나님께서 죄인을 받으시는 모습이요, 방법이다.

5) 하나님께서 죄인을 용서해 주시는 장소다

"우리가 그리스도 안에서 그의 은혜의 풍성함을 따라 그의 피로 말미암아 구속 곧 죄 사함을 받았으니"(엡 1:7)라고 바울은 증언하고 있다. 죄인은 성막에서 제물을 드렸고 하나님은 받으신다. 그것이 바로 용서받았다는 영수증이다. 제단에서 불이 타오를 때 이는 바로 용서의 표징이다.

이같이 성막은 죄인이 구원받는 유일한 장소다. 그래서 성막을 공부해야만 한다.

(5) 성령이 인도하시는 생활이 어떤 것인지 알게 되기 때문이다

가장 철저한 성령의 인도, 가장 분명한 성령의 인도는 성막의 인도다. 성막 완성 후 성막에 구름기둥이 임했다(출 40:34).

1) 출발 신호

이스라엘 백성들은 40년간 광야에서 생활하면서 "자 이제는 그만 이동하자! 여기서 오래 머물렀다"라는 식으로 자유롭게 움직인 것이 아니다. 아니면 약 2,000명 되는 천부장 회의에서 떠날 날짜를 다수결로 정한 것도 아니다. 또한 12명의 족장회의에서 타협을 본 것도 아니다. 교회라는 하나님의 공동체는 민주화되면 안 된다. 복음화되어야 한다. 좀더 쉬고 싶어도 구름기둥이 떠오르면 가야 했다. 좀더 가고 싶어도 구름기둥이 머물면 멈추어야 했다. 과거에 구름기둥이 출발 신호 소리였지만 지금은 성령께서 출발 신호를 주신다.

2) 방향 신호

이스라엘 백성들은 이리 갈까 저리 갈까 고민할 필요가 없었다. 어디로 갈까 기도도 하지 않았다. 구름기둥이 가는 곳으로 방향을 잡기만 하면 되었다. 그것이 우리 인간의 눈으로 보면 좋지 않은 길 같아도 나중에 지나놓고 보면 가장 안전한 길이었다. 홍해 쪽으로 가는 길은 너무도 먼 길 같았으나 안전한 길이었다. 그리로 갔기에 애굽 군대는 다 죽었고, 이스라엘 백성은 다 살았다. 만약 그들이 가고자 하는 길로 직접 갔더라면 애굽 군대가 마침내 이스라엘 백성들을 다시 잡아가고 말았을 것이다. 지금은 성령께서 방향을 주신다. 신약에서 바울이 아시아로 복음 전도 가는 것을 막았다(행 16:6). 그리고 빌립보로 방향을 틀어 주셨다.

3) 사랑 신호

구름기둥과 불기둥은 두 가지 사랑이다.

광야는 낮에는 덥고 밤에는 춥다. 추운 밤에는 따뜻한 불기둥으로 보호하시고, 더운 낮에는 시원한 구름기둥으로 인도하셨다. 얼마나 알맞은 사랑인가. 만일 반대로 낮에는 불기둥으로, 밤에는 구름기둥으로 인도하셨다면 얼마나 고역이겠는가? 또 밤에는 어두워 구름기둥이 안 보일테니 잘 보이라고 불기둥으로 인도하시고, 낮에는 불기둥이 밝은 해 때문에 안

보일테니 구름기둥으로 인도하신 것이 얼마나 놀랍고 얼마나 알맞은 사랑인가? 너무나 놀라운 사랑이요, 너무나 기가 막힌 사랑이요, 너무나 신비한 사랑이다. 그러나 지금은 성령으로 우리를 사랑하고 계신다.

4) 생활 신호

이스라엘 백성들은 출발도, 도착도, 출발과 도착 사이의 생활도, 모두 구름기둥 불기둥에 의존하였다. 두 기둥이 머무는 기간이 생활 기간이요, 머무는 공간이 생활 공간이었다. 한치라도 벗어나면 추워서 죽고 더워서 멸망당했을 것이다.

5) 하나님 신호

2백만 이스라엘 백성 모두 이 두 기둥을 친히 다 보았다(38절). 두 기둥은 하나님이 살아 계신다는 증거다. 구름기둥, 불기둥을 친히 보고 따라다니며, 이스라엘 백성들은 '하나님이 살아 계셔서 하나님이 주신 신호다' 라고 생각하였다. 성령의 역사는 하나님의 신호다. 지금은 하나님께서 성령으로 우리의 마음을 두드리신다.

6) 영광 신호

하나님의 영광이 구름기둥과 불기둥으로 나타났다. 두 기둥이 나타나면 이스라엘 백성들은 하나님께 영광을 돌렸다. 두 기둥은 하나님께서 영광을 받으시겠다는 하나님의 의도이기도 했다. 하나님의 영광을 도둑질 한 천사가 루시퍼요, 하나님의 영광을 도둑질한 남자가 아담이요, 여자가 하와였다.

그때는 두 기둥을 통하여 하나님께서 영광을 받으셨으나, 이제는 성령의 역사를 통하여 영광을 받고 계신다. 성령 충만만이 하나님의 소원이요 예수님의 간절한 명령이다. 성령은 우리를 하나님께 영광으로 인도하고 있다.

7) 선교 신호

"그들에게 분부하여 이르시되 예루살렘을 떠나지 말고 내게서 들은 바 아버지께서 약속하신 것을 기다리라 요한은 물로 세례를 베풀었으나 너희는 몇 날이 못 되어 성령으로 세례를 받으리라……오직 성령이 너희에게 임하시면 너희가 권능을 받고 예루살렘과 온 유대와 사마리아와 땅 끝까지 이르러 내 증인이 되리라"(행 1:4-5, 8).

성령은 선교의 성령이시다.

그때 두 기둥으로 인도하신 하나님은 이제는 성령으로 인도하신다. 그러므로 성막 공부를 하면 성령의 인도하심이 어떠한지를 알아 성령의 인도를 받을 수 있다.

(6) 신앙생활 전체를 한눈으로 볼 수 있기 때문이다

문에서 구원론을, 번제단에서 죄론과 보혈론을 배울 수 있다. 등대에서 사명론을, 떡상에서 축복론과 헌신의 생활을, 분향단에서 기도론을, 법궤에서 부활론, 천국론, 계시론을 그리고 하나님의 말씀을 배울 수 있다. 이것이 신앙생활 전체요 성경의 전체다. 이것은 믿음생활의 완벽한 모형이기도 하다. 그러므로 성막 공부는 우리를 균형잡힌 신앙생활로 인도한다.

(7) 예수님의 가장 좋은 모형이기 때문이다

모세가 반석을 쳐 물이 나오게 한 것은 예수의 모형이다. 아담이 입었던 가죽옷은 구원의 모형이고, 촛대는 하나님의 임재의 모형이다. 구리뱀은 십자가의 모형이고, 이삭이 모리아 산으로 지고 올라간 장작도 십자가의 모형이다. 그러나 성경 전체에서 가장 분명하고, 가장 정확하고, 가장 멋진 모형은 바로 성막이다. 그러므로 성막을 공부해야만 한다.

(8) 복 받는 길을 정확하게 가르쳐 주고 있기 때문이다

하나님의 뜻은 축복이다.

1) 아담과 하와에게 하나님께서 주신 첫 선포

하나님께서 인간을 창조하시고 첫 번째 선포가 축복 선포였다.

2) 노아에게 주신 말씀

온 인류가 홍수로 다 멸망당하였다. 노아의 가정만 남았다. 이때 하나님께서 노아에게 주신 말씀도 축복의 선포였다.

3) 아브라함에게 주신 말씀

아브라함을 메시아의 첫 조상으로 선택하신 하나님께서 "내가 너로 큰 민족을 이루고 네게 복을 주어 네 이름을 창대하게 하리니 너는 복이 될지라"(창 12:2)고 말씀하셨다.

4) 이삭에게 주신 말씀

하나님께서 이삭에게 나타나 처음 하신 말씀도 축복이었다.

> 이 땅에 거류하면 내가 너와 함께 있어 네게 복을 주고 내가 이 모든 땅을 너와 네 자손에게 주리라(창 26:3).

이같이 하나님께서는 사람을 선택하시고는 반드시 복을 약속하셨다. 그런데 인간이 복되게 살지 못하는 것은 하나님 책임이 아니라 인간의 책임이다. 성막을 공부하게 되면 복을 잃어버린 인간의 모습을 발견하게 되고, 또 그 복을 찾는 비결에 대하여 깨닫게 된다. 용서받는 길이 번제단 안에 숨어 있고, 은총을 얻는 길이 물두멍에 들어 있고, 축복의 응답을 받는 비결이 분향단에 들어 있다. 그러기에 성막을 공부해야 한다.

(9) 영혼의 종합진단을 받을 수 있기 때문이다

육의 고장은 병원에서 진단하여 고치게 된다. 그러나 영의 고장은 성막에서 말씀으로 고치게 된다.

무슨 병인지 모르는 것이 가장 큰 병이다. 성막을 문에서 법궤까지 공부하면 영이 어디가 고장이 났는지, 영의 종합진단을 받을 수 있게 된다.

1) 문에서

나는 정말 예수 그리스도를 구원의 유일한 구주로 고백하고 있는가?

2) 번제단에서

나의 죄는 무엇인가?
나의 죄를 예수님의 보혈로 속죄함 받은 것을 확실히 믿는가?

용서 받은 의인이라는 확신이 있는가?

3) 물두멍 앞에서

나는 죄를 버린 후 성결한 생활을 하고 있는가?
중생하고 지은 죄의 사슬을 끊었는가?
버리지 못하고 끌려다니는 죄는 없는가?

4) 촛대 앞에서

나는 빛 된 생활을 하고 있는가?
나는 사명에 충실하고 있는가?

5) 떡상 앞에서

나는 헌신의 생활을 하고 있는가?
나는 생명의 떡인 예수 그리스도를 영의 양식으로 삼고 있는가?

6) 분향단 앞에서

기도를 잃어버리지는 않았는가?
나는 날마다 하나님의 뜻이 무엇인지를 찾고 있는가?

7) 법궤 앞에서

나는 주님을 통하여 부활할 것을 믿고 있는가?
나는 말씀 속에서 살려고 애쓰고 있는가?
나는 죽은 나무에서도 싹이 나게 하시는 하나님의 능력을 확실히 믿는가?
나는 욕심을 부리지 않고, 만나와 같은 일용할 양식을 구하고 있는가?
이같이 성막 공부를 하면 영의 종합진단을 받을 수 있다. 그렇기에 성막을 공부해야 한다.

(10) 하나님의 일꾼이 되기 때문이다

진정으로 알면 행동으로 옮기게 된다. 행함이 없는 믿음은 죽은 믿음이다. 성막을 공부하면 성경의 진리를 일목요연하게 알 수 있기에 하나님의 일을 하고 싶은 욕망에 사로잡히게 된다. 그러므로 자동적으로 하나님의 일꾼이 된다. 어설프게 예수를 알았던 베드로는 예수를 배반하기도 했다. 그러나 성령 받고 예수를 분명히 안 다음부터 베드로는 예수께 자신의 모든 것을 드릴 수가 있었다. 아가야 파트리에서 십자가에 거꾸로 못 박혀 죽을 때까지 그는 충성을 다하였다. 성막은 예수를 너무도 분명히 조각하여 주기에 하나님의 일꾼이 되게 한다.

이상 성막을 공부해야 하는 이유는 열 가지다.

하나님의 자녀들이 성막을 공부해야 하며, 또한 체험을 통하여서 예수 그리스도를 다시 한 번 주님으로 고백할 수 있는 시간이 될 수 있다. 그러나 무엇보다도 중요한 사실이 있다. 이스라엘 사람들은 성막을 아주 소중하게 여겼다. 그리고 성막을 중심으로 살았다. 행진할 때도 성막 중심, 진을 치고 머물 때도 성막 중심이었다. 하나님의 자녀들인 우리들도 성막 중심으로 살아야 한다. 교회 중심으로 살아야 한다. 이것이 성막을 하나님께서 이스라엘 백성에게 주신 의미다. 성막의 결론적 의미는, 성막 안에서 하나님이 자신을 계시하셨던 것처럼, 하나님은 우리에게 예수 그리스도를 통해 자신을 나타내 보여주셨다는 것이다. 예수 안에서 하나님의 모든 것이 계시되었다. 예수 그리스도를 본 자는 하나님을 본 자다. 예수 그리스도를 깨닫게 된 자는 하나님을 깨닫는 자다. 그리스도 안에서 하나님은 하나님의 모든 것을 계시하셨다.

하나님 안에 예수님은 같은 분이시다. 예수님께서 바로 하나님이시다. 하나님이 성막 안에서 인간과 같이 계셨던 것처럼 예수 안에 하나님이 계시다. 예수 그리스도의 십자가를 통해서 인간이 하나님과 화목하는 만남이 이루어졌다. 자녀들이 예수 그리스도 안에 있을 때 하나님은 자녀들의 죄를 용서해 주시고, 만나 주시고, 자녀들에게 말씀하신다.

또한 성막에서 죄인들을 받아 주신 것처럼 하나님은 예수 그리스도 안에서 자녀들을 있는 모습 그대로 받아 주신다. 자녀들이 예수 안에 있는 순간 하나님은 자녀들의 죄를 사하셨다. 그리고 성막에서 죄인들이 거룩한 것을 바칠 때에 받아 주신 것처럼, 예수 그리스도 안에서 자녀들이 찬양과 기도와 헌신을 드릴 때 하나님은 그것을 받아 주신다. 성막은 곧 예수 그리스도를 보여주시고, 예수 그리스도를 통해 천국에 들어감을 보여주는 약도(지도)다.

제2장 성막의 명칭

(출 25:8, 26:30)

내가 그들 중에 거할 성소를 그들이 나를 위하여 짓되(출 25:8).
너는 산에서 보인 양식대로 성막을 세울지니라 너는 청색 자색 홍색 실과 가늘게 꼰 베 실로 짜서 휘장을 만들고 그 위에 그룹들을 정교하게 수 놓아서 금 갈고리를 네 기둥 위에 늘어뜨리되 그 네 기둥을 조각목으로 만들고 금으로 싸서 네 은 받침 위에 둘지며 그 휘장을 갈고리 아래에 늘어뜨린 후에 증거궤를 그 휘장 안에 들여 놓으라 그 휘장이 너희를 위하여 성소와 지성소를 구분하리라(출 26:30-33).

성경에서 성막에 대한 10가지 호칭이 있는데 모두 성막을 의미하고 있다.

1. 장막

'모텔'의 원어의 의미는 '텐트'다. 성막의 겉모양은 텐트, 곧 장막이기 때문에 주어진 이름이다. 성경에 130회 가량 나온다.

무릇 내가 네게 보이는 모양대로 장막을 짓고 기구들도 그 모양을 따라 지을지니라(출 25:9).

2. 성막

원어 '미쉬칸'은 '거처'라는 뜻이다. '하나님이 거하시는 곳'이라는 뜻이다. 그러므로 이곳은 가장 신성한 곳이요, 최고로 거룩한 곳이요, 최고로 엄숙한 곳이다. 성경에 성막이란 말은 100여회 나온다.

너는 산에서 보인 양식대로 성막을 세울지니라(출 26:30).

3. 회막

회막은 '모이는 곳'이라는 뜻이다. 광야의 이스라엘 백성들은 늘 회막을 중심으로 동서남북에 각각 3지파씩 12지파가 자리잡고 있었다. 그들은 늘 성막에 모였다. 그래서 이렇게 모일 때는 늘 회막이라고 불렀다.

그들은 모여서 회개하였다. 제사를 드렸다. 재판하였다. 하나님의 뜻을 전달받았다. 이 회막에서 하나님을 만났다. 제사장을 만났다. 사람들끼리 만났다. 그래서 만남의 자리, 즉 회막이라고 이름이 붙여졌다.

4. 증거막

회막에 모여 그들은 3가지 말씀을 증거하였다. 현재 어떤 사건에 대하여 주시는 하나님의 말씀을 받아 증거해 주었다. 과거 하나님께서 하셨던 말씀들을 늘 잊지 않도록 증거하였다. 재판할 때 증인들이 와서 증거하였다. 그래서 성막을 때로는 '증거막'이라고 불렀다.

레위인은 증거의 성막 사방에 진을 쳐서 이스라엘 자손의 회중에게 진노가 임하지 않게 할 것이라 레위인은 증거의 성막에 대한 책임을 지킬지니라(민 1:53).

5. 성소

성막을 '거룩하게 구별한 장소' 라는 의미에서 '성소' 라 불렀다. 거룩한 분이 계시니 거룩하였고, 그러하기에 성소다. 성막이 있던 땅이 성소가 아니라, 하나님이 계신 곳이 바로 성소다.

> 내가 그들 중에 거할 성소를 그들이 나를 위하여 짓되(출 25:8).

6. 법막

하나님의 말씀인 율법이 그곳에 보관되어 있기에 붙여진 이름이다. 하나님의 법궤가 바로 그곳에 있기에 법막이라고 불렀다.

> 왕이 대제사장 여호야다를 불러 이르되 네가 어찌하여 레위 사람들을 시켜서 여호와의 종 모세와 이스라엘의 회중이 성막을 위하여 정한 세를 유다와 예루살렘에서 거두게 하지 아니하였느냐(대하 24:6).

7. 하나님의 집

장막은 하나님과 관계된 집이라는 뜻이다. 하나님이 거하시는 집이다. 하나님이 말씀하시는 집이다. 하나님께 제사하는 집이다. 하나님의 말씀을 보관하는 집이다. 하나님을 섬기는 집이다.
이같이 성막은 모두 하나님과 관계가 되어 있기에 '하나님의 집' 이라 불렀다.

> 하나님의 집이 실로에 있을 동안에 미가가 만든 바 새긴 신상이 단 자손에게 있었더라 (삿 18:31).

8. 여호와의 집

하나님의 또 다른 이름은 여호와이시기에 '하나님의 집'이나 '여호와의 집'은 동일하다.

> 매년 한나가 여호와의 집에 올라갈 때마다 남편이 그같이 하매 브닌나가 그를 격분시키므로 그가 울고 먹지 아니하니(삼상 1:7).

9. 세상에 속한 성소

본래의 성소는 하늘나라에 있었다. 하늘나라의 성소가 참모습이다. 성막은 단지 이의 모형일 뿐이다. 그 모형이 세워진 곳이 세상이기에 주어진 이름이다.

> 첫 언약에도 섬기는 예법과 세상에 속한 성소가 있더라(히 9:1).

10. 하나님의 처소

하나님이 계시는 곳이라는 뜻으로 때로는 성막을 '하나님의 처소'라고 불렀다.

> 다윗이 하나님 앞에서 은혜를 받아 야곱의 집을 위하여 하나님의 처소를 준비하게 하여 달라고 하더니(행 7:46).

이같이 성경에서 성막은 여러 명칭을 때에 따라 말하고 있다. 장막, 성막, 회막, 증거막, 성소, 법막, 하나님의 집, 여호와의 집, 세상에 속한 성소 하나님의 처소 등 이 모두 다 성막의 다른 이름이다.

제3장 성막의 기구

■ 용어풀이
- 세마포장(細麻布帳) : 가는 삼(아마)실로 짠, 썩 고운 흰색 삼베천
- 갈고리 : 세마포장을 걸기 위해 기둥에 설치된 고리
- 규빗(Cubit) : 옛적 히브리인들이 사용하던 길이의 단위로서, 성인 남자의 팔꿈치에서 펼친 가운데 손가락 끝까지의 길이. 대략 50㎝에 해당함(사람마다 팔의 길이가 다를 수 있으므로 1규빗을 약 50㎝로 표기하는 경우도 있음)
- 가름대 : 기둥과 기둥 사이를 가로로 일정하게 연결하여 기둥을 튼튼히 하고 세마포장을 팽팽하게 하는 막대
- 뜰의 문장(門帳) : 성소의 출입구 휘장이 아니라 뜰의 출입구 문에 치는 휘장(천)

성막 뜰은 동서 길이가 100규빗, 남북 너비가 50규빗의 직사각형으로서, 우리나라 기준으로 약 378평(坪) 넓이가 된다. 이곳에는 번제단과 물두멍 그리고 성소와 지성소로 구성된 성막 본체가 있었다. 제사장들은 이 성막 뜰 북편이나 남편에서 희생제물을 잡거나(레 1:3) 하나님께 드린 제물을 먹기도 했다(레 6:16).

즉, 이 성막 뜰은 제물로 바쳐질 동물들이 죽임을 당하는 곳일 뿐만 아니라 하나님께 드려진 예물을 제사장들이 먹는 화목의 장소이기도 했다. 이 성막 뜰을 이루는 울타리 높이는 약 2.5m 정도였고, 울타리는 세마포장(細麻布帳)으로 둘러쳐서 만들었다.

그리고 동쪽에 약 9m정도 넓이의 유일한 문이 하나 있었다. 이 문은 인간이 하나님의 거룩한 처소로 들어갈 수 있는 유일한 통로였다. 이러한 의미에서 이 문은 죄인이 하나님께 나아갈 수 있는 유일한 길이요 문이신 예수 그리스도를 예표한다(요 10:9, 14:6). 실로 죄인이 예수 그리스도를 통하지 않고서는 하나님께 나아갈 수 있는 다른 문이나 통로는 전혀 없다.

성막의 동편문은 예수 그리스도께서 언제나 죄인을 맞이하기 위하여 준비하고 계시듯 항상 넓게 열려 있었고, 성막의 뜰 안에는 제사장뿐만 아니라 레위인(민 8:9-26,18:3-7), 일반 평민들까지도(레 12:6-7, 15:14, 29) 들어갈 수 있었다. 이러한 사실은 예수 그리스도를 통하여 하나님께 나아가는 자는 누구나 구원을 얻으며 또한 전혀 차별이 없음을 보여준다.

구속이란, 자기 힘으로는 갚을 수 없는 빚을 대신 갚아 주어 종 된 처지에서 해방시켜 주는 것이다. 내 스스로는 감당할 수 없는 죗값을 주님께서 십자가 보혈로 친히 갚아 주시고, 우리를 마귀의 권세와 죽음의 그늘에서 해방시켜 주셨다.
하나님은 울타리 밖에서 하나님과 떨어져 있던 우리들을 성막문으로 인도하여 주사 우리를 울타리 안에 속한 사람이 되도록 해주셨다.

성막은 하나님께서 이스라엘 백성과 영교하기 위하여 허락하신 특별한 선물이요, 최고의 은혜의 성물이다. 그래서 성막을 향하여 나아가 엎드리는 것을 '은혜의 보좌' 앞에 나아간다고 했다. 죄인이 그 은혜의 보좌 앞에 나아가서 하나님과 이스라엘 백성이 영교하는 유일한 길이다.

출애굽기 33장 7-11절에 성막의 고귀한 임무가 나타나 있다. 또 성막은 이스라엘에게 하나님이 임재하여 계시는 증표였다. 실제로 하나님께서 성막을 매개로 하여 이스라엘과 같이 계셨다. 이와 같이 중임을 가진 성막은 한 장소나 구조에만 그친 것이 아니었다.
하나님은 물질적이고 인위적이고 그리고 세상적인 것에 제한되는 분이 아니다. 거기에는 분명히 영적인 뜻과 영교의 오묘한 진리를 내포하고 있다. 그것은 이스라엘만을 위한 것이 아니라 장래를 위한 것이니, 하나님이 그의 백성과 영교하시고 또 그의 백성을 멸망의 자리에서 구속하시는 구속의 예표로 예언적이고, 계시적인 상징이다. 메시아의 간접적 예언임에 틀림이 없다.

1. 성막의 재료(출 25:1-9)

여호와께서 모세에게 말씀하여 이르시되 이스라엘 자손에게 명령하여 내게 예물을 가져오라 하고 기쁜 마음으로 내는 자가 내게 바치는 모든 것을 너희는 받을지니라 너희가 그들에게서 받을 예물은 이러하니 금과 은과 놋과 청색 자색 홍색 실과 가는 베 실과 염소 털과 붉은 물 들인 숫양의 가죽과 해달의 가죽과 조각목과 등유와 관유에 드는 향료와 분향할 향을 만들 향품과 호마노며 에봇과 흉패에 물릴 보석이니라 내가 그들 중에 거할 성소를 그들이 나를 위하여 짓되 무릇 내가 네게 보이는 모양대로 장막을 짓고 기구들도 그 모양을 따라 지을지니라(출 25:1-9).

성막의 재료들은 하나님께서 이스라엘 백성들에게 주신 것으로, 이스라엘이 하나님께 바친 것이다. 그것들은 하나님의 명령에 의하여 성막을 짓기 위하여 드려졌다. 즉 '하나님의 방법'으로 된 것이다. 하나님의 명령과 능력과 역사에 따라 이스라엘 백성들이 신앙적인 순종과 헌신에 의하여 드렸다. 즉 하나님께로 난 하나님의 아들의 도성인신으로 참 이스라엘로서 신앙적인 순종과 헌신으로 하나님과 관계를 맺게 됨을 말해 준다.

즉 예수 그리스도로 인한 하나님과 참 이스라엘의 결연자에게 말씀하심과 같이 "여자여 내 말을 믿으라 이 산에서도 말고 예루살렘에서도 말고 너희가 아버지께 예배할 때가 이르리라……아버지께 참되게 예배하는 자들은 영과 진리로 예배할 때가 오나니 곧 이때라 아버지께서는 자기에게 이렇게 예배하는 자들을 찾으시느니라 하나님은 영이시니 예배하는 자가 영과 진리로 예배할지니라"고 했다.

그 여자가 "메시아 곧 그리스도라 하는 이가 오실 줄을 내가 아노니 그가 오시면 모든 것을 우리에게 알려 주시리라"고 하자 예수께서 이르시되 "네게 말하는 내가 그라"고 하셨다

(요 4:25-26). 그러므로 이 성막은 예수 그리스도를 예표하는 것이다.

일반적으로 성막은 하나님께서 그의 백성과 함께하시는 상징이었다(출 25:8; 왕상 8:27 참조). 말씀의 도성인신, 즉 "말씀이 육신이 되어 우리 가운데 거하매"이다. 헬라어의 성막은 육신을 나타내는 의미가 있다(요 1:14; 고후 5:1).

그러므로 성막은 도성인신 하신 예수 그리스도로서, 그로 인하여 하나님과 그의 백성들이 만나고 영적으로 교제하게 되며, 그 안에서 즉 그를 중개로하여 하나님께 그의 백성들이 영적으로 예배를 드릴 수 있음을 의미한다. 그를 떠나서는 하나님을 만나거나 참 예배를 드릴 수 없다. 예수 그리스도는 신령한 참 성막이다.

성막의 기구들을 생각하기 전에 주의할 것이 있다. 성경에 법궤로부터 시작하여 속죄소, 그룹, 떡상, 향단, 촛대, 놋단, 세수대야와 안마당, 바깥마당의 순으로 논하고 있다는 것이다.

위의 순서는 하나님께서 죄인을 사랑하신 것과 하나님께서 인간의 몸을 입고 세상에 오심을 의미하며, 죄인을 위한 희생을 나타낸다. 그 희생은 십자가의 희생이다. 죄인의 공로가 아니라 하나님의 은혜요, 은총의 역사다.

또 성막에 들어가는 과정을 생각해 보면 깊은 진리가 있다. 이방인의 죄인에게 구원을 주는 복음의 문을 거쳐 예수 그리스도의 십자가를 부여잡고, 죄를 회개하고 하나님께 나아가 생명과 거룩함과 영원한 축복을 받게 된다. 즉 천국에 들어가게 된다. 하나님의 하향적 사랑과 인간의 상향적 신앙을 보여준다.

2. 법궤(Ark, 출 25:10-16)

그들은 조각목으로 궤를 짜되 길이는 두 규빗 반, 너비는 한 규빗 반, 높이는 한 규빗 반이 되게 하고, 너는 순금으로 그것을 싸되 그 안팎을 싸고 위쪽 가장자리로 돌아가며 금테를 두르고, 금 고리 넷을 부어 만들어 그 네 발에 달되 이쪽에 두 고리 저쪽에 두 고리를 달며 조각목으로 채를 만들어 금으로 싸고, 그 채를 궤 양쪽 고리에 꿰어서 궤를 메게 하며 채를 궤의 고리에 꿴 대로 두고 빼내지 말지며 내가 네게 줄 증거판을 궤 속에 둘지며(출 25:10-16).

　법궤는 히브리어로 '아론'이다. 이것은 네모지게 만들어진 것으로 그 길이는 2규빗 반(125cm), 넓이와 높이는 각각 1규빗 반(75cm)이였다. 이 궤는 싯딤나무로 만들었다.

　"이 싯딤나무는 이집트와 아라비아 반도에서 자라는 것이라"고 한다. 그 안팎을 순금으로 입혔다. 윗가로 돌아가며 금테를 두르고, 금고리 넷을 만들어 그 네 발에 달되 이편에 두 고리 저편에 두 고리였고, 조각목으로 채를 만들어 금으로 싸고, 그 채를 궤 양편 고리에 궤에 메게 했다.

　그 궤 안에는 만나 항아리(출 16:33)와 십계명의 두 돌비를 넣어 두었다(출 25:16, 40:20). 그 두 돌비를 하나님께부터 받은 것(출 24:12)인데, 언약의 말씀(출 34:27-28; 신 4:13, 10:1-2), 언약의 비석(신 9:9-15)이라고도 한다. 또 그 후에는 그 궤 속에 아론의 싹난 지팡이를 넣었다(민 17:10).

3. 속죄소(출 25:17-22)

순금으로 속죄소를 만들되 길이는 두 규빗 반, 너비는 한 규빗 반이 되게 하고 금으로 그룹 둘을 속죄소 두 끝에 쳐서 만들되 한 그룹은 이 끝에, 또 한 그룹은 저 끝에 곧 속죄소 두 끝에 속죄소와 한 덩이로 연결할지며 그룹들은 그 날개를 높이 펴서 그 날개로 속죄소를 덮으며 그 얼굴을 서로 대하여 속죄소를 향하게 하고 속죄소를 궤 위에 얹고, 내가 네게 줄 증거판을 궤 속에 넣으라 거기서 내가 너와 만나고 속죄소 위 곧 증거궤 위에 있는 두 그룹 사이에서 내가 이스라엘 자손을 위하여 네게 명령할 모든 일을 네게 이르리라 (출 25:17-22).

속죄소는 히브리어로 '카포'다. 그 말은 히브리어 동사에서 온 것인데, 그 근본 뜻은 '덮는다'는 것이다. 창세기 3장에 범죄한 아담과 하와의 벗은 몸을 하나님께서 가죽 옷을 지어 덮어 주셨다. 스가랴서에 대제사장 여호수아가 더러운 옷을 입었는데, 그것을 벗기고 새옷으로 가려 주었다. 그와 같이 덮거나 가린다는 그 말이 후에는 '속죄한다'가 되었다. 즉 '죄를 가리우고 제한한다'는 뜻이다. 이 단어가 70인경에는 'Hilasterion'(힐라스테리온)으로 되었고, 미국 표준역 성경(ASV)에서는 'Mecrcy Seat'(시은소)로, 우리 한글 성경에는 '속죄소'로 되었다. 이 속죄소는 순금으로 만들었고 길이가 2규빗 반(125cm), 너비는 1규빗 반(75cm)이었다.

속죄소의 두 끝에는 순금으로 두 그룹을 만들어 한 그룹은 이 끝에, 또 한 그룹은 저 끝에 연하여 있게 했다. 그 그룹들은 두 날개들을 펴서 속죄소를 덮고 있고, 얼굴을 속죄소를 향하고 있다. 그 그룹의 형상은 사람, 사자, 송아지 그리고 독수리의 모양이었고(겔 1:6; 계 4:7-8), 서 있는 높이와 두 날개의 너비가 약 10규빗이었다. 그 그룹은 천사들 중의 한 종류였다(창 3:24). 이상의 것들이 지성소의 기구들이다.

4. 진설병 상(출 25:23-30)

너는 조각목으로 상을 만들되 길이는 두 규빗, 너비는 한 규빗, 높이는 한 규빗 반이 되게 하고 순금으로 싸고 주위에 금 테를 두르고 그 주위에 손바닥 넓이만한 턱을 만들고 그 턱 주위에 금으로 테를 만들고 그것을 위하여 금 고리 넷을 만들어 그 네 발 위 네 모퉁이에 달되 턱 곁에 붙이라 이는 상을 멜 채를 꿸 곳이며 또 조각목으로 그 채를 만들고 금으로 싸라 상을 이것으로 멜 것이니라 너는 대접과 숟가락과 병과 붓는 잔을 만들되 순금으로 만들며 상 위에 진설병을 두어 항상 내 앞에 있게 할지니라(출 25:23-30).

이상은 싯딤나무로 만들었으며, 길이는 2규빗(100cm), 높이가 1규빗 반(75cm), 너비가 1규빗(50cm)으로 순금으로 쌓았으며, 그 위에는 항상 12덩어리의 떡이 놓여 있었다. 그 떡, 즉 진설병은 좋은 밀가구로 만들어 구운 것으로, 매 안식일에 새것으로 갈아놓았다. 그 떡은 제사장들만이 먹을 수 있었다(단 누룩과 꿀은 전혀 넣지 않고 반드시 기름과 소금을 넣게 되어 있다).

그 상의 특징을 든다면 사면에 손바닥 넓이 만큼 턱을 만들고, 그 턱 주위에 금으로 테를 두르고, 그것을 위하여 금고리 넷을 만들어 네 모퉁이에 달고, 금으로 싼 조각목 채로 꿰어 메게 했다(출 25:24-28). 또 정금으로 대접, 숟가락, 병과 붓는 잔을 만들었다는 것이다(출 25:29-30).

5. 촛대(출 25:31-40)

너는 순금으로 등잔대를 쳐 만들되 그 밑판과 줄기와 잔과 꽃받침과 꽃을 한 덩이로 연결하고 가지 여섯을 등잔대 곁에서 나오게 하되 다른 세 가지는 이쪽으로 나오고 다른 세 가지는 저쪽으로 나오게 하며 이쪽 가지에 살구꽃 형상의 잔 셋과 꽃받침과 꽃이 있게 하고 저쪽 가지에도 살구꽃 형상의 잔 셋과 꽃받침과 꽃이 있게 하여 등잔대에서 나온 가지 여섯을 같게 할지며 등잔대 줄기에는 살구꽃 형상의 잔 넷과 꽃받침과 꽃이 있게 하고 등잔대에서 나온 가지 여섯을 위하여 꽃받침이 있게 하되 두 가지 아래에 한 꽃받침이 있어 줄기와 연결하며 또 두 가지 아래에 한 꽃받침이 있어 줄기와 연결하며 또 두 가지 아래에 한 꽃받침이 있어 줄기와 연결하게 하고 그 꽃받침과 가지를 줄기와 연결하여 전부를 순금으로 쳐 만들고 등잔 일곱을 만들어 그 위에 두어 앞을 비추게 하며 그 불 집게와 불똥 그릇도 순금으로 만들지니 등잔대와 이 모든 기구를 순금 한 달란트로 만들되 너는 삼가 이 산에서 네게 보인 양식대로 할지니라(출 25:31-40).

촛대는 정금으로 만들었는데, 밑판에 줄기가 있었고 그 줄기에는 가지 여섯이 나 있었다. 각 가지 끝은 꽃 형상이다. 셋은 이편으로 셋은 저편으로 향하여 총 7가지의 촛대였다. 스가랴서 4장 2-3절을 보면 등대 좌우에 감람나무가 있어 그 기름을 공급했다. 즉 감람유로 불을 밝혀 비추게 했다.

또 불집게와 불똥 그릇도 있었는데 다 정금으로 만들었다. 이것을 만드는 데 소요된 금은 1달란트였다. 그 금의 가격은 현재로 약 45억 원 정도라고 한다(1달란트를 34.02kg으로 계산하여 1돈 3.75g은 약 50만 원으로 계산한다).

그 촛대에는 저녁부터 아침까지 항상 여호와 앞에 그 등불을 간검하게 하라고 했다(출 27:21). 이것은 등불을 황혼부터 아침까지의 어두운 동안 밝힐 것을 말한다. 곧 낮에는 등불을 켜지 않았다.

그 등불은 앞을 비추게 하였다(출 25:37). 그 앞은 두 가지 면으로 볼 수 있는데, 성소의 입구를 중심하면 출입구 쪽을 비추게 한 것이고, 성소 내에서 앞쪽이면 진설병상 쪽이 된다. 그러나 여기서 그 등불이 비치는 방향이 문제가 안 되는 것은, 성소 내부를 전체적으로 밝혔기 때문이다.

6. 향단(출 37:25-29, 30:1-3)

너는 분향할 제단을 만들지니 곧 조각목으로 만들되 길이가 한 규빗, 너비가 한 규빗으로 네모가 반듯하게 하고 높이는 두 규빗으로 하며 그 뿔을 그것과 이어지게 하고 제단 상면과 전후 좌우 면과 뿔을 순금으로 싸고 주위에 금테를 두를지며 금테 아래 양쪽에 금

고리 둘을 만들되 곧 그 양쪽에 만들지니 이는 제단을 메는 채를 꿸 곳이며 그 채를 조각
목으로 만들고 금으로 싸고(출 30:1-5).

향단도 역시 조각목으로 만들되 길이와 너비가 모두 1규빗(50cm)으로 네모 반듯하고, 높이가 2규빗이었다. 향단은 위와 전후 좌우와 네 뿔을 금으로 싸고, 주위에 금테를 둘렀고 고리 4개를 만들어 채에 꿰게 했다. 그 채는 금으로 싸고 향단에는 관유와 향품을 드렸다.

향을 제조하는 법이 출애굽기 30장 22-25절에 기록되어 있다.
이 향단은 성소에 있어 아론이 아침마다 그 위에 향기로운 향을 사르되 등불을 정리할 때와 또 저녁에 등불을 켤 때에 향을 사르게 했다.

그러나 그 향단에는 다른 향을 사르지 못하게 되어 있었고, 번제, 소제와 전제의 술을 붓지 못하게 하였고, 아론이 1년에 한 차례씩 이 향단 뿔을 위하여 속죄제의 피를 가지고 들

제3장 성막의 기구 49

어가 속죄하게 되었다(출 30:1-5).

이상의 것들은 성소의 기구들이다.

7. 번제단(출 38:1-7, 27:1-8)

그가 또 조각목으로 번제단을 만들었으니 길이는 다섯 규빗이요 너비도 다섯 규빗이라 네모가 반듯하고 높이는 세 규빗이며 그 네 모퉁이 위에 그 뿔을 만들되 그 뿔을 제단과 연결하게 하고 제단을 놋으로 쌌으며 제단의 모든 기구 곧 통과 부삽과 대야와 고기 갈고리와 불 옮기는 그릇을 다 놋으로 만들고 제단을 위하여 놋그물을 만들어 제단 주위 가장자리 아래에 두되 제단 절반에 오르게 하고 그 놋그물 네 모퉁이에 채를 꿸 고리 넷을 부어 만들었으며 채를 조각목으로 만들어 놋으로 싸고 제단 양쪽 고리에 그 채를 꿰어 메게 하였으며 제단은 널판으로 속이 비게 만들었더라(출 38:1-7).

이 단은 다른 단과 달리 특이하게 놋으로 만들었다. 그래서 그 명칭을 놋단이라고 한다. 물론 전체가 놋은 아니고 조각목으로 만든 뒤, 그 위를 놋으로 쌌다. 길이와 너비가 5규빗으로 네모 반듯하고, 높이는 3규빗으로 그 위 네 모퉁이에 각각 뿔이 있다. 또 그 단에 부속된 기구들인 통, 부삽, 대야, 고기 갈고리, 불 옮기는 그릇 등을 놋으로 만들었고, 단 중앙에 그물을 만들되 고리 넷을 만들어 붙여서 채로 꿰게 하였다. 그 채는 조각목을 놋으로 쌌다. 이 단은 제단에 드릴 짐승을 잡아서 제사장에게 주는 곳이다. 다시 말하면 희생 제단이다.

8. 물두멍(출 30:17-21, 40:30-32)

여호와께서 모세에게 말씀하여 이르시되 너는 물두멍을 놋으로 만들고 그 받침도 놋으로 만들어 씻게 하되 그것을 회막과 제단 사이에 두고 그속에 물을 담으라 아론과 그의 아들들이 그 두멍에서 수족을 씻되 그들이 회막에 들어갈 때에 물로 씻어 죽기를 면할 것이오 제단에 가까이 가서 그 직분을 행하여 여호와 앞에 화제를 사를 때에도 그리할지니라 이와 같이 그들이 그 수족을 씻어 죽기를 면할지니 이는 그와 그의 자손이 대대로 영원히 지킬 규례니라(출 30:17-21).

세숫대야는 놋으로 만들어 회막과 단 사이에 두었던 것으로, 전체가 놋일 뿐 아니라 받침과 그릇도 놋이었다. 그곳에 물을 담아서 성소 앞에 놓아 제사장들과 대제사장이 성소의 지성소를 출입하기 전후에 수족을 씻게 하였다. 만약에 여기서 수족을 씻지 않고 출입하는 자는 죽임을 당했다.

출애굽기 38장 8절 "그가 놋으로 물두멍을 만들고 그 받침도 놋으로 하였으니 곧 회막 문에서 수종드는 여인들의 거울로 만들었더라"고 했다. 그러나 그것은 여자들만의 독점물이 아니었다. 민수기 4장 23절에 보면 레위 자손 중 25세에서 50세까지 회막에서 봉사하게 했으므로 그들을 위한 것이라고도 하겠다(민 8:23-36 참고).

제4장 성막의 모형

(출 26:1-27:21)

성막의 크기는 길이가 30규빗(15m), 너비가 10규빗(5m), 높이가 10규빗(5m)인데 이동할 수 있는 구조로 되어 있었다. 그 구조를 보면 아래와 같다.

1. 휘장(출 26:1-6)

너는 성막을 만들되 가늘게 꼰 베 실과 청색 자색 홍색 실로 그룹을 정교하게 수놓은 열 폭의 휘장을 만들지니 매 폭의 길이는 스물여덟 규빗, 너비는 네 규빗으로 각 폭의 장단을 같게 하고 그 휘장 다섯 폭을 서로 연결하며 다른 다섯 폭도 서로 연결하고 그 휘장을 이을 끝폭 가에 청색 고를 만들며 이어질 다른 끝폭 가에도 그와 같이 하고 휘장 끝폭 가에 고 쉰 개를 달며 다른 휘장 끝폭 가에도 고 쉰 개를 달고 그 고들을 서로 마주 보게 하고 금 갈고리 쉰 개를 만들고 그 갈고리로 휘장을 연결하게 한 성막을 이룰지며(출 26:1-6).

휘장은 전체를 열 폭으로 만들었다. 그 열 폭은 각각 다섯 폭을 연하여 한 막이 되게 하여 두 막이 한 휘장이 된다. 그 각 막은 길이가 28규빗 너비는 4규빗이었고, 그 막 위에 가늘게 꼰 베실과 청색, 자색, 홍색 실로 그룹을 수놓아 만들었다. 그 마지막 폭 가에 청색 고리 50개를 만들어 달고, 또 금갈고리 50개를 만들어 달아 서로 연결되어 한 휘장이 되게 했다.

2. 덮은 막(출 26:7-14)

그 성막을 덮는 막 곧 휘장을 염소털로 만들되 열한 폭을 만들지며 각 폭의 길이는 서른 규빗, 너비는 네 규빗으로 열한 폭의 길이를 같게 하고 그 휘장 다섯 폭을 서로 연결하며 또 여섯 폭을 서로 연결하고 그 여섯째 폭 절반은 성막 전면에 접어 드리우고 휘장을 이을 끝폭 가에 고 쉰 개를 달며 다른 이을 끝폭 가에도 고 쉰 개를 달고 놋 갈고리 쉰 개를 만들고 그 갈고리로 그 고를 꿰어 연결하여 한 막이 되게 하고 그 막 곧 휘장의 그 나머지 반 폭은 성막 뒤에 늘어뜨리고 막 곧 휘장의 길이의 남은 것은 이쪽에 한 규빗, 저쪽에 한 규빗씩 성막 좌우 양쪽에 덮어 늘어뜨리고 붉은 물 들인 숫양의 가죽으로 막의 덮개를 만들고 해달의 가죽으로 그 윗덮개를 만들지니라(출 26:7-14).

덮는 막은 성막을 덮는 막이다. 이 막은 지성소와 성소를 동일하게 덮게 된 것 같다. 그것은 염소털로 만들되 열한 폭으로 만들었다. 각 폭의 길이는 30규빗(15m)에, 너비는 4규빗

(2m)이었다. 여섯 폭을 연결하되 여섯째 폭의 절반은 성막이 전면에 접어 드리우게 했다. 마지막 폭 가에 고리 50개를 달고, 놋으로 갈고리 50개를 만들어 그것으로 고리를 꿰어 연결하여 한 막이 되게 했다. 나머지 좌우편은 성막 뒤에 드리우게 했다. 그다음 나머지는 성막지 반 막에 각각 1규빗(50cm)씩 드리웠다. 또 붉은 물드린 숫양의 가죽으로 막의 덮개를 만들어 덮고, 그 위에 해달의 가죽으로 웃덮개를 만들어 씌웠다. 그러므로 덮막은 3중으로 되어 있었다.

3. 널판(출 26:15-30)

너는 조각목으로 성막을 위하여 널판을 만들어 세우되 각 판의 길이는 열 규빗, 너비는 한 규빗 반으로 하고 각 판에 두 촉씩 내어 서로 연결하게 하되 너는 성막 널판을 다 그와 같이 하라 너는 성막을 위하여 널판을 만들되 남쪽을 위하여 널판 스무 개를 만들고 스무 널판 아래에 은받침 마흔 개를 만들지니 이쪽 널판 아래에도 그 두 촉을 위하여 두 받침을 만들고 저쪽 널판 아래에도 그 두 촉을 위하여 두 받침을 만들지며 성막 다른 쪽 곧 그 북쪽을 위하여도 널판 스무 개로 하고 은받침 마흔 개를 이쪽 널판 아래에도 두 받침, 저쪽 널판 아래에도 두 받침으로 하며 성막 뒤 곧 그 서쪽을 위하여는 널판 여섯 개를 만들고 성막 뒤 두 모퉁이 쪽을 위하여는 널판 두 개를 만들되 아래에서부터 위까지 각기 두 겹 두께로 하여 윗고리에 이르게 하고 두 모퉁이 쪽을 다 그리하며 그 여덟 널판에는 은 받침이 열여섯이니 이쪽 판 아래에도 두 받침이요 저쪽 판 아래에도 두 받침이니라 너는 조각목으로 띠를 만들지니 성막 이쪽 널판을 위하여 다섯 개요 성막 저쪽 널판을 위하여 다섯 개요 성막 뒤 곧 서쪽 널판을 위하여 다섯 개이며 널판 가운데에 있는 중간 띠는 이 끝에서 저 끝에 미치게 하고 그 널판들을 금으로 싸고 그 널판들의 띠를 꿸 금 고리를 만들고 그 띠를 금으로 싸라 너는 산에서 보인 양식대로 성막을 세울지니라(출 26:15-30).

널판은 조각목으로 만들었고, 그리고 순금으로 쌌다. 그 널판의 길이는 10규빗, 너비는 1규빗 반으로 하고, 각 판에 두 장부(구멍)를 내어 서로 연결되게 하였다. 성막 남편을 위하여 20 개를 만들고, 그 널판 아래 은으로 만든 받침 40개를 만들어 각 널판 아래 두 장부를 내어 끼워 바치게 했다. 북편에도 남편과 동일하게 했다. 성막 서편을 위하여 널판 여섯을 만들고, 또 성막 뒷 두 모퉁이를 위하여 널판들을 만들어 아래에서 위까지 각각 2겹 두께로 만들어 윗 고리에 이루게 했다.

그러므로 은 받침은 12개다. 또 조각목으로 성막띠를 만들되 금으로 쌀 것이다. 그 성막 이편 널판을 위하여 5개, 성막 저편 널판을 위하여 5개다. 성막 뒤 서편 널판을 위하여 5개를 만들었다. 성막 가운데 있는 중간 띠는 이 끝에서 저 끝에 미치게 하고, 그 널판들을 꿸 금고리를 만들고, 띠를 꿰여 널판을 연결했다.

4. 안 휘장(출 26:31-37)

너는 청색 자색 홍색 실과 가늘게 꼰 베실로 짜서 휘장을 만들고 그 위에 그룹들을 정교하게 수놓아서 금갈고리를 네 기둥 위에 늘어뜨리되 그 네 기둥을 조각목으로 만들고 금으로 싸서 네 은받침 위에 둘지며 그 휘장을 갈고리 아래에 늘어뜨린 후에 증거궤를 그 휘장 안에 들여놓으라 그 휘장이 너희를 위하여 성소와 지성소를 구분하리라 너는 지성소에 있는 증거궤 위에 속죄소를 두고 그 휘장 바깥 북쪽에 상을 놓고 남쪽에 등잔대를 놓아 상과 마주하게 할지며 청색 자색 홍색 실과 가늘게 꼰 베실로 수 놓아 짜서 성막 문을 위하여 휘장을 만들고 그 휘장 문을 위하여 기둥 다섯을 조각목으로 만들어 금으로 싸고 그 갈고리도 금으로 만들지며 또 그 기둥을 위하여 받침 다섯 개를 놋으로 부어 만들지니라(출 26:31-37).

안 휘장은 지성소와 성소를 구별하여 막는 휘장으로 청색, 자색, 홍색실과 가늘게 꼰 베실로 짜서 만들고 그 위에 그룹을 수놓아 만들게 했다. 그 안 휘장은 조각목으로 만든 네 기둥의 금갈고리에 꿰어 드리우게 했다. 그 네 기둥은 네 은받침 위에 두게 했다.

지성소는 대제사장이 1년에 한 번씩 희생제물의 피를 가지고 백성들의 죄를 속하게 하기 위하여 들어갔으므로 이 안 휘장은 1년에 한 번씩 그때에만 대제사장에 의하여 걷혔다가 다시 닫힌 것이다. 그러나 신약 시대에 와서는 예수님이 십자가 상에서 운명하실 때 그 안 휘장이 위에서부터 아래까지 찢어지고 갈라져서 지성소와 성소가 통하게 되었다. 그러므로 신약 시대는 안 휘장이 제거된 것이다.

5. 안마당(뜰)(출 27:9-19)

　　너는 성막의 뜰을 만들지니 남쪽을 향하여 뜰 남쪽에 너비가 백 규빗의 세마포 휘장을 쳐서 그 한 쪽을 당하게 할지니 그 기둥이 스물이며 그 받침 스물은 놋으로 하고 그 기둥의 갈고리와 가름대는 은으로 할지며 그 북쪽에도 너비가 백 규빗의 포장을 치되 그 기둥이 스물이며 그 기둥의 받침 스물은 놋으로 하고 그 기둥의 갈고리와 가름대는 은으로 할지며 뜰의 옆 곧 서쪽에 너비 쉰 규빗의 포장을 치되 그 기둥이 열이요 받침이 열이며 동쪽을 향하여 뜰 동쪽의 너비도 쉰 규빗이 될지며 문 이쪽을 위하여 포장이 열다섯 규빗이며 그 기둥이 셋이요 받침이 셋이요 문 저쪽을 위하여도 포장이 열다섯 규빗이며 그 기둥이 셋이요 받침이 셋이며 뜰 문을 위하여는 청색 자색 홍색 실과 가늘게 꼰 베실로 수 놓아 짠 스무 규빗의 휘장이 있게 할지니 그 기둥이 넷이요 받침이 넷이며 뜰 주위 모든 기둥의 가름대와 갈고리는 은이요 그 받침은 놋이며 뜰의 길이는 백 규빗이요 너비는 쉰 규빗이요 세마포 휘장의 높이는 다섯 규빗이요 그 받침은 놋이며 성막에서 쓰는 모든 기구

와 그 말뚝과 뜰의 포장 말뚝을 다 놋으로 할지니라(출 27:6-19).

이것은 성막 안에 있는 마당이다. 성경에 의하면 그 뜰의 남편 길이가 100규빗(45m)으로 그 길이의 세마포 포장을 치게 했다. 그 포장의 기둥이 20개요, 놋받침이 20개였다. 그 기둥의 갈고리와 가름대는 은으로 만들었다. 북편도 남편과 동일하였다. 서편에는 길이가 50규빗의 포장을 치게 하되 기둥이 10개이고, 놋받침도 10개였으며 동편도 마찬가지로 50규빗의 포장이 기둥 셋과 놋받침에 걸쳐 있었고, 뜰 문 이편에 15규빗의 포장이 기둥 셋과 놋받침에 걸쳐 있었고, 뜰 문 저편에도 이편과 같이 되어 있었다. 뜰 문을 위해서 청색, 자색, 홍색과 가는 베실로 수놓아 짠 휘장으로 길이가 20규빗이고, 기둥이 4개, 놋받침이 4개였다. 모든 기둥의 가름대와 갈고리는 은으로 만들었다.

세마포 포장의 높이는 5규빗이었다. 그리고 이 안마당에서 쓰는 모든 기구와 말뚝과 뜰의 포장 말뚝은 다 놋으로 만들어졌다. 이 안마당은 '이스라엘인의 마당'이라고 한다. 이 마당에는 하나님의 선민이요 하나님의 백성인 이스라엘 외에는 절대로 출입하지 못하였으며, 또 제물을 가지고 들어와 제사드릴 자도 이스라엘 백성 외에는 없기 때문이다.

6. 바깥마당

이곳은 소위 '이방인의 마당'으로 이 마당은 매우 넓다. 성막 밖의 전 지역이 이방인의 마당이다. 그 이유는 이방인이 이곳까지는 접근할 수가 있기 때문이다.
이곳은 우상숭배, 살인, 간음, 도둑질 등 여러 가지 불의와 악이 행해지는 죄의 처소다. 사죄의 은총이 미치지 못하는 곳이다. 버린 자의 거처, 장망성이 이방인의 마당이다.

제5장 성막의 변천사

1. 에덴 동산의 무성전 시대

하나님과 함께 살면서 언제나 어디서나 자유롭게 하나님과 만났던 시대다.

2. 가죽옷 시대

하나님의 말씀을 거역한 아담과 하와를 에덴 동산에서 추방시키면서 하나님께서 양의 가죽옷을 만들어 입혀 주셨다.
가죽옷은 양의 피가 묻은 옷이다. 이때부터 하나님의 구원사는 시작되었다.

> 피 흘림이 없은즉 사함이 없느니라(히 9:22).

이때부터 죄를 지은 인간은 피묻은 양의 가죽옷을 입어야만 하나님과 만날 수가 있었다.

3. 돌단 시대

에덴 동산에서 추방된 아담과 하와는 돌단에서 짐승을 잡아서 피를 뿌리는 제사로써 하나님을 만날 수 있었다.

노아도 제사를 드렸고(창 8:20-21), 아브라함도 가는 곳곳마다 제사를 드렸으며(창 12:7-8), 이삭도 제사를 드렸고(창 26:25), 야곱도 제단을 쌓았다(왕 35:7). 하나님은 돌단의 제단에서 제물로 제사하는 인간들을 만나 주셨다.

4. 성막 시대(수 3:8, 4:19, 18:1)

> 너는 언약궤를 멘 제사장들에게 명령하여 이르기를 너희가 요단 물가에 이르거든 요단에 들어서라 하라(수 3:8).
> 첫째 달 십일에 백성이 요단에서 올라와 여리고 동쪽 경계 길갈에 진 치매(수 4:19).
> 이스라엘 자손의 온 회중이 실로에 모여서 거기에 회막을 세웠으며 그 땅은 그들 앞에서 돌아와 정복되었더라(수 18:1).

성막은 모세가 출애굽 후 시내 산에서 받았다. 그 후 지금까지 수차례 변화되었다.

애굽에서 430년간 종살이했던 이스라엘을 하나님이 모세를 통해 출애굽시키셨다. 하나님이 시내 산에서 모세를 부르시고 율법과 십계명과 성막을 계시해 주셨다. 모세는 계시를 받은 대로 성막을 지었고, 하나님은 성막 안 지성소에 계셨고, 성막은 이스라엘의 삶의 중심부가 되었다.

성막은 성막 뜰과, 성소 그리고 지성소로 구분하게 되며, 모든 성물은 예수 그리스도의 사역을 의미하며, 또 이 땅에 있는 모든 교회와 성도들의 사역을 의미한다.

성막은 한마디로 예수 그리스도이며 하나님을 만나러 가는 정확한 약도다.

죄를 지은 인간은 번제단에서 죄 없는 소, 양, 염소, 비둘기의 대속의 죽음으로 죄 사함을 받게 되며, 물두멍에서 성결의 영을 받고 성령 충만 받고, 성소에 들어가서 금등대에서 빛의 사명, 분향단에서 기도의 사명, 떡상에서 진설병으로 바쳐진 헌신적 삶을 거쳐서. 지성소에 들어가서 법궤(속죄소)에서 하나님을 만나게 된다.

성막은 광야 40년간의 이스라엘 백성의 삶의 중심이었고, 짐승의 제사를 통해 죄인들을 만나 주셨던 유일한 하나님과의 만남의 장소였다. 성막은 3,500년 전의 이 땅에 세워진 하나님의 교회였다.

출애굽 후 시내 산에서 40일 금식기도를 하던 모세가 율법과 성막을 받았다. 이 시기를 기원전 1445년경으로 추정한다.

출애굽 2년째 되는 1월 1에 성막이 완공되었다. 그러니까 성막 계시를 하나님으로부터 받자마자 착공하여 약 10개월 남짓 동안 지은 것으로 보인다. 어쩌면 1월 1일에 낙성식을 하려고 부지런히 서둘렀는지도 모른다.

> 성막을 세운 날에 구름이 성막 곧 증거의 성막을 덮었고 저녁이 되면 성막 위에 불 모양 같은 것이 나타나서 아침까지 이르렀으되(민 9:15).

그 후 50일 정도가 지난 2월 20일 성막을 덮었던 구름이 떠올랐다. 그래서 성막은 다시 걷히고 옮겨졌다. 이것이 최초의 성막 이동이었다.

(1) 성막 운반인

그러나 이동하는 데는 엄격한 규칙이 있었다. 아무나 성막을 걷거나 만지거나 운반할 수 없었다. 반드시 하나님께서 지정한 사람만이 가능하였다.

1) 게르손 자손(민 3:21-31)

성막 장막 덮개, 회막문 장, 뜰 휘장, 4면의 문장, 축 등은 게르손 자손이 운반을 책임졌다.

2) 고핫 자손(민 3:31)

가장 중요한 것들을 고핫 자손이 맡았다. 증거궤, 상, 등대, 단 그리고 각종 기구들을 날랐다.

(2) 성막 운반법

1) 증거궤 운반법(민 4:4-6)

칸막은 장으로 증거궤를 덮고 그 위에 해달 가죽으로 씌우고, 그 위에 순청색 보자기를 덮어 날랐다.

2) 떡상 운반법(민 4:5-8)

위에 청색 보자기를 덮고 그 위에 대접, 숟가락, 주발 붓는 잔을 놓았다. 그리고 그 위에 떡을 놓고 그 위에 홍색 보자기로 씌운 다음 해달 가죽을 덮어 운반하였다.

3) 등대 운반법(민 4:9-10)

청색 보자기로 등대 불집게, 불똥 그릇, 쓰는 기름 그릇을 덮고 해달 가죽으로 덮어 날랐다.

4) 분향단 운반법(민 4:11)

청색 보자기로 덮어 해달 가죽으로 씌워 날랐다.

5) 기타 모든 기물 운반법(민 4:12-14)

청색 보자기로 싸서 해달 가죽을 덮어 날랐다.

6) 성물 운반 법칙(민 4:15-20)

① 싸는 작업은 아론과 그 아들들만이 할 수 있었다.
② 메는 것은 고핫 자손만 가능하였다.
③ 메더라도 만지면 죽었다.
④ 지성소의 물건은 누구든지 접근만 해도 죽었다(민 4:19).
⑤ 지성소는 대제사장 외에 들어가면 죽었다(민 4:20).

이같이 복잡하고 까다로운 일을 맡아 종사하는 사람은 모두 8,580명이었다(민 4:48). 그러나 광야 생활 동안 이스라엘 백성들은 제대로 정식으로 제사를 드리지 못했던 것 같다.

이스라엘 족속아 너희가 사십 년 동안 광야에서 희생과 소제물을 내게 드렸느냐(암 5:25).

가는 곳마다 대적들과 전쟁 중이라 여유가 없었기 때문은 아닌가 생각된다.

5. 장막 시대

(1) 장막의 위치

요단 강을 건너간 이스라엘은 길갈에 진쳤고(수 4:19, 5:10), 그 후에는 실로로 옮겼다(수 18:1, 19:51).

(2) 형태

이동식 텐트형에서 고정식 건물형으로 바뀌었다(삼상 1:9).

(3) 빼앗긴 법궤(삼상 4:10-11)

실로 성막의 관리자는 엘리 제사장이었다. 그러나 노년에 그는 3가지 관리에 실패하였다.

1) 자녀 관리 실패

엘리의 아들들은 행실이 나빠 여호와를 알지 못하더라(삼상 2:12).
엘리가 매우 늙었더니 그 아들들이 온 이스라엘에게 행한 모든 일과 회막 문에서 수종 드는 여인들과 동침하였음을 듣고(삼상 2:22).

2) 성전 사환 관리 실패

제사장의 사환들이 세살고리를 가지고 와서 하나님께 드리는 제물은 물론 드릴 제물까지 가져다가 먹는 큰 죄악을 범하였다(삼상 2:13-17).

3) 자신의 영 관리 실패

엘리의 나이가 구십팔 세라(삼상 4:15).

기도하기에 기력이 쇠하였고 일하기에 나약하였다. 영력도 약해질 대로 약해져 있었다. 그래서 "여호와의 말씀이 희귀하여 이상이 흔히 보이지 않았더라"(삼상 3:1)고 했다. 엘리의 두 아들 홉니와 비느하스는 전쟁에 나가 죽었다. 법궤도 블레셋에 빼앗겨버렸다. 이 소식을 들은 엘리는 의자에 앉았다가 거꾸로 넘어져 목이 부러져 죽었다. 그래서 실로의 성막은 껍데기만 남게 되었다. 법궤 없는 성막은 엔진 없는 자동차와 같기 때문이다. 법궤를 빼앗긴 후 잠시 성막 부재 시대가 되었다.

(4) 다시 찾은 법궤

블레셋은 법궤를 빼앗아 쳐박아 놓았다. 법궤는 경외의 대상이지 보관의 대상은 아니었다.

1) 아스돗의 법궤

블레셋은 실로의 법궤를 에벤에셀 다시 아스돗으로 가지고 왔다(삼상 5:7).

그들의 다곤 신 옆에 법궤를 두었다. 이튿날 보니 다곤 신이 앞으로 엎드려져 넘어져 있었다. 다시 세웠다. 이튿날 다시 가 보니 다곤 신의 목이 잘리고 두 손목이 끊어진 채 다시 엎어져 있었다. 그리고 아스돗 사람들에게는 독종 재앙이 임하였다. 아스돗 사람들은 회의를 거듭한 결과 가드로 보내기로 작정하였다.

2) 가드의 법궤(삼상 5:18)

법궤가 가드로 오자 가드에서도 큰 환난이 일어났다. 아스돗보다 더 심하게 전 주민이 다 독종에 걸렸다. 다시 법궤는 에그론으로 보내졌다.

3) 에그론의 법궤(삼상 5:10)

갈수록 태산이었다. 에그론에서는 모든 사람들이 사망의 환난을 당하였다.

법궤는 이스라엘 백성에게는 복이지만 블레셋 사람들에게는 화와 저주의 씨앗이었다. 신나게 빼앗았는데 처치 곤란이었다. 그들은 법궤를 스스로 돌려보내기로 결정하였다. 새 수레에 실어 두 마리의 소에 의해 기럇여아림으로 보내졌다.

4) 기럇여아림의 법궤

블레셋에서 보내온 법궤는 기럇여아림의 아비나답의 집에 20년간 보존되었다. 엘르아살이 정성껏 보관하였다. 이같이 성막과 법궤의 분리 시대가 장기간 계속이 되었다.

(5) 법궤 운반

다윗은 왕이 된 후 법궤 운반 정책을 실시했다(첫 번째 운반 실패, 대상 13:1-14; 삼하 6:1-10).

(6) 두 번째 법궤 운반

다윗 왕궁 옆에 장막을 짓고 옮겼다(대상 15:1-2; 삼하 6:12-19).
법궤와 성막 안의 기구들이 분리되어 있던 시대다.

6. 성전 시대

다윗은 성전 건축 준비를 했고, 그 아들 솔로몬을 통하여 성전이 건축되었다(대하 3:1-2, 8:1).

성전 시대는 솔로몬 성전과 스룹바벨 성전과 헤롯 성전 시대를 의미한다. 이 성전은 예수님은 죽음과 부활과 재림을 의미한다고 예수께서 친히 말씀하셨다(요 2:19-22). 이 예언은 헤롯 성전을 두고 하신 말씀이었고, 이 말씀은 주후 70년에 성취되었다.

> 너희가 이 성전을 헐라 내가 사흘 동안에 일으키리라(요 2:19).

7. 교회 시대(성령 시대)

교회는 주님이 주인이시며, 몸이며, 머리시며, 진리의 터 위에 세워진 하나님의 집이다(엡 1:22; 딤전 3:15; 고전 3:11).
교회는 성도의 몸이다(고전 3:6).
교회는 성령의 전이다(고전 6:19).

교회와 성도와 주님과 하나님과 성령님은 하나다(엡 4:4-6).

마가의 다락방은 신약 시대의 최초의 교회가 설립(구성)된 곳이라고 할 수 있다(행 2:1-4).

지금은 교회 시대이며 성령의 사역 시대다. 성령은 하나님의 영이시며, 예수 그리스도의 영이시다(엡 4:4-6).

기독교 역사를 사역 시대로 구분한다면 구약은 성부 하나님 사역 시대이며, 신약은 성자 예수 사역 시대와 성령의 사역 시대로 구분할 수 있는데, 지금은 성령의 사역 시대라고 해야 할 것이다.

성자 예수님은 승천하셨고, 대신 보혜사 성령님이 오셔서 그 사역을 감당하고 있다(행 2:1-4). 지금은 성령의 사역 시대다.

> 너희가 하나님의 성전인 것과 하나님의 성령이 너희 안에 계시는 것을 알지 못하느냐
> (고전 3:16).

8. 천국 시대(천상의 시대)

내 아버지 집에 거할 곳이 많도다 그렇지 않으면 너희에게 일렀으리라 내가 너희를 위하여 거처를 예비하러 가노니 가서 너희를 위하여 거처를 예비하면 내가 다시 와서 너희를 내게로 영접하여 나 있는 곳에 너희도 있게 하리라(요 14:2-3).

만일 땅에 있는 우리의 장막 집이 무너지면 하나님께서 지으신 집 곧 손으로 지은 것이 아니요 하늘에 있는 영원한 집이 우리에게 있는 줄 아느니라(고후 5:1).

제2편 성막의 기구와 영적 의미

제1장 서론
제2장 성막의 명칭

성막 내부 전경

제1장 서론
(출 25:1-9)

성막은 동쪽에 장막 안으로 인도하는 문이 있다. 동쪽의 문을 열고 들어가면 신비한 영감과 영광스러운 진리로 가득 차 있는 장막 안으로 들어갈 수 있다. 장막 안으로 들어가면 하나님의 선택된 자녀들이 관심을 가져야 할 가장 중요한 일곱 가지 기구가 나온다.

우선 동쪽에 있는 문을 열고 들어가면 제일 먼저 번제단이 나온다. 이 번제단 위에서 제사장들은 제물을 올려 놓고 제사를 드린다. 그런 후에 자녀들은 물두멍 앞으로 간다. 이 물두멍에서 손을 씻고, 몸을 정결케 한 후에 자녀들은 비로소 성소 안으로 들어간다.

성소 안에 들어가면 세 가지 중요하고도 영광스런 기구, 즉 거룩한 기구가 있다. 금촛대, 떡상, 분향단이다.

금촛대가 있어서 자녀들은 성소 안에서 이루어지는 모든 일을 볼 수 있다. 금촛대를 통해서 흘러나오는 그 불빛 안으로 제사장은 걸으며 섬기고 봉사하는 직능을 수행한다. 떡상에서는 위에 있는 떡들을 먹으면서 자녀들은 하나님 앞에 나아가는 새 힘을 얻는다.

분향단에서는 계속해서 향이 하늘을 향해 피어올라, 하나님을 향해서 자녀들이 드리는 계속적인 간절한 기도를 통해 하나님이 자녀들을 향해서 다가오시는, 하나님과 자녀들 사이의 만남이 극적으로 묘사되고 있다.

1. 장막의 기구와 기독교의 교리

(1) 성막문

동문(구원의 교리)을 들어오면, 하나님과 인간과의 만남이 이루어지고, 인간이 하나님의 영광을 접할 수 있는 장소로 가게 된다. 이 안으로 들어가기 위해서는 단 하나의 문을 통과해야만 한다. 하나님이 계신 성막 안으로 인도하는 문은 단 하나밖에 없다. 동문을 통해서만 제사장들은 성막 안으로 들어갈 수가 있었다.

> 내가 문이니 누구든지 나로 말미암아 들어가면 구원을 받고 또는 들어가며 나오며 꼴을 얻으리라(요 10:9).

예수 그리스도 그분만이 하나님과 인간 사이의 유일한 중보자이시며, 자녀들을 하나님 앞으로 인도하는 유일한 구속의 주님이라는 사실을, 자녀들에게 선포하신다.

(2) 번제단

번제단(화해의 교리)에서 일어났던 사건, 예수 그리스도께서 십자가에서 피 흘려 돌아가신 사건이 가져다 준 가장 놀라운 결과는, 자녀들이 하나님과 화해하게 되었다는 것이다. 하나님은 자녀들의 죄를 용서하시기를 원하신다. 그러나 하나님의 공의로우심으로 죄 있는 상태의 자녀들을 용서하시지 않는다. 죄는 심판되어야 한다. 만약 율법대로 심판하시면 자녀들은 즉시 죽어야 한다. 그러나 하나님은 죄를 미워하시는 것만큼이나 하나님은 또한 자녀들을 사랑하신다. 그래서 자녀들의 죄를 하나님의 어린 양 예수 그리스도에게 전가시키시고, 예수 그리스도를 심판하심으로 말미암아 자녀들의 모든 죄를 용서하셨다.

(3) 물두멍

물두멍(성별의 교리)에서 행했던 일들을 살펴보자. 제사장은 물두멍에다 자신의 손을 씻는다. 하나님과 깊이 교제하려는 사람마다 죄가 방해가 된다는 사실을 계속적으로 발견하게 된다.

베드로전서 1장 16절에 "내가 거룩하니 너희도 거룩할지어다"라는 말씀 앞에서 자녀들은 거룩하지 못한 자기 자신의 모습으로 인해서 가슴 아파한다. 그러면서 씻기를 원하신다. 물두멍 앞에서 자녀들은 성별, 즉 거룩한 구별이라는 위대한 진리를 만난다.

하나님의 말씀이 자녀들을 깨끗하게 한다. 예수 그리스도의 보혈이 깨끗하게 만들어 준다. 주님의 보혈과 말씀으로 자녀들은 계속해서 성화되어 간다. 이 거룩함을 추구하는 자녀들만이 거룩하신 하나님의 밀실을 향해 더 깊이 나아갈 수 있다.

(4) 금촛대

금촛대(조명의 교리)는 사명을 의미하는데, 성소 안에 들어서면 금촛대에서 흘러나오는 불빛을 만나게 된다. 제사장들은 이 불빛 가운데서 행하고, 걸으며 하나님을 섬길 수 있었다. 참빛 되신 예수 그리스도를 받아들임으로 자녀들도 비로소 빛이 될 수 있었다. 그로 인해 자녀들도 빛 가운데 걷고, 행하며 주님을 섬길 수 있게 되었다. 예수 그리스도를 통해서 자녀들에게 주어진 이 놀라운 빛의 삶, 이 조명의 위대한 교리들을 자녀들은 성소로 들어가서 비로소 접한다.

(5) 떡상

떡상(만족의 교리)은 말씀을 의미하고 있는데, 떡상에는 떡이 12개 있다. 성경에서 '12'라는 숫자는 언제나 모든 것이 충족하게 채워진 상황을 나타내는 대표적인 숫자로 등장한다. 예컨대 하나님이 하나님의 지파를 이스라엘 백성들 가운데서 선택하실 때 12지파를 선택하셨다. 떡상 위에 있었던 12개의 떡은 주님께서 자녀들에게 허락하시는 충족한 양식을 보여 주고 있다.

(6) 분향단

분향단(중보의 교리)은 기도의 향을 의미하고 있다. 분향단에는 항상 하늘을 향해서 향이 피워지고 있다. 제사장의 임무 가운데 하나는 이 분향단의 향이 꺼지지 않게 하는 것이었다. 분향단의 향은 1년, 365일, 24시간 내내 계속해서 하나님을 향해 올라가야 했다. 하늘과 땅을 계속 연결하고 있는 이 향을 통해 자녀들은 하나님 앞에 끊임없이 계속 기도해야 한다는 교훈을 받을 수도 있지만, 이것이 의미하는 보다 더 큰 사실은, 예수 그리스도께서 하나님 우편에서 자녀들을 위해 끊임없이 중보의 기도를 드리고 계신다는 놀라운 사실이다. 예수님께서는 자녀들을 위해 죽으시고 부활하신 후, 승천하셔서 지금도 사셔서 친히 자녀들을 위해 간구하신다.

(7) 언약궤

언약궤(교제의 교리)에는 두 돌판 십계명과 만나 항아리, 아론의 싹난 지팡이가 있었다. 분향단의 끊임없이 피어오르는 향내음을 안고 비로소 자녀들은 휘장을 열고 거룩한 곳 가운데서도 가장 거룩한 곳인 지성소에 들어서게 된다. 지성소에서 대제사장은 영광의 그룹들 사이에 임재하시고 찾아오시는 거룩하신 하나님을 접한다. 지성소 안에 언약궤가 있다. 언약궤 위에는 보혈의 피가 뿌려진다. 이 뿌려지는 피는, 자녀들은 있는 모습 그대로는 거룩하신 하나님 앞에 도저히 설 수 없다는 사실을 보여준다.

이 글을 읽고 계신 하나님의 자녀들에게 묻는다.
그리스도를 통해서 뜰 문 안에 들어왔는가?
번제단의 감격을 체험하였는가?
하나님과 화해하게 된 놀라운 체험을 가지고 있는가?
물두멍에서 손과 발을 씻고 삶이 거룩해지고 있는 자신을 보고 흥분해 본 경험이 있는가?
성소 안에 들어와 빛 가운데 거하는 아름다움을 경험하였는가?
떡상에서 예수 그리스도를 먹으며, 그리스도 때문에 누리는 만족을 경험하였는가?
분향단 앞에 서서 주님께서 나를 위해 기도하심으로 내가 하나님 앞에 나아갈 수 있다는 사실에 감사해 본 사실이 있는가?
언약궤 앞에서 당신의 두 다리로 딛고 하나님과 만나 사귐을 갖고 있는가?
당신은 어디까지 와 있는가?
당신의 삶의 자리는 어디인가?

제2장 성막의 명칭

(출 26:1-27:21)

1. 성막의 크기

성막의 크기는, 장이 30규빗이며, 광이 10규빗, 고가 10규빗이다. 성소가 약 15평이며, 지성소가 7평을 차지하고 있다.

2. 휘장

휘장은 전체를 열 폭으로 만들었다. 그 열 폭은 각각 다섯 폭을 이어 한 막이 되게 하여 두 막이 한 휘장이 된다. 그 각 막은 길이가 28규빗 너비는 4규빗이고, 그 막 위에 가늘게 꼰 베 실과 청색, 자색, 홍색 실로 그룹을 수놓아 만들었다. 그 마지막 폭 가에 청색 고리 50개를 만들어 달고, 또 금갈고리 50개를 만들어 달아 서로 연결되어 한 휘장이 되게 했다.

3. 덮개

덮는 막은 성막을 덮는 막이다. 이 막은 지성소와 성소를 동일하게 덮게 된 것 같다. 그것은 염소털로 만들되 열한 폭으로 만들었다. 각 폭의 길이는 30규빗(15m)에 너비는 4규빗(2m)이었다. 여섯 폭을 연결하되 여섯째 폭의 절반은 성막이 전면에 접어 드리우게 했다. 마지막 폭 가에 고리 50개를 달고, 놋으로 갈고리 50개를 만들어 그것으로 고리를 꿰어 연결하여 한 막이 되게 했다. 나머지 좌우편은 성막 뒤에 드리우게 했다. 그 다음 나머지는 성막지 반 막에 각각 1규빗(50㎝)씩 드리웠다. 또 붉은 물들인 숫양의 가죽으로 막의 덮개를 만들어 덮고, 그 위에 해달의 가죽으로 웃덮개를 만들어 씌웠다. 그러므로 덮막은 3중으로 되어 있었다.

4. 널판

널판은 조각목으로 만들었고 그리고 순금으로 쌌다. 그 널판의 길이는 10규빗, 넓이는 1규빗으로 하고, 각 판에 두 장부(구멍)을 내어 서로 연결되게 하였다. 성막 남편을 위하여 20개를 만들고, 그 널판 아래 은으로 만든 받침 40개를 만들어 각 널판 아래 두 장부를 내어 끼워 바치게 했다. 북편에도 남편과 동일하게 했다. 성막 서편을 위하여 널판 여섯을 만들고, 또 성막 뒤 두 모퉁이를 위하여 널판들을 만들어 아래에서 위까지 각각 두 겹 두께로 만들어 윗 고리에 이루게 했다.

그러므로 은받침은 12개다. 또 조각목으로 성막 띠를 만들되 금으로 쌀 것이다. 그 성막 이편 널판을 위하여 5개, 성막 저편 널판을 위하여 5개다. 성막 뒤 서편 널판을 위하여 5개를 만들었다. 성막 가운데 있는 중간 띠는 이 끝에서 저 끝에 미치게 하고, 그 널판들을 꿸 금고리를 만들고, 띠를 꿰여 널판을 연결했다. 널판들은 하나님의 주권적인 은혜로 구원받은 죄인, 즉 아담의 자손으로 죽었다가 다시 살림을 받아 새로운 생명을 누리며 그리스도 안에 있는 새 피조물의 일원으로서 하나님 앞에 서 있는 성도를 의미한다.

5. 안 휘장

안 휘장은 지성소와 성소를 구별하여 막는 휘장으로 청색, 자색, 홍색 실과 가늘게 꼰 베실로 짜서 만들고, 그 위에 그룹을 수놓아 만들게 했다. 그 안 휘장은 조각목으로 만든 네 기둥에 금갈고리에 꿰어 드리우게 했다. 그 네 기둥은 네 은받침 위에 두게 했다.

지성소는 대제사장이 1년에 한 번씩 희생제물의 피를 가지고, 백성들의 죄를 속하게 위하여 들어갔으므로 이 안에 휘장은 1년에 한 번씩 그때에만 대제사장에 의하여 걷혔다가 다시 닫혔다. 그러나 신약 시대에 와서는 예수님이 십자가상에서 운명하실 때 그 안 휘장이 위에서부터 아래까지 찢어지고 갈라져서 지성소와 성소가 통하게 되었다. 이렇게 신약 시대는 안 휘장이 제거되었다.

6. 뜰

뜰은 성막 안에 있는 마당이다. 성경에 의하면 그 뜰의 남편 길이가 100규빗(50m)으로, 그 길이의 세마포 포장을 치게 했다. 그 포장의 기둥이 20개요 놋 받침이 20개였다. 그 기둥의 갈고리와 가름대는 은으로 만들었다. 북편도 남편과 동일하였다. 서편에는 길이가 50규빗의 포장을 치게 하되 기둥이 10개고 놋 받침도 10개였으며, 동편도 마찬가지로 50규빗의 포장이 기둥 셋과 놋받침에 걸쳐 있었고, 뜰 문 이편에 15규빗의 포장이 기둥 셋과 놋받침에 걸쳐 있었고, 뜰 문 저편에도 이편과 같이 되어 있었다. 뜰 문을 위해서 청색, 자색, 홍색과 가는 베 실로 수 놓아 짠 휘장으로 길이가 20규빗이고, 기둥이 4개, 놋받침이 4개였다. 모든 기둥의 가름대와 갈고리는 은으로 만들었다.

7. 세마포 포장

세마포 포장의 높이는 5규빗이었다. 그리고 이 안마당에서 쓰는 모든 기구와 말뚝과 뜰의 포장 말뚝은 다 놋으로 만들어졌다. 안마당은 '이스라엘인의 마당'이라고 한다. 그 이유는 이 마당에 하나님의 선민이요 하나님의 백성인 이스라엘 외에는 절대로 출입하지 못하였으며, 또 제물을 가지고 들어와 제사드릴 자도 이스라엘 백성 외에는 없기 때문이었다.

8. 바깥마당

바깥마당은 소위 이방인의 마당으로 이 마당은 매우 넓다. 성막 밖의 전 지역이 이방인의 마당이다. 그 이유는 이방인이 이곳까지는 접근할 수가 있기 때문이다.
이곳은 우상숭배, 살인, 간음, 도둑질, 여러 가지 불의와 악이 행해지는 죄의 처소다. 사죄의 은총이 미치지 못하는 곳이다. 버린 자의 거처요 장망성이 이방인의 마당이다.

성소 안의 조각목으로 이루어진 48개의 널판은 각각 두 개의 은받침 위에 서 있었다. 사막의 모래는 바람에 따라 이리저리 움직이는 조각목 널판들을 받쳐 줄 만한 튼튼한 기초가 될 수 없었다. 널판들은 하나님께서 친히 예비하신 기초 위에 서 있었다.

은받침은 값진 것임과 동시에 내구성이 있는 것이었다. 은의 출처는 출애굽기 30장 11절에서 16절을 보면, 알 수 있는데, 그것이 백성들의 속전이었음을 알 수 있다. 이스라엘 자손을 계수하는 날 자기 이름이 민수기에 기록된 모든 남자들은 자기 영혼을 위한 속전으로서 반 세겔을 바쳤다. 그가 무슨 지파에 속해 있었든지, 그의 가문이 무엇이었든지, 혹은 그가 속전을 드리는 일을 분명히 이해하고 또 그것을 다른 사람에게 잘 설명해 줄 수 있었다 하더라도 그 속전을 바치지 아니하면 그의 이름이 하나님의 백성의 명부에 오를 수가 없었다.

속전이 상징하는 것처럼 오직 구속만이 그 일을 할 수 있다. 어린 양의 보혈 즉, 예수 그리스도의 보혈의 능력과 예수 그리스도를 믿지 아니하면 어떤 아담의 자손의 이름도 어린 양의 생명책에 기록되지 못하는 것이다.

또한 속전은 가난한 자나 부자나 똑같은 액수를 드려야 했다. 여호와께서 자원하여 예물을 드릴 때 각 사람은 자기의 능력에 따라 부자는 많이 드리고 가난한 자는 적게 드렸다. 그러나 속죄의 문제에 있어서는 모두가 동일했던 것이다. 이것은 하나님의 진리이며 모든 사람은 그것에 순복해야 한다. 왕자나 거지, 술주정꾼이나 교회의 회원이거나 간에 똑같은 방법으로 구원을 받는 것이다. 하나님의 자녀들은 우리의 영원한 기초가 되시는 예수 그리스도의 귀한 이름에만 영광을 돌리며, 또한 주님의 구속받은 백성들이 함께 나누는 교제의 기초가 되는 예수 그리스도의 이름을 소중히 붙들어야 하겠다.

제3편 성막 뜰

제1장 울타리
제2장 장막의 뜰문
제3장 번제단
제4장 물두멍

울타리

번제단

물두멍

번제단의 보조기구들

기둥의 고리

기둥의 말뚝

제1장 울타리
(출 27:9-19)

너는 성막의 뜰을 만들지니 남쪽을 향하여 뜰 남쪽에 너비가 백 규빗의 세마포 휘장을 쳐서 그 한쪽을 당하게 할지니 그 기둥이 스물이며 그 받침 스물은 놋으로 하고 그 기둥의 갈고리와 가름대는 은으로 할지며 그 북쪽에도 너비가 백 규빗의 포장을 치되 그 기둥이 스물이며 그 기둥의 받침 스물은 놋으로 하고 그 기둥의 갈고리와 가름대는 은으로 할지며 뜰의 옆 곧 서쪽에 너비 쉰 규빗의 포장을 치되 그 기둥이 열이요 받침이 열이며 동쪽을 향하여 뜰 동쪽의 너비도 쉰 규빗이 될지며 문 이쪽을 위하여 포장이 열다섯 규빗이며 그 기둥이 셋이요 받침이 셋이요 문 저쪽을 위하여도 포장이 열다섯 규빗이며 그 기둥이 셋이요 받침이 셋이며 뜰 문을 위하여는 청색 자색 홍색 실과 가늘게 꼰 베실로 수 놓아 짠 스무 규빗의 휘장이 있게 할지니 그 기둥이 넷이요 받침이 넷이며 뜰 주위 모든 기둥의 가름대와 갈고리는 은이요 그 받침은 놋이며 뜰의 길이는 백 규빗이요 너비는 쉰 규빗이요 세마포 휘장의 높이는 다섯 규빗이요 그 받침은 놋이며 성막에서 쓰는 모든 기구와 그 말뚝과 뜰의 포장 말뚝을 다 놋으로 할지니라(출 27:9-19).

　장막의 담을 이루는 기둥은 남쪽으로 20개, 북쪽으로 20개가 있다. 그리고 서쪽과 동쪽으로 각각 10개씩의 기둥이 있다. 그래서 모두 60개의 기둥이 장막의 담의 골격을 이루고 있다.
　모세는 가로 100규빗(50m), 세로 50규빗(25m), 높이 5규빗(2.5m)의 세마포 천으로 성막 울타리를 만들었다.
　이 가로 세로를 가지고 계산하면 성막은 378평이라는 계산이 나온다.

1. 울타리의 의미

(1) 보호

울타리는 '보호'를 의미한다. 안은 보호를 받지만 밖은 보호를 받지 못한다.

> 또 내게 지팡이 같은 갈대를 주며 말하기를 일어나서 하나님의 성전과 제단과 그 안에서 경배하는 자들을 측량하되 성전 바깥 마당은 측량하지 말고 그냥 두라 이것은 이방인에게 주었은즉 저희가 거룩한 성을 마흔두 달 동안 짓밟으리라(계 11:1-2).

방주 안에 있던 노아의 식구들은 모두 보호를 받았고, 방주 밖에 있는 이는 모두 죽었다. 그리스도의 공중재림 때 교회만 보호받으며 들림받게 될 것이다.

(2) 안전

울타리 안은 안전하지만 밖은 언제나 화가 미치는 곳이다. 울타리의 60개 기둥은 40년간 단 한 번도 고장이 난 기록이 없이 안전하였다.

> 화가 네게 미치지 못하며 재앙이 네 장막에 가까이 오지 못하리니(시 91:10).

말세에는 3대 화가 있다.

> 내가 또 보고 들으니 공중에 날아가는 독수리가 큰소리로 이르되 땅에 거하는 자들에게 화, 화, 화가 있으리니(계 8:13).

1) 죽고 싶으나 죽을 수 없는 화

> 그날에는 사람들이 죽기를 구하여도 죽지 못하고 죽고 싶으나 죽음이 그들을 피하리로다(계 9:6).

2) 성전 밖 마당만 밟은 자에게 임하는 화

또 내게 지팡이 같은 갈대를 주며 말하기를 일어나 하나님의 성전과 제단과 그 안에서 경배하는 자들을 측량하되, 성전 바깥 마당은 측량하지 말고 그냥 두라 이것은 이방인에게 주었은즉 그들이 거룩한 성을 마흔두 달 동안 짓밟으리라(계 11:1-2).

3) 불신자에게 오는 화

죽임을 당한 어린 양의 생명책에 창세 이후로 이름이 기록되지 못하고 이 땅에 사는 자들은 다 짐승에게 경배하리라 누구든지 귀가 있거든 들을지어다(계 13:8-9).

이들은 다 울타리 밖에 있어서 구원받지 못한 자들이다. 울타리 안만이 안전하다.

(3) 소유

울타리는 소유를 의미한다. 울타리를 친 안은 주인의 것이다. 주인은 자기 땅에 울타리를 두르게 된다. 주인의 것과 주인의 것이 아닌 것의 경계가 바로 울타리다. 그러므로 울타리 안에 있으면 하나님의 백성이다. 밖에 있으면 마귀의 식구다.

너는 두려워하지 말라 내가 너를 구속하였고 내가 너를 지명하여 불렀나니 너는 내 것이라(사 43:1).

'내가 너를 구속했다' 는 말은 성막 안의 번제를 의미하고 있습니다. 울타리 안은 모두 하나님의 소유다.

(4) 공급

울타리 안에서 하나님의 은총을 공급받을 수 있다.

> 너희가 내 안에 거하고 내 말이 너희 안에 거하면 무엇이든지 원하는 대로 구하라 그리하면 이루리라(요 15:7).

안에 있는 이는 연결되어 있는 이요, 연결되어 있는 이는 공급을 받을 수 있는 사람이다. 말씀이 공급된다. 빛이 공급된다. 복이 공급된다. 울타리 안에 있는 이에게는 무엇보다도 성경이 공급된다. 구름 우산으로 시원함이 공급되고, 불 우산으로 밤에는 따뜻함이 공급된다. 울타리 안은 공급을 의미한다.

(5) 울타리

울타리 안과 밖은 양과 염소의 구별이다. 생명과 죽음의 구별이다. 복과 죄의 구별이다. 천국과 지옥의 구별이다.

그러므로 안으로 들어와야 한다. 안으로 들어와야 뜰에 있는 번제단과 물두멍, 성소에 있는 떡상과 분향단, 등잔대를 볼 수 있다. 안으로 들어와야 제사를 드릴 수 있다.

그래서 속죄함 받고, 성결해지고, 성령을 받고, 말씀을 받을 수 있다.

성막 안에 들어오면 예수님을 볼 수 있다.

성막 밖의 사람들을 성막 안으로 들어오게 하기 위해서 힘써야 한다.

성막의 울타리는 구별을 의미합니다. '여기서부터는 성막이다. 거룩한 장막이다' 이렇게 구별하는 것이다.

우리는 '성도' 라는 이름을 가지고 있다. '거룩한 무리' 라는 뜻이다.

무엇이 거룩인가? 죄와 구별된 것이 거룩한 것이다. 성막 안의 삶이다.

우리는 성막 울타리 안에 있어야 한다.

2. 울타리 역할

세마포 장은 세 가지의 중요한 역할을 한다.

첫째, 담이나 벽을 역할을 한다. 그래서 용건이 없는 사람들이 장막 안으로 접근하는 것을 막아준다.

둘째, 들짐승 등이 장막 안으로 들어오지 못하도록 보호해 준다.

셋째, 장막의 내부와 외부를 구별해 준다. 그러나 이 구별은 단순한 구별 이상의 의미가 있다. 즉 거룩한 곳과 거룩하지 못한 곳을 구별해 주는 것이다. 하나님의 자녀들이 영원한 세계 속에 들어가기 전 하나님 앞에 설 때 하나님께서는 구원받은 성도들을 위해서 옷을 입혀 주신다.

또한 세마포는 성도들의 올바른 행실을 말한다. 주님께서 성도들에게 입혀 주시는 흰색의 세마포는 바로 주님의 온전한 의, 예수 그리스도만이 지니시는 그 아름다운 의를 완전하게 나타내는 것이다. 물론 성도들은 예수 그리스도를 믿을 때 의롭다 함을 얻는다. 그렇지만 경험적으로는 아직 성화되지 못하고 있다. 주님 앞에 서는 날에 주님께서 우리에게 의로운 옷을 입혀 주신다.

3. 울타리 요약

성막 울타리를 요약해 보면 다음과 같다.
첫째, 성막의 총 평수는 378평이다(1규빗을 50㎝로 할 경우).
둘째, 장(남,북편)이, 100규빗(50m)이고, 광(동,서쪽)이 50규빗(25m)이며, 고(세마포 높이)가 5규빗(2.5m)이다.
셋째, 놋 기둥은 총 60개다(동과 서에 10개씩 남과 북에 20개씩).
넷째, 기둥 받침은 총 60개다(놋:십자가를 의미). 기둥의 갈고리와 가름대는 은으로 만들었다.
다섯째, 울타리는 세마포로 쳤다(동쪽의 문 20규빗(10m). 이 문은 구원의 문이다.
여섯째, 말뚝(놋)과 줄이 기둥마다 고정시킨다. 놋은 어떤 시련 가운데에서도 자기 위치에 정확하게 있어야 한다.

4. 울타리 모양

성막을 밖에서 보면 울타리만 보인다. 동쪽이나 서쪽에 10개씩의 기둥이 있고 남쪽이나 북쪽에 20개씩 있다. 기둥의 높이는 2.5m정도 (5규빗)가 되어 사람의 키보다 높다. 그리고 동쪽에 있는 문 외에는 모두 세마포로 둘러 처져 있다.

5. 울타리 재료

울타리의 재료는 울타리의 60개 기둥은 모두 놋으로 만들어졌다. 그 밑에 놋받침이 있고, 은고리가 달려 있다.

성경에서 놋은 십자가를 의미한다. 모세가 광야에서 뱀에 물려 죽어가고 있는 사람들에게 놋뱀을 만들어 높이 들었을 때 그것을 보는 사람마다 다 고침을 받았다. 그 후 놋은 십자가로 상징되고 있다. 그리고 금과 은은 변함이 없는 금속으로 언제나 믿음을 의미한다. 세마포는 성결을 의미한다. 그래서 울타리는 십자가에서만이 믿음으로 성결하게 되는 것을 의미한다.

뜰은 커튼 같은 것들과 외부와 구별되었는데, 그 커튼은 높이 5규빗의 기둥들 위에, 같은 규격으로 이어졌다(출 27:18).

담장 말뚝은 의심할 여지 없이, 다른 목재류들과 마찬가지로 싯딤나무로 만들어졌으며, 아마도 자연의 형태를 간직한 둥근 형태였을 것이다. 또한 크기에 따른 경제적인 무게와 강도를 고려했을 때, 그 기둥의 지름이 약 1/4규빗, 즉 12.5cm 정도라고 자연스럽게 추정할 수 있다.

다른 건축물의 기둥들처럼 그것들은 밑에서 위까지 같은 크기였을 것이며, 그들의 밑둥은 놋(copper)이 입혀진 '소켓'(socket)이나 '받침'에 의해 고정되었다. 이 받침 가운데엔 기둥을 고정하기 위한, 아마도 네모난 구멍이 있었을 것이며, 그 위에 가지런히 기둥들이 배열되었을 것이다. 기둥들은 끈에 의해 똑바로 세워졌으며 놋핀들에 의해 단단히 고정되었다(출 27:19).

6. 울타리 기둥

이 기둥들에 세마포로 만들어진 커튼들이 적당히 연결되었으며, 약 60개의 기둥이었던 것으로 보아 아마도 양 옆으로 20개씩 그리고 나머지 측면에 10개씩, 약 5규빗 정도의 간격으로 규칙적으로 세워졌을 것이다. 동쪽 편, 즉 성막 뜰의 정면 측의 가운데 네 기둥, 즉 15 규빗이 바로 성막의 정문이었다.

또한 이 문은 출애굽기 38장 17, 19절의 언급에 따라 은으로 그 머리가 씌어져 있으며, 아마도 기둥의 머리 부분을 보호하기 위해 둥글게 깎아 놓았을 것이다.

이 밖에도 2개의 부속물이 기둥과 관련하여 언급되고 있는데, 그것은 바로 '갈고리'와 '가름대'로, 두 가지 모두 은으로 되어 있었다.

7. 갈고리

이것들 중 갈고리의 용도는 뜰의 경계를 나타내는 기둥에 장막을 가리도록 하는 것이며, 가름대는(chsuk), '고정시키다' 라는 뜻의 말로, 금으로 싸여져 있는 긴 막대기였는데, 이것이 커튼을 지탱해 주기 위해 고안된 것인지 아닌지에 대해서는 논란이 있다.

정문의 커튼들은 청색, 자색 홍색 실로 가늘게 꼰 베실로 수놓아 짜여졌는데(출 38:18), 끝부분끼리 바느질되어서 정문의 한편 끝에서부터 다른 한편 끝까지 울타리의 기둥에 고정되었다. 입장을 위해서는 이 커튼을 밑에서부터 위로 올려야 했을 것이다.

울타리의 기둥의 높이는 2.5m 정도(5규빗)로 사람의 키보다 좀 높다. 그러므로 절대로 밖에서 안을 들여다 볼 수 없었다. 성막은 예수의 모습인데 울타리 안에 들어가야만 예수 그리스도를 볼 수가 있다.

성막 울타리 밖에 있지 않고 뜰 안으로 들어오면 거기에는 번제단에서 나를 위한 속죄의 제사가 있다. 물두멍에서 성결의 삶이 있다. 금등대에서 빛을 내는 사명이 우리를 기다리고 있다. 떡상 위에는 생명의 떡, 말씀의 떡이 예비되어 있다. 성막은 예수 그리스도를 만나러 가는 지름길이요 지도다.

성막 울타리는, 좋기는 하지만 사람을 구원할 수 없는 율법과 단순해 보이기는 하지만 사람을 구원하는 복음의 경계선이다.

울타리 안과 밖은 생명과 죽음의 구별이다. 복과 저주의 구별이다. 천국과 지옥의 구별이다.

나는 양의 문이라……내가 문이니 누구든지 나로 말미암아 들어가면 구원을 받고 또는 들어가며 나오며 꼴을 얻으리라(요 10:7-9).

장소를 거룩하게 구별하면 성소다. 날을 거룩하게 구별하면 성일이다. 물건을 거룩하게 구별하면 성물이다. 사람을 거룩하게 구별하면 성도다. 울타리 안은 울타리 밖과 무엇이나 구별된다. 이같이 울타리는 예수 그리스도, 보호, 안전, 소유, 공급, 구별을 의미한다.

제2장 장막의 뜰문

(출 27:13-16)

> 동쪽을 향하여 뜰 동쪽의 너비도 쉰 규빗이 될지며 문 이쪽을 위하여 포장이 열다섯 규빗이며 그 기둥이 셋이요 받침이 셋이요 문 저쪽을 위하여도 포장이 열다섯 규빗이며 그 기둥이 셋이요 받침이 셋이며 뜰 문을 위하여는 청색 자색 홍색 실과 가늘게 꼰 베실로 수 놓아 짠 스무 규빗의 휘장이 있게 할지니 그 기둥이 넷이요 받침이 넷이며(출 27:13-16).

성막은 뜰, 성소, 지성소로 구분되어 있다. 휘장이 둘 있는데, 성소로 들어가는 휘장과 지성소로 들어가는 휘장이다. 이 휘장은 청색, 자색, 홍색, 실로 짜여졌다. 성경에 나오는 색깔에도 뜻이 있다. 청색은 하나님의 자비, 자색은 하나님의 왕권, 위엄, 영광, 홍색은 하나님의 속죄를 의미한다. 성막은 장이 약 50m이며, 광이 25m, 울타리의 높이는 2.5m이고, 넓이는 약 378평으로 되어 있는 큰 건물이다.

성막은 세 부분으로 나누어져 있는데 뜰과 성소와 하나님의 임재가 있고 법궤가 놓여져 있는 지성소로 나뉜다.

성막 안에는 뜰문과 번제단과 물두멍, 성소 안에는 떡상과 금등대와 분향단이 놓여 있으며, 마지막 지성소 안에는 법궤가 놓여져 있고, 법궤 안에는 십계명 돌판과 법궤 앞에는 아론의 싹난 지팡이와 만나 항아리가 놓여 있었으며, 법궤 옆에는 613가지가 쓰여져 있는 율법책이 놓여 있었다.

1. 오직 하나의 문

이스라엘 백성이 죄사함 받기 위해 오직 하나뿐인 성막 문으로 들어가야 했듯이, 이 땅에 있는 모든 죄인은 오직 예수 그리스도의 십자가의 대속의 피를 흘리신 십자가 문으로 들어가야 구원을 얻게 됨을 의미한다. 예수님은 스스로 양의 문이라 하셨다. 성막 문은 예수 그리스도를 의미한다.

> 그러므로 예수께서 다시 이르시되 내가 진실로 진실로 너희에게 말하노니 나는 양의 문이라(요 10:7).

성막 사방에는 12지파가 진을 치고 있었다. 한 쪽에 3지파씩이다. 그러므로 한쪽에 문 하나씩 내면 얼마나 편리하겠는가? 그러나 하나님께서 계신 곳 성소에 들어가는 데는 오직 한 문으로밖에 들어갈 수 없었다. 오직 예수로만 구원이 가능한다. 예수 그리스도는 우리의 유일한 구원의 문이신 것이다. 예수님의 대속 없이는 어느 누구도 구원을 받을 수 없기 때문이다. 이 문은 유일무이하지만 누구에게나 열려 있다. 그러므로 누구든지 이 문 안으로 들어오기만 하면 구원받을 수 있는 것이다.

> 다른 이로써는 구원을 받을 수 없나니 천하 사람 중에 구원을 받을 만한 다른 이름을 우리에게 주신 일이 없음이라(행 4:12).
> 예수께서 이르시되 내가 곧 길이요 진리요 생명이니 나로 말미암지 않고는 아버지께로 올 자가 없느니라(요 14:6).

성소가 아무리 좋아도 문이 없으면 들어갈 수가 없다. 요한복음에서는 예수님을 7가지로 비유하고 있다. 첫째, 나는 선한 목자다. 둘째, 나는 생명의 떡이다. 셋째, 나는 빛이다. 넷째, 나는 길이다. 다섯째, 나는 진리다. 여섯째, 나는 생명이다. 일곱째, 나는 양의 문이다.

2. 큰 문

오직 하나의 문은 작은 문이 아니라 큰 문이다.

동쪽 25m(50규빗) 중에 10m(20규빗)가 문이다. 우리는 10m나 되는 통문을 좀체로 본 적이 거의 없다. 아구라는 고기가 앞에서 보면 입만 있는 것처럼 성막의 동쪽은 거의가 문이다. 누구든지 들어오라고 그렇게 큰 문을 만드신 하나님의 사랑에 우리는 감격스럽다. 누구든지 들어올 수 있다. 아니 누구든지 들어와야 한다.

이는 그를 믿는 자마다 멸망하지 않고 영생을 얻게 하려 하심이라(요 3:16).

예루살렘 사람도 들어와야 한다.
온 유대 사람도 들어와야 한다.
사마리아 사람도 들어와야 한다.
땅 끝까지 모든 사람들이 들어와야 한다.
여기에 선교의 당위성이 있다. 다 들어와야 하기에 모든 이에게 전해야 한다.

누구든지 주의 이름을 부르는 자는 구원을 받으리라 그런즉 그들이 믿지 아니하는 이를 어찌 부르리요 듣지도 못한 이를 어찌 믿으리요 전파하는 자가 없이 어찌 들으리요 보내심을 받지 아니하였으면 어찌 전파하리요 기록된 바 아름답도다 좋은 소식을 전하는 자들의 발이여 함과 같으니라(롬 10:13-15).

3. 동쪽 문

성막을 칠 때에는 문을 항상 동쪽을 향하도록 하였다. 동쪽은 해가 뜨는 곳이다 어둠이 물러가고 광명한 햇살이 비치는 곳이다. 마귀의 세력이 떠나고 성령의 역사가 시작되는 밝은 곳이다. 기독교는 소망의 종교다. 축복의 길이다.

더구나 문 앞에는 유다 지파가 자리잡고 있었다. 메시아이신 주님은 유다 지파를 통하여 이 땅에 오셨다.

> 규가 유다를 떠나지 아니 하며 통치자의 지팡이가 그 발 사이에서 떠나지 아니하시기를 실로가 오시기까지 이르리니 그에게 모든 백성이 복종하리로다(창 49:10).

동쪽 문은 유다 지파가 위치한 문으로 소망을 의미한다. 그리스도 안에 모두 들어 있기에 동쪽 문은 소망이다. 예수님은 내 인생의 태양빛이며 동쪽 문이 되시는 분이다. 예수님은 모든 축복을 받게 하는 문이시며, 영생의 문, 곧 천국의 문이 되시는 것이다.

378평이나 되는 성막에도 문이 세 개가 있었는데 첫째 문이 뜰문이요, 둘째 문이 회막 문이요, 셋째 문이 지성소 문이었다.

그런데 이 지성소에 계신 하나님을 만나기 위해서는 성막의 제일 앞에 있는 뜰문을 통과해야 했다. 이곳을 통하여 회막 문에 들어가서 성소의 삶을 살아야 하나님이 축복해 주시고, 그 거룩한 성소의 삶을 통하여 지성소의 하나님을 만나게 될 것이다.

4. 4색의 문

성막의 문은 청색, 자색, 홍색, 백색(가는 베 실)으로 짜여 있다.

청색은 생명의 색깔이며 생명 되신 예수 그리스도를 의미한다. 이스라엘 백성들은 청색을 대할 때마다 하나님이 거하시는 영광스러운 하늘을 연상했다. 청색은 예수 그리스도의 신성을 나타낼 때 사용되었다.

자색은 왕권을 의미하는 색깔이며, 왕 되신 그리스도를 의미한다. 이스라엘 백성들에게 있어서 전통적으로 왕을 상징하는 색상이다. 예수 그리스도는 하나님이실 뿐만 아니라 왕이시다.

홍색은 피를 의미하며, 고난당하신 그리스도를 의미한다. 하나님의 자녀들은 홍색의 색상에서 마침내 보혈의 피를 흘리신 예수 그리스도를 만날 수 있다.

백색은 성결을 의미하며 부활하신 예수 그리스도를 의미한다. 예수 그리스도의 죄가 없으신 완전한 인간성을 상징하는 색상이다. 예수 그리스도는 죄 없는 참된 인간의 모습으로 이 세상을 사셨다.

> 내가 문이니 누구든지 나로 말미암아 들어가면 구원을 받고 또는 들어가며 나오며 꼴을 얻으리라(요 10:9).

5. 문턱이 없는 문

성막 문에는 문턱이 없다. 누구나 들어갈 수 있으며 들어가기가 쉽다. 예수님을 영접하는 문은 크고 넓고 문턱이 없다. 우리 모두는 열린 문이 되어야 한다. 누구든지 마음의 문을 열고 예수님을 영접하면 구원을 받는다. 예수님은 내 안에 모시기만 하면 된다. 성막 동쪽 편에 있는 출입문은 죄인들을 위해서 하나님께서 활짝 열어 놓으신 사랑의 문이요 은혜의 문이다. 이 성막 출입문은 턱이 없어 온 인류가 들어갈 수 있는 구원의 문이며 유일한 문이다.

6. 개인 구원의 문

들어가는 사람마다 자기가 문을 열어야 한다. 남이 열어 주지 않다. 각자 예수를 영접하고 들어와야 한다. 부모가 믿는다고 자녀까지 저절로 구원받는 것은 아니다.

7. 열리고 닫히는 문

언제나 열려 있는 문이 아니다. 열고 들어가면 곧 닫히고 만다. 언제까지나 열려 있는 문은 아니다.

제3장 번제단

(출 27:1-8)

너는 조각목으로 길이가 다섯 규빗, 너비가 다섯 규빗의 제단을 만들되 네모 반듯하게 하며 높이는 삼 규빗으로 하고 그 네 모퉁이 위에 뿔을 만들되 그 뿔이 그것에 이어지게 하고 그 제단을 놋으로 싸고 재를 담는 통과 부삽과 대야와 고기 갈고리와 불 옮기는 그릇을 만들되 제단의 그릇을 다 놋으로 만들지며 제단을 위하여 놋으로 그물을 만들고 그 위 네 모퉁이에 놋고리 넷을 만들고 그물은 제단 주위 가장자리 아래 곧 제단 절반에 오르게 할지며 또 그 제단을 위하여 채를 만들되 조각목으로 만들고 놋으로 쌀지며 제단 양쪽 고리에 그 채를 꿰어 제단을 메게 할지며 제단은 널판으로 속이 비게 만들되 산에서 네게 보인 대로 그들이 만들게 하라(출 27:1-8).

■ 용어 풀이
번제(燔祭) : 동물 희생제물을 잡아 불에 완전히 태우는 제사방법이다.

1. 형태

(1) 재료 : 조각목, 놋

(2) 크기(채를 제외한 본체)

가로-5규빗(250㎝), 세로-5규빗(250㎝), 높이-3규빗(150㎝)

(3) 기구

부속 기구 : 채, 통, 부삽, 대야, 고기갈고리, 불 옮기는 그릇

(4) 위치

배정 위치 : 뜰 문과 성소 앞에 놓인 물두멍 사이

(5) 용도

용도 : 하나님께 각종 번제 제사를 드림

(6) 영적 의미

영적 의미 : 친히 희생제물이 되신 예수 그리스도를 상징(히 9:12-14,26)

번제단은 번제단 그물망 밑에서 불을 태워야 하기 때문에, 평지에 놓고 사용하지 않고 땅에 단을 쌓아 평지보다 높게 하여, 그 위에 제물을 담은 번제단을 올려놓고 번제단 아래 있는 아궁이에 불을 지펴 제물을 불사르는 방법으로 사용되었다.

2. 제사 제도

유대 전승(傳承)에 의하면 제물로 바쳐진 동물을 잡을 때 반항한 동물은 한 마리도 없었다고 한다.

◆ 번제 : 헌신(속죄)=예수 그리스도의 십자가에서의 희생

부분 명칭	영적 의미
조각목	그리스도의 인성(人性) 상징(요 1:14, 4:6-7)
놋	그리스도의 심판받으심을 상징(롬 4:25; 벧전 2:21, 24)
부분 뿔	그리스도의 능력 상징(마 8:23-27; 롬 8:35)
채	그리스도의 동행을 상징하는 듯함(마 28:20)

(1) 번제

번제단에서 행해지는 번제[燔(태울 번, 구울 번)祭 ; burnt offering]란 동물 희생제사로서, 제물로 바칠 동물을 제단 위에 올려 놓고 거룩한 불로 모두 태워, 그 연기가 하늘로 올라가서 예배자의 심혼이 하나님께 바쳐짐을 상징하는 제사 방법이다. 제물은 가정 형편에 따라 드리되 중요한 것은 흠이 없어야 하고 반드시 수컷이어야만 했다. 그것은 이 번제가 바로 예수 그리스도의 그림자요 예표이기 때문이다.

이 번제는 흠 없는 수컷으로 드리되 예배자가 희생물에 안수하여 죄를 전가(轉嫁:자기의 허물이나 책임 따위를 남에게 덮어씌움)시키고, 가죽을 벗기고(진실하지 못한 것을 버린다는 뜻), 각을 뜨고(여러 조각으로 잘라 내어 토막을 낸다는 뜻으로서 구별된 삶을 의미함), 피는 제단 위에 뿌리고, 몸은 제단 위에서 불에 태웠다.

구약 시대에는 매번 동물을 희생물로 해서 번제를 드렸지만, 신약 시대에는 예수 그리스도께서 단번에 우리의 번제물이 되셨기 때문에 한 번으로 족했다.

구약 시대의 이러한 제사제도는 신약 시대의 예배의 그림자라고 할 수 있는데, 그렇다면 왜 이런 제사가 필요했는가? 사람은 죄를 가지고 하나님 앞에 설 수 없다. 그것은 지금도 마찬가지다.

결국 살아있는 범죄자(모든 사람)는 하나님의 공의의 법 앞에 죽음이라는 빚을 지게 되는데, 이 빚은 반드시 갚아야 하는 것이 하나님의 공의의 법이다. 그런데 이 빚은 절대로 돈이나 인간적인 어떤 노력이나 수단에 의해서 지불되어 청산되지 못한다. 반드시 죄지은 자의 생명으로만 갚을 수 있다. 즉, 죽어야만 한다. 그러면 한 번 죽음으로써 모든 죄의 빚이 청산되고 죽은 후에는 자동적으로 구원을 받게 된다는 말인가 하는 의문이 생긴다. 결코 그렇지 않다.

모든 인생은 원죄(모든 인생들에게 유전되는 인류 조상 아담과 이브의 죄)와 자범죄(살아 생전 스스로 짓는 모든 죄)를 가지고 있다.

사람의 목숨은 하나밖에 없으므로, 자신의 목숨(생명)으로 이 모든 죄를 갚을 길이 없는 것이다. 이를 온전히 갚기 위해서는 원죄도 그리고 단 한 번의 자범죄도 없는 순결무구(純潔無垢: 마음과 몸이 아주 깨끗하여 조금도 더러운 티가 없다)한 사람의 생명이 지불되어야 한다.

결국 인간으로서는 어떻게 할 수 없는 한계상황에 부딪치게 된다.

여기에서 하나님의 사랑의 법이 나오게 된다. 즉, 사람이 범한 죄는 공의의 법으로 철저히 응징하되 죄지은 그 사람은 사랑의 법으로 살려 주시는 것이다. 그 임시 대안이 구약의 동물 피 제사법이다. 생명은 피에 있으므로 제사드리는 사람의 생명을 대신해서 동물이 피 흘려 죽는 것이다. 사람의 목숨이 너무도 귀하기 때문에 동물의 생명으로 사람의 생명을 대신하는 임시 대안을 허락하신 것이다.

이와 같이 구약 시대에 매번 드리는 동물 피 제사는 궁극적으로 십자가에서 피 흘려 죽으신 예수 그리스도의 대속 사건의 그림자로서, 신약 시대에는 예수 그리스도께서 단번에 우리의 번제물이 되셨기 때문에 한 번으로 족했다.

그리고 내 죄의 빚을 대신 청산하시기 위해 죄 없으신 예수 그리스도께서 십자가에 피 흘려 돌아가셨다는 사실을 믿음으로, 이 죄의 문제를 해결하고 영생을 얻게 된 것이다(이것을 구원이라고 함).

하나님께서는 이렇게 마음으로 믿고, 입으로 시인하며, 예수 그리스도의 말씀을 따라서 살려고 애쓰는 자들의 믿음을 보시고, 믿는 자들의 모든 죄를 용서하시는 것이다.

그 모든 죄의 빚이 여자의 후손(모든 인류는 남자의 후손으로서 원죄가 유전되나 예수 그리스도는 동정녀 마리아의 몸을 통해 성령의 능력으로 태어났기 때문에 원죄가 없으심) 예수 그리스도께로 전가되어 십자가에서 이미 청산하였기 때문이다.

(2) 놋단

놋단은 조각목에 놋을 씌웠다.

놋은 하나님의 공의의 심판을 의미할 때가 있다(민 21:9; 요 3:14). 계시록 1장에 주님은 "그 발이 빛난 주석과 같은 것"이었다. 이것은 주님의 공의의 심판의 행차를 의미한다. 또 그 놋단이 성소와 지성소 밖에 있었고, 짐승이 희생되었다. 이것은 예수 그리스도께서 예루살렘 성 밖에 있는 골고다 형장에서 희생될 것을 의미하는 것 같다.

(3) 뿔

놋단에는 네 뿔이 있다. 이는 십자가에서 죄인들의 죄를 대신 지고 하나님의 공의의 심판을 받아 희생하신 대속을 의미한다(히 9:11-14). 성소나 지성소에는 놋단에서 희생된 제물이나 그 피를 가지지 않고는 들어가지 못한다. 즉 그 피를 가져야만 들어갈 수 있다(레 17:11, 히 9:22). 이는 예수의 십자가에서 흘리신 피의 공로만을 가지고 하나님께 나아가는 것을 예표한다(히 9:14).

이스라엘이 광야에서 불뱀에게 물려 사경에서 이르러 장대 끝의 구리뱀을 바라본 것도, 하나님의 공의의 심판을 받아 십자가에 희생되신 그리스도를 믿는 것이다(히 9:12). 그리스도의 십자가는 귀중하고 우리의 자랑거리다(갈 9:14).

조각목을 놋으로 싸서 만들게 되어 있었다. 조각목은 버림받은 인간을 뜻한다. 놋은 물론 십자가의 상징이다. 버림받은 조각목 같은 인간은 십자가가 아니면 도저히 구원받을 수 없다. 버림받은 인간도 십자가로 싸야 생명을 얻을 수 있다. 번제단은 구원의 장소다.

성막 뜰의 한가운데 장 2.5m, 광 2.5m, 고 1.5m, 크기에 네 모퉁이에 뿔을 달고, 번제단 옆에는 놋고리 넷을 달아 그곳에 조각목에다 놋으로 싼 채를 끼워 두게 하셨다. 이렇게 번제단은 돌단과 토단과는 다르게 구체적인 규격과 모양이 제시되고 있다.

그러나 이 속에는 하나님의 깊으신 구원의 역사와 복음의 의미가 들어 있다.
'단어'의 뜻은 '죽인다', '학살한다'이며, 번제는 히브리어로 '아라'로 '올라간다'라는 의미가 있다. 다시 말하면, 번제단에서는 한 죄인을 위하여 소나 양이나 염소나 비둘기가 죽어서 하나님께 올라감으로 죄 사함 받는 장소였던 것이다.

제단은 문자 그대로 희생의 제물을 드리는 단이라는 뜻이다. 제단이란 단어는 희생이란 단어와 같다. 하나님은 양이나 염소 등을 이스라엘 백성들의 범죄를 대신하는 제물을 드리도록 명하셨다. 즉 그들의 죄를 대신하는 일시적인 방편으로서 하나님께서 제물들을 드리는 것을 허용하셨다. 제물이 하나님 앞에 드려지고, 하나님께서 이 제물을 받으셨다는 표시로 불이 내려와서 제물을 깨끗이 태워버렸다. 불이 제물을 태운다고 해서 번제단이라 불리는 것이다.

(4) 불

번제단에서 쓰이는 불은 하나님께서 내려 주신 것이다. 그리고 하나님은 "결코 불 끄지 말라"고 명령하셨다. 불 내려온 연대가 성막이 완성된 주전 1445년이었으니, 솔로몬 성전이 바벨론에 의해 파괴된 주전 587년까지, 이스라엘 백성들은 하나님께 한 번 받은 불을 약 1천 년 동안 꺼뜨리지 않았다. 은혜는 받는 것보다 간직하는 것이 더 중요하다. 자극을 받는 것보다 간직하는 것이 더 중요하다.

(5) 모양

번제단의 모양은 각 모서리에 네 군데 4개의 뿔을 만들었다. 이는 생명의 뿔을 의미한다.

> 그 피를 네 손가락으로 단 뿔들에 바르고 그 피 전부를 단 밑에 쏟을지며(출 29:12).

여러 피 제사를 드릴 때 제사장은 희생제물의 피를 단 밑에 쏟고 반드시 손가락으로 피를 찍어 제단 뿔과 향단뿔에 발랐다. 이것은 십자가의 예수의 손에서 흐르는 피를 상징하며, 예수의 속죄피를 힘입어 드리는 성도의 기도와 예수의 십자가가 능력 있음을 말한다.

하나님의 백성들을 위해 하나님께서 준비하신 것이 많다. 그러나 그중에서도 가장 소중한 것은 바로 예수 그리스도이시다. 전 인류의 죄를 위한 희생 제물로 예수 그리스도를 준비하셨다는 사실이다. 예수 그리스도는 창세 전부터 예비되신 하나님의 어린 양이시다.

(6) 죄

죄는 반드시 심판되어야 한다. 그러나 하나님은 우리를 죄대로 갚지 아니하시고, 우리의 죄를 그리스도께 담당시켜 우리를 죄 없는 자로 삼으셨다. 예수 그리스도는 죄가 없으신 분이시지만 우리를 대신해서 죄인이 되셔서 심판을 받으셨다. 그리고 십자가라는 제단에 매달리셔서 보배로운 피를 흘리셨다. 이 구약의 사건을 연상시키면서 히브리서 기자는 "피 흘림이 없은즉 죄 사함이 없느니라"(히 6:22)고 말씀하였다. 죄의 삯은 사망이다. 이 죽임 당한 희생의 제물을 볼 때마다 그것은 죄에 대한 값이 사망이라는 하나님의 처벌이 이루어진 것임을 확인하게 된다.

죄로 말미암아 지옥에 갈 수밖에 없는 영혼들이 구원을 받기 위해서는 2가지 공식을 따라야 하는데, 첫째가 누군가가 죽어야 누군가가 살고, 둘째는 피 흘림이 없이는 죄 사함이 없다는 것이다.

그러므로 구약이든 신약이든 한 죄인이 살기 위해서는 누군가가 나를 위하여 피 흘려 죽어야 하는데, 구약의 성막 시대 때에는 이 번제단에서 짐승이 죄인대신 피 흘려 죽음으로 구원을 받았다.

그러나 신약 시대인 오늘 날은 그 짐승 대신 십자가에서 피흘려 죽으신 예수 그리스도를 믿음으로 구원받는다.

(7) 십자가

십자가는 하나님이 전 인류의 죄를 심판하신 곳이다. 우리는 십자가를 막연한 하나의 감상으로 보아서는 안 된다. 십자가는 예수 그리스도가 내 죄를 위해서 매달리신 곳이며, 한 걸음 더 나아가 하나님께서 인간을 심판하신 곳이다. 온 세상을 심판하신 곳이 십자가다. 그로 말미암아 우리가 구원을 받을 수 있는 놀라운 길이 열렸다. 그러므로 우리가 번제단을 생각할 때마다 제일 먼저 기억해야 할 중요한 사실은 예수 그리스도의 희생의 사건이다.

(8) 이동

이스라엘 백성들은 뿔 달린 번제단을 장막을 옮길 때마다 가지고 다녔다. 그러다가 나중에 그들이 성전을 세웠을 때, 이 성전 안에 번제단을 비치했다. 죄인들이지만 하나님의 심판을 면하기 위해서는 예수 그리스도의 보혈의 십자가만 잡으면 산다. 이것은 참으로 놀라운 사실이다. 이 사실이 성경 안에서 그대로 귀하게 교훈되고 있다.

> 여호와는 나의 반석이시요, 나의 요새시요, 나를 건지시는 이시요, 나의 하나님이시요, 내가 그 안에 피할 바위시요, 나의 방패시요, 나의 구원의 뿔이시요, 나의 산성이시로다(시 18:2).

하나님은 우리의 구원의 뿔이 되신다. 뿔만 잡으면 살 수 있는 놀라운 길을 열어 주셨다. 이 뿔은 예수 그리스도의 십자가를 통한 구원의 능력이다. 하나님의 구원의 능력과 안전을 보여주는 놀라운 교훈을 우리는 이 제단의 뿔에서 엿볼 수가 있다.

(9) 용서

솔로몬에 반역한 아도니야가 도망가 제단뿔을 부여잡았다. 당시 법에 의하면 반역은 곧 사형이었다. 이때 병사가 아도니야를 잡으러 왔다가 이 모습을 보고 이렇게 보고하였다.

> 어떤 사람이 솔로몬에게 말하여 이르되 아도니야가 솔로몬 왕을 두려워하여 지금 제단 뿔을 잡고 말하기를 솔로몬 왕이 오늘날 칼로 자기 종을 죽이지 않겠다고 내게 맹세하기를 원한다 하나이다(왕상 1:51).

이 보고를 받은 솔로몬 왕은 아도니야를 살려 주었다. 제단 뿔은 생명의 뿔이다.

> 여호와는 나의 구원의 뿔이시요(시 18:2).
> 내가 복음을 부끄러워하지 아니하노니 이 복음은 모든 믿는 자에게 구원을 주시는 하나님의 능력이 됨이라(롬 1:16).

(10) 번제단의 복음

1) 동서남북 사방에 4개의 뿔이 있다

동서남북 사방에 각각 뿔이 하나씩 있다. 복음은 동서남북으로 다 빠져 나가야 한다. 북(north) 동(east) 서(west) 남(south)의 첫글자를 모으면 news다. 복음만큼 큰 뉴스는 없다. 죄로 말미암아 죽을 수밖에 없는 사형수들에게 가장 큰 news는 역시 생명이다.

예수 피가 필요없는 사람은 아무도 없다. 어느 곳이나 누구에게나 예수 피가 필요하다. 예루살렘도 온 유대도 사마리아 땅 끝까지 죄인을 구원시켜 생명을 주신 예수 news가 퍼져 나가야 한다.

2) 구원의 능력이다

예수 그리스도만이 나의 구원을 위한 주님이시라는 사실을 견고하게 신뢰할 때, 그 순간 구원이 이루어진다. 그래서 우리는 복음을 부끄러워하지 않는다.

> 내가 복음을 부끄러워하지 아니하노니 이 복음은 모든 믿는 자에게 구원을 주시는 하나님의 능력이 됨이라(롬 1:16).

뿔을 잡기만 하면 살 수 있는 구원의 능력이 나온다.

3) 제단 위에는 불이 피워져 있다

제단 위에서 밤낮으로 꺼지지 않고 밝게 타오르는 불꽃은, 죄인이 하나님께서 거하시는 처소 쪽으로 눈을 돌렸을 때 죄인의 눈에 맨 처음 들어오는 것이었다. 죄인이 하나님을 향해 한 발자국이라도 나아가려면 그 전에 반드시 번제단이 요구하는 모든 것이 온전히 만족되어야만 했다. 죄인들은 이러한 하나님의 속성을 갈보리에서 볼 수 있으며, 그 번제단은 갈보리의 상징이었다. 번제단에서 일단 붙여진 불은 하나님께서는 죄인을 결코 그냥은 용서하지 않으신다는 것을 죄인들에게 충분히 확신시켜 준다.

번제단 위의 불은 항상 피워서 결코 꺼지지 않게 했다. 하나님의 거룩하심이 계속되는 한 죄에 대한 형벌도 계속될 것이다. 그리스도가 없는 사람들은 영원히 꺼지지 않는 불 속에서 영원히 살게 될 것이며, 이것은 하나님의 영원한 거룩하심에 대한 무시무시한 증거가 될 것이다.

4) 번제단은 정사각형이었다

온전한 동등을 의미한다. 지위나 상태를 막론하고 모든 죄인은 똑같이 동등하게 불쌍한 처지에 있으며, 그들이 어느 방향에서 나아오든지 그리스도는 모든 사람을 동등하게 맞아 주신다.

5) 번제단은 땅 위에 서 있었다

조그만 어린아이나 성장한 어른이나 다 똑같이 번제단에 접근할 수 있었다. 그리스도의 십자가도 마찬가지다. 어떠한 상태에 있는 죄인이라도 번제단에 가까이 갈 수 있다. 또 번제단은 바로 손 닿을 거리, 곧 아주 가까이에 있다.

6) 번제단은 조각목과 구리로 만들어졌다

조각목만으론 불에 견딜 수 없으며, 구리가 내구력과 저항력을 주었다. 조각목은 우리 주님의 인성을 상징하며, 구리는 전능하신 하나님되신 예수님의 영원히 변치않는 힘을 상징한다.

7) 번제단의 뿔은 단의 네 모퉁이에 있었다

그리스도에게로 도망가서 하나님을 피난처로 삼는 죄인은 즉시 구원해 주시는 하나님의 능력을 체험하게 될 것이다. 죄인이 믿음으로 주님의 보혈을 잡는 순간 전능하신 능력은 그의 편에 있게 되며, 그때부터 그를 보호해 주고 붙들어 주시는 구원의 뿔과 산성은 죄인의 것이 되는 것이다.

8) 번제단의 가운데에는 구리로 된 그물망이 있었다

번제물은 이 그물망 위에 놓여진 후 불살라졌다. 그물망 아래로 떨어진 재는 제사장이 치웠다. 이 모든 것들은 참으로 그리스도의 십자가를 가리킨다. 죄인은 한 사람이 이른 아침 일찍 살아있는 희생제물을 데리고 하나님의 제단을 향해 나아가는 것을 본다. 출입문을 지나 그 타오르는 불꽃 옆에 선다. 번제단에서 그 희생제물을 죽이고 껍질은 벗긴다.

9) 그 희생제물은 열납되었다

부활의 하나님께서는 바위 틈에 만든 무덤 안으로 들어가셔서 예수 그리스도를 죽음에서 다시 일으키셨다. 이것이 바로 죄인들을 위한 놀라운 구원의 복음이다.

(11) 보조기구

번제단에서 번제를 드릴 때 보조 기구 다섯 가지가 있다. 하나 하나가 다 중요한 그릇이다. 그리고 다 필요한 그릇이다(출 27:3).

1) 통

재를 담는 통은 청소통이다. 번제단에서 태운 나무 제물의 재가 광야 바람에 날리는 것은 그리 반가운 일이 아니다. 성막 안이 더러워지고 세마포 울타리가 지저분해지며, 성막 주변에 진치고 있는 이스라엘 사람들에게 건강상 해롭다. 그래서 재를 담아 두었다가 진 밖에 버리는 통이 필요했다. 교회 안에 못된 요소를 가정의 부정적인 요소들을 꼭 안고 있다가 혼자 어디에 가져다 다 버리는 아름다운 교인의 모습을 볼 수 있다. 꼭 필요한 일꾼이다.

재통에는 반드시 뚜껑이 있다. 재를 긁어 담으면 반드시 뚜껑을 담아서 재가 날아가지 않도록 해야 한다. 아무에게나 가서 입 뚜껑을 열지 말고 입 뚜껑을 꼭 닫고 예수님에게 가서 뚜껑을 열고 쏟아놓여야 한다.

그러나 무엇보다도 예수님의 모습이다. 온 인류의 죄를 속량하시다 남은 재까지 다 모았다가 진 밖에서 피 흘리시며, 죽으신 그리스도의 모습이다.

2) 부삽

번제단에서 탄 모든 것의 재를 긁어 내는 도구가 부삽이다.

부삽은 재가 쌓여 번제단 불이 꺼지는 것을 방지하기 위해 재를 긁어모으는 도구로 사용되며, 또 불이 꺼지지 않도록 제단 위의 불을 관리하는 용도로 쓰였다.

교회가 부흥하다 생기는 찌꺼기, 공동 생활 하다가 생기는 시험과 고통을 모두 긁어 내고, 교회 분위기를 아름답게 만들고 있는 성도의 모습이다. 꼭 교회에는 부삽과 같은 성도가 있어야 한다.

예수는 부삽이셨다. 만나는 심령 속에서 병을 긁어내고, 귀신을 긁어내고, 못된 것을 긁어내는 부삽이셨다. 그래서 예수를 만난 이들은 모두 새로워졌다. 당신은 부삽 예수를 닮아 부삽 성도로 바뀌고 있는가? 부삽과 같은 성도는 교회 어디에 할 일이 있는지를 안다. 오늘날 우리 교회에는 믿음이 어리고 시험을 당해 믿음이 식어가는 신자들의 신앙의 불이 꺼지지 않도록 잘 보살펴 주는 부삽과 같은 사명을 다하는 성숙한 신자가 필요하다.

3) 대야

제물을 잡아 가죽을 벗기고, 내장을 뺀 후 번제단에 올려 놓기 위하여 고기를 담아 나르는 그릇이 대야다.

이는 전도를 의미한다. 영혼 구원을 하는 성도는 제물을 제단까지 나르는 대야다. 교회가 부흥되려면 이 그릇에 고기가 많아야 한다. 노방전도, 심방전도, 행위전도, 문서전도 등 열심히 전도해서 하나님의 번제단에 바쳐질 충성된 성도가 되도록 최선을 다해야 한다. 예수님만큼 큰 대야가 어디 있겠는가? 최선을 다하여 일하는 날마다 좋은 대야가 되어야 한다.

4) 갈고리

고기 갈고리는 대야에 담아 온 고기를 찍어서 제단에 넣고 타는 동안 다른 곳으로 떨어지지 않도록 연결시키는 기구다. 이는 교회 안에서의 사랑의 고리를 의미한다. 교회에는 교회의 공동체에서 떨어지지 않도록 붙들고 있는 갈고리 같은 일꾼이 꼭 필요하다. 예수는 가장 크고 훌륭한 갈고리셨다.

갈고리의 역할은 하나님과 연결시켜 주는 것으로, 자기 자신이 먼저 하나님과 연결되고 다른 사람도 하나님과 연결시켜 줄 수 있는 사람이어야 한다. 그러기 위해서는 먼저 내 자신이 사랑의 갈고리, 친절의 갈고리, 봉사의 갈고리가 되도록 힘써야 할 것이다. 자기 몸을 십자가에 내어 줌으로써 하나님과 사람 사이를 연결시키는 갈고리가 되셨다.

5) 불

불은 성령의 불을 의미한다. 교회에는 불씨가 있어야 한다. 불같이 뜨거운 성도가 있어야 한다. 불붙이는 이가 필요한다. 이들은 언제나 부흥의 원동력이 된다. 예수님이 이 땅에 불을 가져오신 화로는 모든 것의 불씨가 되었다.

이같이 번제단에 재를 담는 통과 부삽과 대야와 고기 갈고리와 불 옮기는 그릇이 보조적으로 쓰였다. 이런 것들의 도움으로 모든 죄는 다 소멸되었다.

교회에는 재를 담는 통 같은 교인, 부삽 같은 교인, 대야 같은 교인, 갈고리 같은 교인, 불씨 옮기는 것 같은 교인, 그물 같은 교인들이 다 필요하다. 하나라도 빠지면 안 된다.

재를 담는 통이 없다면 번제단은 재로 덮일 것이다. 아니 재에 묻히게 될지도 모르겠다. 그러면 제물을 태울 수 없게 된다. 교회를 청소하고 관리하는 분들이 없으면 우리는 유쾌한 마음으로 예배를 드릴 수 없다.

부삽은 재를 긁어 옮기는 일을 하는데, 교회의 문제들을 긁어 말없이 쓰레기통에 담는 교인과 같다. 말없이 긁어모아야 한다. 불어서 사방으로 흩어 놓아서는 안 된다. 대야 같은 교인, 제물을 나르는 교인은 전도하는 교인이다. 나가서 데리고 오는 교인이다. 그 고기가 떨어지지 않도록 붙들고, 있는 갈고리는 양육하는 교인을 말한다. 우리 교회에 지금 대야 같은 교인, 갈고리 같은 교인이 많이 필요한다. 갈고리 같은 교인들이 있어서 떨어지지 않도록 붙들고, 대야 같은 교인이 있어서 새 교인들을 날아야 한다. 불 옮기는 교인은 성령을 옮기는 교인이다. 얼음을 옮겨서는 안 된다. 불을 옮겨야 한다. 그물 같은 교인은 교역자들이 일하기 편하도록 받쳐 주는 일을 하는 교인들을 말한다.

나는 이 가운데 어디에 해당한다고 생각하는가? 어디 하나에는 해당되어야 한다.
자신이 통 교인인가, 부삽 교인인가, 대야 교인인가, 갈고리 교인인가, 불 옮기는 교인인가, 그물 교인인가를 살펴서 그 일을 더 잘하시기 바란다.

회개

서론

세상에는 영적 기만자들이 많이 있는데, 그들은 회개를 구원받기에 필수적인 것이 아니라고 말한다. 하나님의 말씀은 언제나 하나님께서 죄인들을 사하시기 전에 회개를 촉구하고 있다. 고린도후서 7장 10절에는 "하나님의 뜻대로 하는 근심은 후회할 것이 없는 구원에 이르게 하는 회개를 이루는 것이요"라고 하여 회개의 필요성을 강조하고 있다.

오늘날 회개가 구원에 필수적인 것이 아니라고 하는 자들이 있다. 그중 한 예로, 세대주의자는, 회개가 유대적인 것이라고 한다. 그러나 그들은 사도행전 17장 30절의 "이제는 어디든지 사람을 다 명하사 회개하라 하셨으니" 하신 말씀을 헛된 것으로 만들고 있다. 이유는 끝내 진리에 이르지 못하고 만다. 또 단지 뉘우치는 것만으로 회개의 역사라고 보는 집단도 있었다. 그러나 진정한 회개는 다음과 같은 것이 따라야 한다고 본다.

먼저 죄의 정의는 회개의 계기가 되는 것으로 한정된다. 회개의 본질은 마음의 변화다. 슬픔을 수반한다. 회개로 인해 결심하게 된다.

1. 회개의 필요성

죄란 율법을 지키지 않은 것으로, 먼저 율법의 심판을 알지 못하면 죄도 알지 못한다. 된다. 경건의 실행은 하나님의 율법에 일치시키고 그리스도의 복음에 진실하게 순종하는 데 있다. 율법과 복음을 바로 이해해야 회개가 있고 구원이 있다.

하나님께 대한 참된 사랑의 함축적 의미와 그 요구의 첫째는 하나님에 대한 참된 지식이다. 이는 하나님에 대한 이론적 지식을 뛰어넘어, 그분을 인격적으로 경험하는 것이다. 그렇게 되면 여호와를 기뻐하게 될 것이며(시 37:4), 하나님을 기쁘시게 할 결심을 갖게 되는 것이다. 자기애에 집착하는 사람은 이것을 할 수 없다. 죄가 아무리 커도 죄가 무엇인지 알지 못하면 우리는 올바른 태도를 가질 수 없다. 죄가 하나님을 사랑하는 의무에서 벗어나는 것임을 깨달으면 내가 주께만 범죄하였다고 주를 향한 강한 고백을 하게 된다. 이렇듯 참된 회개는 성령에 의해 자신이 그동안 마음속에서 죄의 악함과 하나님의 요구를 무시하고 그의 위엄을 대항한 두려움을 깨닫게 될 때 이루어진다.

예수께서 가르치신 진리는 끊임없이 회개하고 복음을 믿으라는 것이었다. 이 회개는 죄로 인해 애통하고 상한 자를 치유하기 위해 주어진다. 부활하신 주님도, 오순절의 역사도, 오순절 베드로의 설교도, 바울의 회심도, 모든 것이 회개를 먼저 요구한다. 어떤 학자들은 요한복음에 회개의 용어가 나오지 않는다고 회개는 구원에 필수적인 것은 아니라고 말한다. 그러나 요한복음은 하나님의 자녀들에게 주신 것으로 구원에 이르는 회개의 필요성에 대해서는 말할 필요가 없는 것이다. 그들 중 생활 속에서 죄를 지으면 회개하지 않을 자가 누가 있겠는가?

2. 회개의 본질

회개하지 않으면 망하리라는 누가복음 13장 3절의 메시지에서 보듯이 각자가 온전히 하나님께서 요구하시는 회개를 하는 것은 무엇보다 중요하다. 그러나 많은 사람들이 회개의 모순된 교훈으로 속거나 혼란스러워하고 있다. 먼저 잘못된 회개의 양상을 살펴보자.

하나님의 말씀이 선포될 때 두려워 떠는 것이 반드시 회개의 표징은 아니다. 실제로 이 방인도 떨었고 두려워했으나 그 두려움이 떠나면 다시 이방신을 접했다.

거의 설득된 상태는 회개가 아니다. 사람의 설득력의 결과이지, 결코 성령의 중생은 아니다. 그러므로 이런 자는 다시 시궁창으로 돌아가서 자신의 생활에 더 만족하게 된다.

하나님의 전능하신 손 아래서 자신을 겸손히 낮추는 것 역시 반드시 회개의 표시는 아니다. 두려움과 거의 같은 것인데 이것은 공포 그 자체를 두고 한 말로, 이런 공포는 벌의 두려움이지 결코 회개의 두려움이 아니다.

죄를 고백하는 것만으로 회개의 표시를 삼을 수는 없다. 사람의 설득력이 감동을 주어 사람을 변화시키기도 하지만 결국 자신이 만나지 못하면 떠나게 되는 것이다.

회개에 합당한 행위가 구원을 보장해 주지 못한다(예 : 가룟 유다).

이런 것들은 하나의 증거는 될 수 있어도, 회개한 구원의 증표가 될 수는 없다. 회개는 행동에 이르는 마음의 변화인 것이다. 우리는 전에는 복음에서 버려진 자들이었는데, 우리가 예수 그리스도를 향한 믿음으로 구원받기 전에 하나님께 대한 회개가 먼저 주어진다.

그리고 자신이 하나님을 미워하는 것을 제거하고, 자신의 불충성, 율법을 경멸한 것 등을 회개하게 된다. 회개는 간단히 하나님 앞에서 자신의 행동을 고칠 것이라는 약속이 아니라 자신의 무력함을 철저히 인정하는 것이다. 회개는 다가올 진노에 대한 공포나 죄의 확신 이상의 것이다. 진정으로 회개하는 자는 이 죄로 인해 나에게 돌아올 하나님의 벌, 모든 수치를 감당하고, 자신을 자백하고, 하나님 앞에 낮추어 그리스도만을 구주로 영접하며, 세례를 외적인 표지로 받는 것이다. 그리고 지속적인 신앙생활을 하는 것이다. 복음적인 회개는 죄의 큰 악을 깨닫고, 부끄러워해야 할 주된 일, 즉 하나님께 드릴 모든 것의 실패를 다른 일에 앞서 인식하는 것이다.

참된 회개는 하나님의 죄인을 사하심을 받아들이기 전에 나의 죄를 버려야 가능하다. 하나님께서 죄를 버리지 않는 자를 용서하신다면 하나님의 거룩하심이 손상을 입게 된다. 청교도 토머스 굳윈은 "우리는 하나님 앞에서 죄라고 알려진 것은 모두 버리고 의무라고 생각되는 것은 모두 행하라"고 하였다. "그렇게 해야만 하나님의 자비와 호의를 발견하게 될 것"이기 때문이다. 이렇듯 하나님은 복음을 통해서 구원을 주시는 자신의 기본 원칙을 변화시키거나 낮추지 않으셨다. 회개는 소극적 측면, 꼭 죄를 버리고 우상을 버릴 것을 요구한다. 이럴 때 하나님과의 화평이 주어진다.

3. 회개의 의미

회개는 하나님의 성품에 맞추어 우리의 마음을 변화시키는 것이며, 하나님의 율법을 미워하고 하나님의 율법을 욕되게 하던 모든 기질에서 돌아서는 것이다. 그리고 우리의 죄에 대한 형벌을 받아들이고 회개하며, 하나님께로 돌아가서 그리스도를 통해 주시는 은혜만을 바라보는 것이다.

회개는 먼저 창조주로서, 통치자로서, 공급자로서, 보존자로서의 하나님의 요구를 인정할 것을 전제로 한다. 중생으로 참된 자를 알게 된다.

참된 회개는 하나님의 율법을 마음으로부터 인정하고, 그 법의 의로운 요구에 완전히 동의하는 일이 전제된다. 하나님은 법의 제정자이시므로 하나님의 법은 절대 가감되거나 바뀌거나 수정되거나 폐하여질 수 없다. 따라서 그리스도 안에 있는 우리에게도 율법의 요구는 여전하다. 우리는 복음으로 말미암아 하나님의 법을 지키는 친백성이 되는 것이다. 그리스도는 율법을 폐하러 오시지 않고, 세우고 완성하러 오셨기 때문이다[요약자 주: 로이드 존스는 율법의 완성을 무엇을 첨가(더함)하거나, 어떤 멈춘 것을 다시 진행(진행이나 그 효력)하는 것이 아니라 율법을 순종하는 것이라고 했다]. 율법이 그리스도의 죽음으로 폐하여졌다면 심판도 없을 것이다. 사람의 이기적인 사고와 자기애는 항상 율법을 폐기처분할 것을 요구한다.

참된 회개는, 솔직하고 상한 마음으로 하나님의 의로운 법을 지키지 못한 우리의 악함을 인정할 것을 전제로 한다. 성령은 율법을 근거로 내가 어둠 속에 있음을 알게 한다. 그러나 이것은 양심의 가책이 아니다. 무론 이것이 부인되지는 않지만, 율법의 저주는 하나님께서 내게 내리는 벌이므로 당연한 것으로 받아야 한다. 그래야만 그리스도 외에는 더 이상 희망이 없음을 깨닫고 죄를 혐오하며 그리스도만 갈망하게 된다.

성경에서 말하는 회개에는 세 종류가 있다.

절망의 회개(낙심: 에서, 바로, 아히도벨, 가룟 유다), 개혁의 회개(수리의 의지: 아합, 요나의 설교) 구원에 이르는 회개(행 1:18; 고후 7:10)다.

다가올 진노의 낙심은 회개가 아니다. 이것은 율법적인 책망에 불과하며, 진정한 회개는 하나님을 경외하고, 죄를 증오하며, 하나님 앞에서 마음이 부드러워지는 것이다. 어떤 사람은 열심있는 종교인이 되지만(이런 사람을 비난하려는 것이 아니라) 보다 중요한 회개가 결여되기도 한다.

그리스도의 대속과 그의 순종하심은 우리가 순종해야 할 의무에 대해 면죄부를 던져 주는 것이 아니다. 그분은 우리로 선한 일에 열심을 내는 친백성이 되게 하려고 오셨다. 그러므로 회개는 율법의 요구를 받아들이는 온전한 회개여야 한다. 자신의 죄의 가지치기나 부패의 수정이 아니라, 죄의 전부를 잘라 버려야 한다. 이것은 마음의 전적 돌이킴을 요구하는 것이다. 그리고 죄의 영속적 증오가(요약자 주: 모두 순간의 연속이므로, 결국 이것과 순간적 증오와의 차이는 없다. 모두 그러나 우리가 이런 것을 거론할 필요가 있다. 아니면 순간적인 것을 옹호하게 될 수도 있기에 이 둘의 분명한 차이점을 찾고 자신이 돌아서는 것이 중요하다. 바로 아래를 보면 알지만 이것은 사람에 의한 회개인지 성령에 의한 회개인지 자신을 살피는 시금석이 된다) 필요하며, 참된 회개를 통해 부단히 나아가야 한다. 스펄전은 누가복음 13장 24절의 설교에서 오직 하나님과 성령을 통하여 깨닫는 은혜를 받은 영혼만이 우리의 회개가 참된지 아닌지를 말할 수 있을 뿐이라고 했다.

4. 회개의 열매

회개의 열매는 단지 죄의 결과를 미워하는 것이 아니라 죄 자체를 미워하게 된다. 이러저러한 죄가 아니라 죄 자체를 미워하며, 죄의 근원인 자기를 미워해야 한다. 왜냐하면 내가 하나님께 반항하였고, 그것의 결과는 나의 멸망이기 때문이다.

죄에 대하여 깊이 애통하게 된다. 그러나 구원에 이르지 못하는 회개는 결국 자기 압박에 불과하다(성령의 역사가 아니므로 자신의 노력이다).

죄를 고백하게 된다. 죄를 조금이라도 숨기려는 자는(요약자 주: 자신의 죄를 조금이라도 숨기려는 의지는 우리의 기본적 욕구로서 끊임없이 안정감을 추구하는 것이다. 그러나 이런 것은 사람의 죄악의 결과이므로 이것을 권장할 필요는 없다) 그리스도를 그만큼 덜 받아들이려는 의지를 말해 주므로, 이것이 있으면 우리가 언젠가는 구원받은 자도 낙심의 길로 갈 수 있다. 그러므로 모든 사람이 모든 죄를 고백해야 한다.

죄에서 실제로 돌아서게 된다. 회개는 생각의 변화, 마음의 변화, 노정이나 인생을 변화시키는 것을 말하는데, 우리는 이것들 중의 어느 하나만으로는 부족하며 이 모든 것을 취해야 한다. 필요하고도 가능한 경우 배상이 동반된다. 이 열매는 영속적이다. 그러나 이 땅의 생활에서 결코 완전한 회개는 있을 수 없다. 그러나 설교에서 회개가 빠진 자들은 다른 복음을 전하는 것이며, 이런 회개는 구원에 이르지 못한다.

제4장 물두멍

(출 30:18-21)

너는 물두멍을 놋으로 만들고 그 받침도 놋으로 만들어 씻게 하되 그것을 회막과 제단 사이에 두고 그 속에 물을 담으라 아론과 그의 아들들이 그 두멍에서 수족을 씻되 그들이 회막에 들어갈 때에 물로 씻어 죽기를 면할 것이요 제단에 가까이 가서 그 직분을 행하여 여호와 앞에 화제를 사를 때에도 그리 할지니라 이와 같이 그들이 그 수족을 씻어 죽기를 면할지니 이는 그와 그의 자손이 대대로 영원히 지킬 규례니라(출 30:18-21).

▣ 용어 풀이
- 두멍 : 물을 길어 담아 두고 쓰는 큰 가마나 독
- 회막문에서 수종드는 여인들 : 레위 지파의 자손들이었을 것으로 추정된다(민 4:43, 8:24). 그런데 여기서 말하는 회막은 모세가 시내 산에서 성막에 관한 하나님의 계시를 받기 전에 이미 있었던 것으로서, 성막의 역할을 대신할 어떤 장막의 필요성을 느낀 모세가 이스라엘 진 바깥에 장막을 짓고 회막이라 칭하였다(출 33:7). 여인들이란 여기에서 청소를 하거나 기타 허드렛일을 하던 여인들을 말한다.
- 거울 : 그 당시 여인들이 사용하던 거울은 유리로 만든 것이 아니라 동판(銅板)으로 만든 것이었다.

물두멍은 알기 쉽게 말하면 세숫대야다. 여인들의 거울로 물두멍을 만들었다는 것은 그 당시 사회 모습 3가지를 알려 준다.

그 당시에도(지금으로부터 3,500년 전) 거울이 있었다. 그 거울은 놋으로 만들었다(청동기문화였다). 물두멍의 다리는 물두멍을 땅과 연결시켜 줌과 동시에 그것을 땅 위에 있도록 떠받쳤다. 이 물두멍이 지니고 있는 영적인 교훈은, 하늘로부터 온 생명과 시민권을 소유한 백성들의 삶이 이 세상과 연관되어 있다는 것이다. 구속받은 하나님의 백성들의 손과 발은 이 세상을 살아가는 동안 그 물두멍의 사용을 필요로 한다. 그 은혜로운 물두멍의 사용이 필요한 것은 우리가 바로 여기 땅의 오염과 더러움 가운데 있을 동안이다. 일단 저기, 하늘에 올라가면 성도들의 발은 더러움에 물들지 않기 때문이다.

거울은 여인들의 필수품이고 귀중품이었다. 여성은 아름다움이 특징이라 할 수 있다. 그러므로 당시 이스라엘 여성들은 자신의 아름다움을 볼 수 있는 거울을 귀히 여겼을 것이다. 그럼에도 불구하고 그녀들은 하나님의 제사장들이 쓸 물두멍을 만들기 위해 기쁜 마음으로 거울을 포기했던 것이다. 이것은 귀한 은혜의 열매였다.

물두멍에는 물이 채워져 있었으며, 제사장들은 성소에 들어가 경배를 드리기 전에 또 밖으로 나와 번제단에서 섬기기 전에 먼저 물두멍에서 손과 발을 씻었다.

세족식을 무시하는 것은 곧 죽음을 의미했다. 물두멍에서는 경배를 드리는 일이 없었으며, 피를 흘리는 것과도 관계가 없었다. 그러나 물두멍을 사용하지 않고서는 참된 경배와 섬김이 있을 수가 없었다. 제사장들은 물두멍을 매일 사용해야만 했으며, 그렇게 해야 그들은 정결한 상태로 유지되어 여호와와 백성들 앞에서 제사장의 직무를 수행할 수가 있었다.

그리스도인들은 단번에 자신을 드리신 그 희생제물 덕택에 그리스도 안에서 영원히 깨끗하게 되었으며, 영원히 열납되었다. 물두멍에서 세족식은 매일매일 계속된다. 이 땅에서의 그리스도인의 삶에는 온전한 상태가 결코 있을 수 없으므로 날마다 물두멍에서의 씻음이 필요한 것이다.

광야로 나오려면 아무래도 짐을 단출하게 꾸렸을 텐데 거울을 넣어 가지고 왔다는 것이 이것을 알려 준다.

1. 위치

뜰에서 번제단과 성소 사이에는 물두멍이 놓여져 있다.

제사장들은 물두멍에서 손발을 씻도록 명령받았다. 손과 발은 한 번 정결케 되었다 할지라도 곧 쉽게 더러워진다. 번제단에서 하나님을 섬기는 일에 계속적으로 쓰이는 손과 사막의 모래 위를 줄곧 걷는 발은 계속적인 씻음이 필요했으며, 바로 이 때문에 물두멍의 물이 주어졌다.

깨끗하지 못한 제사장은 죽임을 당하기 때문에 여호와를 섬기는 것이 금지되었다. 왜냐하면 거룩함이 주의 집에 합당하여 영구하기 때문이다. 이것은 매우 준엄한 진리다. 이것은 살아 계신 하나님을 경배하고 섬기는 사람들이 어떠한 영혼의 상태를 유지해야 하는지 잘 말해 준다. 그가 제사장일지라도 그에게 더러움이 있으면 제사장의 임무를 수행하기에 부적합한 것이다.

그러므로 참된 하나님의 자녀이면서도 하나님의 말씀을 습관적으로 소홀히 여기거나 판단하고 자백하지 않은 죄가 있으면 현재 하나님과 교제를 가질 수 없으며, 하나님을 경배하고 섬길 능력도 없다. 영적 제사장의 직분을 얻으려면 희생제물의 피가 필요하지만 그 직분을 수행하기 위해서는 먼저 손과 발이 물에 씻겨져야만 하는 것이다. 하나님의 말씀으로 우리의 모든 사역과 방법들을 계속적으로 살피고 판단하고 씻는 일이 있어야 한다.

2. 명칭

물두멍은 물그릇이라고도 불렀으며, 물두멍은 출애굽기 38장 8절에 기록되어 있는 것처럼 이스라엘 백성들 중에 애굽에서 여인들이 가지고 나왔던 놋거울을 모아 쳐서 만들어졌다. 여인들은 자기들을 위해서 쓰던 물건이 하나님을 위하여 쓰여졌다. 육을 아름답게 하던 것이 영을 아름답게 하였다.

놋은 십자가를 상징한다. 물두멍은 수족을 닦는 곳으로 성결을 뜻한다. 십자가(놋)의 피 외에는 그 어느 것도 우리의 죄를 씻을 수 없다.

3. 내용물

물두멍에 담긴 내용물은 물이다. 예수께서 십자가에서 흘리신 물과 피를 의미한다. "그중 한 군병이 창으로 옆구리를 찌르니 곧 피와 물이 나오더라"(요 19:34)고 했다. 주님의 보혈은 어떠한 죄와 실수와 허물이든지 다 깨끗이 씻어 주신다는 뜻이다. 그래서 성결되게 하는 곳이다. 구원받은 후에 지은 죄들을 그때그때마다 닦아 주는 것을 의미한다.

제사장들이 모든 제단 봉사에 착수하기 전에 이 물두멍에서 손발을 씻으므로, 하나님을 섬기기 전에 먼저 성결케 하는 것이 선행되어야 함을 가르쳐 준다.

그러므로 이곳 물두멍이야말로 예수 믿고 구원 받은 자들이 영혼을 성화시키는 일을 담당하던 기구였던 것이다.

물두멍은 번제단과 성소 사이에 놓여졌다. 일단 죄를 피로 번제단에서 용서받은 이후에 물두멍으로 올 수가 있다. 피 흘림이 없으면 죄 사함도 없기 때문이다(히 9:22).

대야는 역시 놋으로 만들고 그 안에 물을 담아 두었다. 아론과 그의 아들들이 제단과 성막 출입시에 반드시 손과 발을 씻고 출입하게 했다. 이것은 하나님 앞에서 죄인뿐만 아니라 성도가 자신의 허물과 죄를 살피고 회개하고, 그리스도의 속죄를 받은 후에 하나님 앞에 설 수 있음을 의미하는 것이다.

하나님이 거룩하시니 하나님의 성민도 거룩하여야 한다. 부정에서 떠나 정결하게 되어야 하고(사 52:11) "우리가 마음에 뿌림을 받아 악한 양심으로부터 벗어나고 몸은 맑은 물로 씻음 받았으니 참 마음과 온전한 믿음으로 하나님께 나아가자"(히 10:22). 또한 주의 이름을 불러 세례를 받고 죄를 씻어야 한다(행 22:16).

그분의 빛 가운데에서 날마다 걸어가며 "하나님이여 나를 살피사 내 마음을 아시며 나를 시험하사 내 뜻을 아옵소서"(시 139:23)라고 말하는 것이 우리의 특권인 것같이 또한 그것이 우리의 의식적인 체험이 되어야 한다. 그리고 그분이 우리의 악한 길이나 더러운 오점을 보여주실 때 우리는 즉시 우리의 발을 하나님께 내밀어 깨끗이 씻음을 받아야 할 것이다.

4. 결과

물두멍의 결과는 만일 성소에 들어갈 때 물두멍에서 수족을 씻지 않고 들어가면 죽었다(출 30:20-21).

물두멍을 통해서 하나님께서 우리에게 가르치시는 가장 중요한 교훈은 성결 혹은 성화다. 다시 말하면, 하나님의 은혜로 거룩하게 씻음받지 않고는 아무도 하나님 앞에 나아갈 수 없다는 것이다. 물두멍을 통과하지 않고는 결코 하나님 앞에 설 수 없었던 것처럼, 거룩하게 씻음을 받는 사건이 없이는 아무도 하나님 앞에 나아갈 수 없다. 만약 이 거룩한 씻음이 없이, 성결이 없이 하나님 앞에 나아가기를 시도하는 사람이 있다면, 그는 스스로 죽음을 자초하는 셈이 된다.

거룩하신 하나님과의 교제는 성도들의 거룩함이 없이는 결코 이루어질 수 없다. 제사장들이 성소 안에 들어가기 전에 반드시 물두멍을 통과해야 했다는 사실 속에서, 우리는 거룩함이 우리 속에 이루어지지 않고는 하나님과의 참된 의미의 교제가 가능하지 않다는 사실을 알 수 있다.

5. 구성

물두멍은 두멍과 받침 두 부분으로 구성되어 있다. 그런데 흥미로운 것은 그 받침이 여인들이 쓰는 거울로 만들어졌다는 사실이다. 당시의 거울은 놋을 아주 반들반들하게 닦아 만든다. 바로 이 놋거울에 맑고 깨끗한 물을 채워 물두멍을 만든 것이다.

이스라엘 백성들이 애굽에서 나올 때 가장 소중히 여겼던 것 중의 하나가 거울이었다. 거울을 만드는 데는 대단히 많은 시간과 노력이 필요했다. 그러므로 이스라엘 여인들에게 있어서 이 거울은 참으로 소중한 것이었다. 그런데 그들은 물두멍을 만들기 위해 거울을 드렸다. 우리는 물두멍이 만들어지기까지의 과정에서 먼저 소중한 것을 하나님께 바치는 헌신이 있었다는 사실을 알아야 한다.

그러나 이 물두멍은 단순히 이 헌신의 교훈만 가르치는 것이 아니다. 제사장들은 이 물두멍 앞에 설 때마다 먼저 자기 자신의 모습을 발견하게 된다. 물두멍의 놋은 거울로 쓰이던 것이기 때문에 보통 놋과는 달리 아주 투명하다. 물두멍 앞에 서면 나의 모습이 보인다. 물두멍에 비친 나의 더러워진 모습을 보며, 물두멍의 물에 손과 발을 씻는다. 그런 목적으로 사용된 것이 바로 물두멍이다.

이스라엘 백성들에게 있어서 물두멍은 언제나 그들의 헌신의 자리였다. 이스라엘의 여인들이 가장 소중히 여기던 거울을 하나님 앞에 바쳤기 때문이다. 동시에 이 물두멍은 자기 발견의 자리였다. 그 헌신된 자리에서 그들은 그들 자신을 볼 수 있었기 때문이다.

그다음에 그 안에 담겨진 물에 그들의 더러움을 씻었다. 그래서 물두멍은 또한 성결 과정의 자리였다.

물두멍의 물은 하나님 말씀을 상징한다. 물두멍은 항상 물로 채워야 했다. 이 물은 하나님의 말씀에 비유된다. 신자들의 거룩한 삶은 하나님의 말씀에 의해서만 가능하다. 그러므로 하나님의 말씀으로 채워져야 한다. 그리고 비춰져야 한다. 패역한 시대에 오염된 마음을 말씀으로 씻지 않으면 안 되는 것이다. 말씀으로만이 새 마음으로 새롭게 되고 깨끗함을 받을 수가 있다.

믿는 자는 하나님의 말씀으로 거룩해질 수 있다. 하나님의 말씀을 보는 것은 거울을 보는 것과 같다. 우리는 말씀의 거울 앞에 항상 비쳐 보아야 한다. 우리 행실의 깨끗함은 말씀의 거울에 비추어 보아야 한다. 중생이 일회적이라면 성결은 계속적이요 반복적이다. 날마다 자신을 경건으로 성화되어야 한다. 예수 그리스도의 보혈로 속죄함을 받았지만 계속해서 말씀으로 죄 씻음을 받고 거룩해지는 성화의 과정으로 나아가야 한다.

물두멍의 물은 성령을 의미하며, 물두멍은 천국의 유리 바다의 예표다. 크리스천의 최고의 축복은 하나님 나라에 들어가는 것이다.
천국은 예수님께서 흘리신 십자가의 피에 씻은 세마포 옷을 입고 들어간다. 성도는 영육간에 성결함을 유지되어야 한다. 예수님은 회개하고 성령으로 거듭나야만 천국에 들어갈 수 있다고 하셨다. 하나님 보좌 앞에 수정처럼 맑고 빛나는 바다, 즉 유리바다가 있다. 그 바다는 인간의 능력으로 표현할 길이 없는 곳이다. 그곳을 지나 하나님의 거룩하신 보좌 앞에 나아가게 된다. 성막 안에 하나님이 임재하시는 성소에 들어가려면 예수 그리스도의 십자가의 모형인 번제단과 거룩한 씻음이 있는 물두멍을 통과하여 성소와 지성소에 들어가게 되는 것이다.

6. 축복

성결해진 자만이 들어갈 수 있었다. 그러나 물두멍에서 수족을 씻은 자에게는 다음과 같은 4가지 축복이 있었다.

(1) 하나님의 산에 오를 수 있다

여호와의 산에 오를 자가 누구며 그의 거룩한 곳에 설 자가 누구인가 곧 손이 깨끗하며 (시 24:3-4).

이는 물두멍에서 손 닦는 것을 연상하고 있다. 하나님의 산에 갈 수 있는 자격은 물두멍을 통하여 생기게 된다.

하나님을 가까이하라 그리하면 너희를 가까이하시리라 죄인들아 손을 깨끗이 하라 두 마음을 품은 자들아 마음을 성결하게 하라(약 4:8).

이는 물두멍에서 손 닦은 자만이 하나님을 가까이할 수 있음을 알려 주고 있다.

(2) 능력을 얻게 된다

그러므로 의인은 그 길을 꾸준히 가고 손이 깨끗한 자는 점점 힘을 얻느니라(욥 17:9).

이도 물두멍을 연상하고 한 말씀이다. 손이 깨끗한 자는 능력 있는 자가 된다. 왜냐하면 거리끼는 것이 없기 때문이다. 자신만만하기 때문이다. 큰소리칠 수 있기 때문이다. 할 말 다 할 수 있기 때문이다.

(3) 마귀가 도망가게 된다

한 마리의 귀신을 내쫓았다. 그래서 그 영 속에는 귀신이 없어졌다. 그러나 그 귀신이 다니다가 쉴 곳을 얻지 못하고 다시 와 보니 그대로 비어 있었다. 그래서 일곱 귀신을 더 데리고 들어와 전보다 더 나쁜 상태가 되었다(마 12:43-45).

　귀신을 쫓은 후 성결된 마음에는 성령이 임하여 지킴으로 마귀가 다시 오지 못한다. 그러므로 번제단을 통과한 마음은 물두멍으로 지켜야 한다.

(4) 하나님의 보상이 따른다

내 손의 깨끗함을 따라 내게 갚으셨으니(시 18:20).

자! 이제 죄와 이혼하였고 물두멍에서 성결되었으니 성소로 들어갈 자격을 얻은 셈이다.

7. 기능

　물두멍의 기능은 예배와 봉사에 종사하는 제사장들이 몸을 씻는 곳이다. 구약성경에서 사용된 '씻는다'는 단어는 두 종류로 나뉘어진다. 하나는 단회적인 씻음이며, 또 하나는 계속적인 씻음이다. 단회적인 씻음은 단 한 번만 씻는 것으로 전신을 다 씻을 때를 말한다. 계속적인 씻음은 계속적으로 조금씩 조금씩 씻어나가는 것으로 손과 발을 씻을 때를 말한다.

　구약성경에는 이 두 가지의 씻음이 구별되어 나온다. 이것을 배경으로 해서 신약에서도 그리스도인의 삶 속에서 두 가지로 그 씻음을 구별하고 있다.

　이스라엘 백성들이 단회적인 씻음을 하는 때는 1년에 한 번씩 있는 속죄의 날이다. 속죄의 날이 되면 이스라엘 백성들은 전신을 씻는 씻음의 의식에 동참하게 된다. 단회적인 씻음을 하는 또 한 가지의 경우가 있는데, 그것은 레위 자손들이 제사장직에 취임할 때다.

　신약성경은 그리스도인들에게 그들의 전 생애를 통해서 단 한 번만 씻는 씻음이 있다고 말한다. 그 씻음의 때는 예수 그리스도를 믿음으로 구원받을 때라고 한다. 구원받음으로 모든 죄가 다 속죄함을 얻는다. 예수께서 우리의 죄를 십자가에서 짊어지시고 다시 사신 그 사역에 근거해서 우리가 죄 사함을 받는다.

그러나 우리가 이미 다 죄를 다 사함받았지만 아직도 죄를 짓고 있는 사실을 인정하지 않을 수 없다. 우리의 경험이 그렇게 가르치고 또 성경이 그렇게 가르친다. 그렇다고 구원을 다시 받을 수는 없다. 구원의 거듭남은 단 한 번 있는 것이다. 예수 그리스도를 구주와 주님으로 믿는다는 그 한순간의 고백이 우리를 영원히 하나님의 자녀로 만들어 주는 것이다.

거듭난다는 말은 계속적인 성화를 가리키는 말이 아니다. 이 거듭남의 체험은 단회적인 체험이다.

아론과 그의 아들들이 그 두멍에서 수족을 씻되(출 30:19).

이 말씀은 계속적인 씻음이요, 부분적인 씻음을 의미한다. 이 씻음은 그들이 하나님 앞에 나아갈 때마다 계속 되풀이해서 씻고 또 씻는 씻음이다. 우리는 예수 그리스도를 믿음으로 다 죄 사함을 받았다. 하지만 우리는 계속 죄를 자백한다.

회개에는 단 한 번 회개할 근본적이고도 본질적인 회개가 있다. 이것은 하나님과 관계없이 하나님을 등지고 있다가 그 자리를 벗어나서 하나님을 향해서 돌아서는 회개다. 이러한 회개는 단 한 번만 한다.

그러나 하나님의 자녀가 된 후에도 죄에 넘어지고 쓰러질 때가 있다. 이럴 때는 계속 그 죄를 자백하고 고쳐나가야 한다. 이것은 계속적인 회개다. 그래서 자백이라고 하기도 한다. 분명한 것은 근본적이고 본질적인 회개를 한 사람에게도 계속적인 회개가 또 필요하다는 사실이다.

하나님 앞에 나아올 때마다 우리는 부분적으로 씻어야 한다. 성막의 뜰을 보면 흙으로 되어 있다. 이스라엘 백성들은 샌들같은 신을 신고 다녔기 때문에 제사장이 이 거룩한 곳을 향해서 나아갈 때 더러운 것이 그 밑에 묻는다. 이와 마찬가지로 우리가 새사람이 되었지만 이 세상에 발을 딛고 살다 보면 더럽혀진다. 그래서 그 더럽혀진 부분들을 씻어낼 필요가 있다. 이것이 바로 자백이다. 부분적인 씻음이다.

단회적 씻음과 계속적 씻음에 대해 예수님께서는 아주 놀라운 방법으로 가르치셨다. 제자들의 발을 씻기시면서 예수님께서는 두 가지로 씻음을 구별하셨다. 전신 씻음과 발 씻음, 즉 부분적 씻음을 구별하셨다. 그리고 이미 '목욕'을 한 사람은 발밖에 씻을 필요가 없다고 말씀하셨다. 여기서의 목욕이라는 것은 구원받은 것을 뜻한다. 그러나 예수를 믿고 거듭나 구원받은 사람도 흙을 딛고 살다 보면 발이 더럽혀지게 마련이다. 그럴 때는 발만 씻으면 된다.

물두멍을 통해서 단회적 씻음에서 한 걸음 더 나아가 계속적 씻음, 즉 날마다 죄를 고백해야 할 필요성을 느끼게 된다. 요한은 자백의 중요성을 다음과 같이 교훈한다.

> 만일 우리가 우리 죄를 자백하면 그는 미쁘시고 의로우사 우리 죄를 사하시며 우리를 모든 불의에서 깨끗하게 하실 것이요(요일 1:9).

번제단을 통과할 때 보혈의 피뿌림을 통하여서 씻음을 받는다. 그리고 물두멍에서 물로 씻음을 받는다. 그리스도인들은 십자가에서 그리스도의 보혈로 죄사함을 받는다. 그러나 또 하나 중요한 것은 하나님의 말씀으로 계속 정화하는 것이다. 말씀을 가까이하여, 그래서 내 속에서 살아 계신 주의 말씀이 활동할 때에 거룩해지는 것이다. 물두멍에서 제사장들이 그 수족을 씻고 하나님 앞에 나아가듯 하나님 말씀을 통해서 우리는 날마다 거룩함을 이루어 나가야 한다.

8. 거룩성

성도들의 삶 가운데 거룩함은 매우 중요하다. 그 이유는 다음과 같다.

(1) 하나님 앞에 담대하게 나아가기 위해서다

생활속에 더러움과 불결함이 있으면 하나님 앞에 나아갈 수 없다. 그는 하나님과 자꾸 멀어져 간다. 죄를 짓고도 회개를 하지 않은 사람은 자기의 죄를 지적하는 말씀을 들을 때 괴로워하며 피하게 된다. 그래서 하나님과 멀어져간다.

(2) 삶을 능력 있게 살기 위해서다

성결한 삶을 살게 되면 신앙생활에 점점 능력과 힘이 생긴다. 그 삶 속에 능력과 거룩한 용기가 솟아오른다.

(3) 하나님의 보상이 따르기 때문이다

주님께서 3,500년 전에 성막 안에서 물두멍을 준비하셨듯이, 오늘도 하나님의 말씀의 물두멍을 준비하신다. 그래서, 우리가 여기에서 날마다 수족을 씻고, 영혼을 정결케 하며, 그로 인해 점점 새 힘을 얻어 주님 앞에 상급받는 거룩한 자녀로 설 수 있도록 격려하신다.

제4편 성소

제1장 성소
제2장 떡상
제3장 **금등대**
제4장 **분향단**
제5장 휘장
제6장 앙장

성소 내부

진설병상

금촛대

분향단

4 덮개

제1장 성소

(출 25:8-9)

내가 그들 중에 거할 성소를 그들이 나를 위하여 짓되 무릇 내가 네게 보이는 모양대로 장막을 짓고 기구들도 그 모양을 따라 지을지니라(출 25:8-9).

1. 성소

성막을 거룩하게 구별한 장소라는 의미에서 성소라 불렸다. 거룩한 분이 계시니 거룩하였고, 그러하기에 성소다. 성막이 있던 땅이 성소가 아니라 하나님이 계신 곳이 바로 성소다.

내가 그들 중에 거할 성소를 그들이 나를 위하여 짓되(출 25:8).

성소는 가로 10규빗, 세로 30규빗인데, 그중 지성소는 가로 10규빗, 세로 10규빗이며, 성소는 가로 10규빗, 세로 20규빗이 된다.
성소에는 좌우에 진설상과 금촛대가 있고 가운데는 향단이 놓여 있다.
지성소에는 언약궤와 그 위에 날개를 편 그룹 둘이 있다.

2. 떡상

떡상은 아카시아 나무로 만들었으며, 길이는 2규빗(100cm), 높이가 1규빗 반(75cm), 너비가 1규빗(50cm)이고 순금으로 싸여 있고 그 위에는 항상 열두 덩어리의 떡이 놓여 있었다. 그 떡, 즉 진설병은 좋은 밀가루로 만들어 구운 것으로, 매 안식일에 새것으로 갈아 놓았다. 그 떡은 제사장들만이 먹을 수 있었다(단 누룩과 꿀은 전혀 넣지 않고 반드시 기름과 소금을 넣게 되어 있다).

사면에 손바닥 넓이만큼 턱을 만들고, 그 턱 주위에 금으로 테를 두르고, 그것을 위하여 금고리 넷을 만들어 네 모퉁이에 달고, 금으로 싼 조각목 채로 꿰어 메게 했다(출 25:24-28). 또 정금으로 대접, 숟가락, 병과 붓는 잔을 만들었다(출 25:29-30).

3. 금촛대

촛대는 정금으로 만들었는데 밑판에 줄기가 있었고, 그 줄기에는 가지 여섯이 나 있었다. 각 가지 끝은 꽃 형상이다. 셋은 이편으로 셋은 저편으로 향하여 총 일곱 가지의 촛대였다. 스가랴서 4장 2-3절을 보면 등대 좌우에 감람나무가 있어 그 기름을 공급했다. 즉 감람유로 불을 밝히어 비치게 했다.

또 불집게와 불똥 그릇도 있었는데, 다 정금으로 만들었다. 이것을 만드는 데 소요된 금은 한 달란트였다(1달란트: 34.02kg). 그 금은 현재로 약 45억 원(1돈: 50만 원)의 값어치가 되었다고 한다.

그 촛대에는 저녁부터 아침까지 항상 여호와 앞에 그 등불을 간검하게 하라고 했다(출 27:21). 이것은 등불을 황혼부터 아침까지의 어두운 동안 밝힐 것을 말한다. 곧 낮에는 등불을 켜지 않았음을 말한다.

그 등불은 앞을 비추게 하였다(출 25:37). 그 앞은 두 가지 면으로 볼 수 있는데, 성소의 입구를 중심하면 출입구 쪽을 비춰이게 한 것이고, 성소 내에서 앞쪽이면 진설병상 쪽이 된다. 그러나 여기서 그 등불이 비치는 방향이 문제가 안 되는 것은 성소 내부를 전체 밝혔기 때문이다.

4. 분향단

향단도 역시 조각목으로 만들되, 길이와 너비가 모두 1규빗(50cm)으로 네모 반듯하고, 높이가 2규빗이었다. 향단은 위와 전후좌우에 네 뿔을 금으로 싸고, 주위에 금테를 둘렀고, 고리 네 개를 만들어 채에 꿰게 했다. 그 채는 금으로 싸고 향단에는 관유와 향품을 드렸다.

향을 제조하는 법은 출애굽기 30장 22-25절에 기록되어 있다.
이 향단은 성소에 있어 아론이 아침마다 그 위에 향기로운 향을 사르되 등불을 정리할 때와 또 저녁에 등불을 켤 때에 향을 사르게 했다.
그러나 그 향단에는 다른 향을 사르지 못하게 되었고, 번제, 소제와 전제의 술을 붓지 못하게 하였고, 아론이 1년에 한 차례씩 이 향단 뿔을 위하여 속죄제의 피를 가지고 들어가 속죄하게 되었다(출 30:1-5).

5. 휘장

휘장은 지성소와 성소를 구별하여 막는 휘장으로 청색, 자색, 홍색 실과 가늘게 꼰 베실로 짜서 만들고 그 위에 그룹을 수놓아 만들게 했다. 그 안 휘장은 조각목으로 만든 네 기둥에 금갈고리에 꿰어 드리우게 했다. 그 네 기둥은 네 은받침 위에 두게 했다.

제2장 떡상
(출 25:23-30)

　너는 조각목으로 상을 만들되 길이는 두 규빗, 너비는 한 규빗, 높이는 한 규빗 반이 되게 하고 순금으로 싸고 주위에 금테를 두르고 그 주위에 손바닥 넓이만한 턱을 만들고 그 턱 주위에 금으로 테를 만들고 그것을 위하여 금고리 넷을 만들어 그 네 발 위 네 모퉁이에 달되 턱 곁에 붙이라 이는 상을 멜 채를 꿸 곳이며 또 조각목으로 그 채를 만들고 금으로 싸라 상을 이것으로 멜 것이니라. 너는 대접과 숟가락과 병과 붓는 잔을 만들되 순금으로 만들며 상 위에 진설병을 두어 항상 내 앞에 있게 할지니라(출 25:23-30).

■ 용어 풀이
- 조각목 : 사막에서 자라는 조각목의 일종으로서 가볍고 견고하며 내구성이 강하다. 히브리어로는 싯딤나무라고 한다.
- 규빗(Cubit) : 옛적 히브리인들이 사용하던 길이의 단위로서 성인 남자의 팔꿈치에서 펼친 가운데 손가락 끝까지의 길이로 대략 50㎝에 해당한다(사람마다 팔의 길이가 다를 수 있으므로 1규빗을 약 50㎝로 표기하는 경우도 있음).
- 진설병(陳設餠) : 잔치나 제사 때, 법식에 따라서 상위에 벌여 차려놓은 떡(餠=떡병) 또는 빵이다.
- 에바(Ephah) : 고대 근동 사회에서 고체의 부피를 나타내던 단위로서, 1에바는 약 23리터(ℓ)이다. 따라서 진설병 1개는 4.6리터의 부피에 해당한다(당시 액체의 부피 단위는 힌(Hin)으로서 1힌은 4리터(ℓ)에 해당한다).

1. 진설병

　진설병은 고운 가루로 만든 누룩을 넣지 않은 빵이다. 진설병은 성소의 진설병 상에 안식일마다 바꾸어 놓는데(레 24:5-9), 열두 개를 놓는다. 열둘은 이스라엘의 열두 지파를 상징한다. 빵은 서로 붙지 않도록 여섯 칸 높이에 두 줄의 칸막이가 있는 금을 입힌 나무로 만든 상에 진열한다. 나무에 입힌 금은 약 50kg 정도다.

　탈무드에 따르면 빵은 아무나 만들 수 없었고 '갈모'라는 가문만이 특수한 기술로 빵을 구웠는데, 아무에게도 그 비밀을 알려 주지 않았다고 한다. 제사장들이 진설병을 교환하기 위하여 안식일에 성소 안에 들어가 보면 놀랍게도 몇 시간 전에 구운 것처럼 신선했다고 한다.
　진설병은 제사장만 성소에서 먹을 수 있었다(삼상 21:4-6). 그런데 제사장이 아닌 사람이 진설병을 먹은 적이 있었다. 바로 다윗이다. 놉 땅의 제사장 아히멜렉은 다윗과 그 부하에게 진설병을 주어 먹게 했다(삼상 21:1-6). 후에 예수님의 제자들이 안식일에 밀밭의 이삭을 잘라 먹었다고 비난받을 때, 예수님께서는 이 일을 예로 들어, 사람의 생명이 의식적인 것보다 중요하다는 것을 알려 주셨다(마 12:4).

2. 떡상의 영적 의미 : 말씀 묵상

부분 명칭	영적 의미
조각목	그리스도의 인성(人性) 상징(요 1:14, 4:6-7)
정금(正金)	그리스도의 신성(神性) 상징(요 10:30; 골 2:9)
부분 금테	그리스도의 아름다우심을 상징(눅 2:52)
채	그리스도의 동행을 상징하는 듯함(마 28:20)
턱	그리스도의 보호하심을 상징(롬 8:34-39)
진설병	생명의 양식이 되시는 그리스도를 상징(요 6:33-58)

3. 위치

성소의 북쪽, 즉 오른 쪽 널판들 쪽에 위치하고 있던 진설병상은(출 40:22) 조각목으로 만들어졌으며, 2규빗(100㎝)의 길이, 1규빗(50㎝)의 폭, 그리고 1규빗 반(75㎝)의 높이의 탁자였다(25:23, 24, 37:10,11).

4. 모양

떡상의 모양은 조각목으로 만들고 정금으로 쌌다. 장이 2규빗, 광이 1규빗, 고가 1규빗 반(100×50×75㎝)이며, 금고리 4개가 양쪽에 둘씩 있었다(멜 채가 꿰여 있다). 정금으로 대접과 숟가락과 병과 잔을 만들어 떡과 함께 놓았다. 떡 열두 덩이가 두 줄로 올려 있다.

이 떡은 히브리어로 '레헴파님' 인데 '얼굴의 떡', '면전의 떡' 이라는 뜻이다.

떡상은 식탁이라는 뜻이며, 제사용으로 쓰임 받는 상을 의미한다.

매 안식일마다(주일) 새 떡으로 바꿔 놓았다. 한 주가 끝날 때마다 제사장은 이 진설병을 새로운 것으로 교환하고, 묵은 것은 제사장들이 먹었다. 진설병상은 성소의 북쪽에 황금촛대와 마주하여 서 있었다.

떡상은 항상 하나님 앞에 두어야 한다. 이 상 자체는 부활하신 그리스도 곧 하늘에서 영화롭게 되셨으며, 하나님의 존전에 계신 하나님 사람을 상징한다.

5. 의미

성소와 그에 딸린 모든 것들은 예수 그리스도를 상징하는 바 진설병 규례가 의미하는 것은 다음과 같다.

(1) 누룩 없는 떡

십자가에서(흰 가루와 같이) 희생이 되어 생명의 떡이 되신 죄 없으신 그리스도를 의미한다(요 6:35, 48; 고전 11:24).

(2) 열둘

열두 지파, 곧 하나님의 백성 전체를 가리키는 것으로, 예수 그리스도께서 자기 백성들의 풍성한 양식이 되셨음을 의미한다(요 10:9-10).

(3) 순결한 상

썩지 않을 곳, 하나님의 나라를 상징하는 바, 예수께서 썩지 않는 영원한 나라에서 오셨음과 죄가 없고 깨끗하심을 의미한다.

(4) 유향

생명의 떡이신 예수님의 희생이 하나님께 향기로운 제물로 열납되셨다는 것을 의미한다.

(5) 매 안식일마다 교체되는 진설병

신선한 말씀을 새롭게 공급해 주시는 그리스도를 상징한다.

6. 재료

또한 이 떡상은 조각목에다 순금으로 싸여 있었으며, 이 떡상을 진설병상이라고도 불렀던 것이다. 바로 이곳에서 제사장은 주님과 교제하며 만났던 것이다.

7. 상징

떡상 위에 올려있는 진설병은 이스라엘의 열두 지파를 상징하며, '여호와의 얼굴'이란 뜻을 가지고 있다.

그러므로 이 떡상은 거룩한 하나님의 임존을 가리키는 성물이었다. 우리가 생각할 때에 이 떡이 하나님 얼굴 앞에 항상 있다는 사실은 여호와 하나님께 늘 우리의 모든 것들이 열납되고 있음을 말하며, 아버지께서는 언제나 그로 인하여 즐거움을 누리시는 그리스도의 인격을 예시하고 있는 것이다.

더 구체적으로 말하면, 떡은 그리스도의 말씀이다. 주님께서는 제자들에게 이렇게 말씀하셨다.

> 내가 내 자의로 말한 것이 아니요 나를 보내신 아버지께서 내가 말할 것과 이를 것을 친히 명령하여 주셨으니 나는 그의 명령이 영생인 줄 아노라(요 12:49-50).

아무리 우리가 번제단에서 죄 사함을 받았고 물두멍에서 성결함을 받았다 하더라도, 그리고 등대에서 사명적 빛 된 생활을 한다 하더라도, 성막의 밑은 흙바닥 그대로임을 기억할 필요가 있다. 자의적으로 또 타의적으로 언제나 더러워지게 되어 있다. 그러므로 우리는 언제나 영생인 그리스도의 말씀을 날마다 먹으며, 늘 새롭게 더 뜨겁게 좀더 강하게 영을 재창조해야 한다.

그래서 지속적 신앙생활의 승리를 위하여 떡 곧 그리스도의 말씀이 필요하다. 육을 위하여 양식을 먹듯 혼을 위하여 지식을 취하듯 영을 위하여 말씀을 먹어야 한다. 떡상의 떡도 그리스도의 말씀이다.

떡상의 재료 및 위치는 떡상은 조각목으로 만들었고, 그 위에 금으로 쌌다.

성소의 문 입구쪽에서 들어서면 떡상은 오른쪽 편에 놓여 있으며, 지성소(법궤) 쪽에서 본다면 왼쪽 편에 놓여져 있다.

북편은 어둠과 박해를 의미하며, 흑암의 권세의 처소를 의미한다. 예수님은 사탄의 권세 아래 생명을 잃은 영혼에서 생명의 떡을 주려고 오신 분이며, 흑암 속에 있는 영혼들에게 생명의 빛을 주려고 오신 분이다.

우리가 먹어야 할 진설병은 고운 가루로 만들어야 한다(레 24:5). 소화가 되기 여간해서 힘든 거친 가루는 안 된다. 부서지고 깨지고 녹아져서 완전히 소화되도록 진설병을 만들어야 한다.

8. 말씀의 특징

(1) 레마의 원칙

말씀에는 두 가지 종류가 있다. '로고스'와 '레마'다. 성경 전체 66권의 말씀은 로고스다. 그중에 내게 힘을 주고 능력을 주는 내게 가루가 되어 소화된 말씀만이 레마다.

말씀을 레마 되도록 먹어야 한다. 고운 가루로 진설병을 만들라는 의미는 바로 이것이다. 구약과 신약이라는 맷돌을 성령으로 갈아 틈바구니에서 나온 말씀을 먹어야 한다. 레마로 먹지 아니한 말씀은 먹으나마나다. 이것이 말씀을 먹는 첫 법칙(레마의 법칙)이다.

(2) 교제의 원칙

진설병은 교제의 원칙으로 먹어야 한다. 같이 나누어 먹어야 한다. 떡상은 여러 명이 같이 둘러서서 교제를 나누면서 먹는 사랑의 자리다. 초대 교인들의 신앙생활의 핵심은 떡을 떼며 교제하는 것이었다.

> 나는 하늘로서 내려온 살아 있는 떡이니 사람이 이 떡을 먹으면 영생하리라(요 6:51).

이 말씀은 예수 그리스도와의 생명의 교제가 얼마나 중요한 것인가를 우리에게 인상적으로 알려 주는 말씀이다. 제사장들은 거룩한 성소에 나아와 하나님께서 예비하신 향기로운 떡을 취할 때마다 배부름을 얻고 거기에서 하나님을 찬양하고 영광을 돌렸다. 마찬가지로 우리가 거룩하신 하나님께서 예비해 주신 성경을 열어 내게 주시는 말씀을 취하며 그를 통해 예수 그리스도를 더 가까이 교제할 때 우리는 영혼 속에서 넘치는 기쁨을 경험할 수 있다. 이렇게 진설병은 교제의 원칙으로 먹어야 한다.

(3) 선교의 원칙

떡상 위에는 열두 개의 떡이 놓여져 있다. 이스라엘의 열두 지파를 의미한다.

떡상 위에는 전 민족의 떡이 올라와야 하고, 또 그 모든 떡을 다같이 교제를 나누며 먹어야 한다. 여기에 선교의 근거가 있고, 선교의 의무가 있다(예루살렘과 온 유다와 사마리아와 땅 끝까지). 온 지파가 다같이 이 떡을 먹어야 한다. 이런 선교의 원칙 아래 진설병을 먹어야 한다.

(4) 오직의 원칙

진설병 외에 다른 것을 떡상 위에 올려 놓아서는 안 된다. 또 진설병 외에 다른 떡을 성막 안에서 먹어서도 안 된다. 오직 진설병, 오직 예수, 오직 성경, 오직 말씀이다. 다른 것이 더해져도 다른 것이 빠져도 안 된다. 오직 그것뿐이다.

> 그들 중에 섞여 사는 다른 인종들이 탐욕을 품으매 이스라엘 자손도 다시 울며 이르되 누가 우리에게 고기를 주어 먹게 하랴 우리가 애굽에 있을 때에는 값없이 생선과 오이와 참외와 부추와 파와 마늘들을 먹은 것이 생각나거늘 이제는 우리 기력이 다하여 이 만나 외에는 보이는 것이 아무것도 없도다 하니 만나는 깟씨와 같고 모양은 진주와 같은 것이라(민 11:4-7).

마늘, 파, 부추, 생선, 오이와 참외 등은 땅에서 나는 것, 즉 인본주의였다. 그러나 만나는 하늘에서 내려오는 것 즉, 신본주의였다. 오직 진설병, 오직 만나만 구해야 했다. 그들이 메추라기를 구할 때 하나님께서 엄청나게 주셨지만 결국 양식이 되지 못하고, 이빨 사이에서 씹기도 전에 죽어버렸다.

영의 사람은 오직 진설병 그리스도의 말씀만으로 살아야 한다. 잡된 것이 섞이지 않도록 해야 한다. 오직의 원칙으로 진설병 말씀을 먹어야 한다.

(5) 항상의 원칙

진설병은 하루 24시간, 1주 7일, 1년 365일 늘 떡상 위에 차려져 있어야 한다. 잠시라도 떡상이 비어서는 안 된다. 이처럼 그리스도의 말씀이 잠시도 우리에게서 떠나면 안 된다. 복음은 영원한다.

우리는 날마다 영원토록 생명의 말씀을 먹어야 한다. 그래서 늘 차려져 있어야 한다. 항상의 원칙으로 진설병 곧 말씀을 먹어야 한다.

떡상 위의 떡은 항상 신선하게 보존되어 있었다. 그리고 그 위에는 유향을 두어 향기로운 내음을 맡을 수 있었다. 이 떡상의 떡은 결코 비워진 적이 없다. 그래서 제사장들은 성소 안에 들어왔을 때 언제나 이 떡을 신선하게 먹을 수 있었다. 이 떡을 통해서 그들은 영양을 공급받고, 새로운 에너지와 신선한 능력으로 하나님을 예배하며 섬기는 봉사의 직임을 감당했다.

(6) 성령의 원칙

진설병은 기름을 부어서 반죽하였다(레 2:5). 그리고 열두 개의 떡 위에는 유향 두 병이 놓여 있다. 그래서 먹을 때는 그 기름과 함께 먹었다.

성령으로 말씀을 먹어야 함을 강력하게 의미하고 있다.

성경은 누구나 깨달을 수 있도록 하나님께서 우리에게 주신 것이다. 하지만 우리는 미리 '나는 성경을 깨달을 수 없다'고 전제하기 때문에 깨닫지 못하는 것이다. 성경의 저자는 성령이다. 그 마음속에 성령이 거하시는 사람은 누구나 그 성령의 가르침에 따라 성경을 깨달을 수 있다. 물론 성경을 보다 더 잘 깨달을 수 있도록 도움을 주는 사람들도 필요하지만, 본질적으로 우리는 모든 그리스도인은 성경을 깨달을 수 있다는 전제에서 출발해야 한다.

진설병이 기름으로 만들어졌듯이 성경은 성령으로 쓰여진 말씀이다. 진설병을 기름과 함께 먹어야 하듯이 성경은 성령으로 먹어야 바르게 해석할 수 있다. 그래서 그리스도의 말씀은 성령의 원칙으로 먹어야 한다.

(7) 성결의 원칙

진설병은 바로 앞에 빛나고 있는 등대 앞에서 먹어야 한다. 그리스도의 빛이 없으면 먹을 수가 없다. 빛 된 생활을 하며 진설병, 즉 말씀을 먹어야 한다. 그러므로 빛 된 생활을 하며 성경을 읽어야 한다. 성경 속에서 진설병을 먹어야 한다. 건강한 경건으로 그리스도의 말씀을 먹어야 한다. 성결의 원칙으로 진설병을 먹어야 한다.

(8) 번철의 원칙

번철에 구운 떡을 먹으라고 하였다. 불은 연단과 시험을 의미한다. 연단을 통과한 말씀만이 정말 굳센 믿음의 말씀이 된다.

연단받은 사람은 강해진다. 그렇다고 일부러 연단을 자초할 필요는 없다. 번철에 구운 떡은 찐 떡보다 오래 견디는 떡이 된다.

(9) 성숙의 원칙

진설병 곧 전병은 이리저리 뒤집어 잘 익혀야 한다. 골고루 익혀야 한다. 한편은 잘 익었는데 다른 편이 덜 익어서는 안 된다. 진설병은 그리스도의 말씀 안에서 다 잘 익어야 한다. 기도 쪽은 잘 익었는데, 말씀 쪽은 잘 안 익은 이가 있다. 헌금 쪽은 잘 익었는데, 예배 출석 쪽은 잘 안 익은 이도 있다. 봉사의 발은 바짝 구워졌는데, 입은 안 구워져 말이 많은 사람도 있다. 진설병은 자꾸 뒤집어 골고루 다 익혀야 한다.

(10) 무교병의 원칙

진설병에는 효모가 들어가서는 안 된다. 성경에서 누룩은 악의 상징이다. 누룩은 악독의 상징이다. 순수한 밀가루에 들어가 부패하게 만든다. 누룩 없는 떡이 진실과 순전함이다. 하나님께서 순수함을 좋아하셔서 자꾸 잡된 것이 섞이는 것을 금하셨다.

(11) 사명의 원칙

그리스도의 말씀인 진설병을 먹을 때는 반드시 거룩한 곳에서 먹어야 한다. 거룩한 곳은 성막이다. 다른 곳에 가지고 나가 먹을 수가 없다. 그런데 성소, 지성소, 성막 안에는 의자가 없다. 앉을 수가 없다. 늘 서서 일해야 한다. 진설병도 서서 먹어야 한다. 이는 사명을 위해서 먹으라는 말이다.

그리스도의 말씀은 사명 측면에서 먹어야 한다. 사명이 솟아나는 날은 육의 생일날보다 중요하다. 진설병을 사명의 법칙으로 먹어야 한다.

(12) 안식일의 원칙

떡상 위에 떡은 매 안식일마다 새것으로 갈아 놓았다. 즉, 떡상에 놓여진 진설병의 중요한 기능은 '제사장의 양식' 이라는 것이다. 구약 시대의 제사장은 특수한 계층만, 구체적으로 말하면 레위 자손 곧 아론의 자손만이 제사장의 직임을 받을 수 있었다. 그러나 신약 시대에 들어오면 구원받은 모든 그리스도인들을 제사장이라고 부른다.

구약 시대에는 제사장들만이 성소에 들어가서 하나님께 특별한 의미의 기도를 드릴 수 있었으나, 신약 시대에 와서는 그것이 변했다. 예수 그리스도께서 하나님과 인간 사이의 중보자가 되심으로 그분께서 우리가 하나님 앞에 나아갈 수 있는 통로가 되어 주사 그 예수 그리스도를 소유한 모든 백성들이 하나님 앞에 직접적으로 나아가 기도하고, 교제하고, 또 하나님과 더불어 교통할 수 있는 제사장의 특권을 갖게 된 것이다.

하나님의 자녀들은 주일마다 새롭게 그리스도의 말씀을 공급받아야 함을 의미한다. 그러므로 안식일을 기억하여 거룩하게 지켜야 한다. 이를 안식일의 원칙이라 한다.

성소에 들어와 사명의 빛된 생활을 하며, 그리스도의 말씀인 진설병을 먹고, 분향단에서 기도의 능력을 받은 자는 담대히 지성소 하나님의 보좌에 들어갈 자격을 얻는다.

떡을 먹는 자세는 허리를 굽혀야 한다. 장막 안의 모든 기구 중에서 제일 낮은 것 중의 하나가 이 떡상이다. 높이가 1규빗 반으로 매우 낮다. 그러므로 이 떡을 먹기 위해서는 반드시 자세를 낮추어야 한다. 그렇지만 바닥에 주저앉지는 못한다. 제사장은 성막 안에서 하나님을 예배하고 봉사하는 동안에 앉지 못하게 되어 있었기 때문이다. 떡상에 있는 떡을 먹기 위해서는 허리를 굽혀야 한다.

마찬가지로 날마다 하나님의 말씀을 취하는 것은 그 말씀 앞에 순종하기 위해서다. 다시 말하면 삶 속에 하나님의 뜻을 이루기 위해서 하나님이 어떤 명령을 하시든지 순종할 결의를 하고 말씀을 보는 것이다.

하나님의 자녀들은 하나님의 떡상 위에 올려온 제물로서의 떡과 같다. 이 떡은 앞 뒤가 잘 뒤집혀져서 잘 익은 떡이어야 한다. 뒤집지 않은 떡은 한쪽은 익고, 한쪽은 설익게 된다. 떡상의 제물로서 떡은 고루 잘 익은 상태로 하나님 앞에 바쳐져야 한다.

진설병의 떡은 기름에 반죽되었으며, 완성된 떡에도 기름을 바르고 제사장이 떡을 먹을 때에도 기름과 같이 먹었다. 기름은 성령을 의미하고, 말씀에는 반드시 성령과 함께해야 함을 뜻하며, 기록된 하나님의 말씀은 성령에 기록된 것으로, 그러므로 설교를 선포할 때도 깊은 기도와 성령의 충만함으로 해야 함을 시사해 준다.

9. 영적 의미

떡상의 영적 의미를 살펴보면 다음과 같다.

(1) 청색 보자기

떡을 청색 보자기 위에 올려 놓는다. 청색은 생명의 색으로, 하나님의 말씀은 곧 생명이기 때문에 청색 보자기에 떡을 올려 놓는 의미다.

(2) 홍색 보자기

청색 보자기 위에 진설병 떡을 놓고 그 위에 홍색 보자기를 덮는다. 홍색은 피의 색이다. 예수님의 십자가의 흘린 피는 보혈이다. 피가 떡 위에 퍼져 있다. 진설병이 청색 보자기와 홍색 보자기 사이에 놓여 있음은 피의 말씀이 참 말씀임을 의미한다.

(3) 진설한 떡

항상 진설한 떡은 하나님의 말씀을 항상 새기고 다니라는 것이다. 하나님의 말씀은 우리의 영적 양식이다. 하나님의 말씀을 지니고 다니는 이에게는 하나님께서 늘 양식을 공급해 주신다.

(4) 가죽 덮개

맨 위에 해달의 가죽 덮개는 승리를 의미한다. 하나님의 말씀은 승리이므로 성도는 말씀으로 이기는 승리의 삶을 살아야 한다.

(5) 고핫 자손

떡상은 고핫 자손들이 어깨에 메고 운반하였다. 복음을 전하는 발걸음에는 떡상을 메어야 하는 고통과 수고의 발걸음이 있어야 하듯, 전도와 선교에는 어려움이 따른다.

제3장 금등대
(출 25:31-40)

너는 순금으로 등잔대를 쳐 만들되 그 밑판과 줄기와 잔과 꽃받침과 꽃을 한 덩이로 연결하고 가지 여섯을 등잔대 곁에서 나오게 하되 다른 세 가지는 이쪽으로 나오고 다른 세 가지는 저쪽으로 나오게 하며 이쪽 가지에 살구꽃 형상의 잔 셋과 꽃받침과 꽃이 있게 하고 저쪽 가지에도 살구꽃 형상의 잔 셋과 꽃받침과 꽃이 있게 하여 등잔대에서 나온 가지 여섯을 같게 할지며 등잔대 줄기에는 살구꽃 형상의 잔 넷과 꽃받침과 꽃이 있게 하고 등잔대에서 나온 가지 여섯을 위하여 꽃받침이 있게 하되 두 가지 아래에 한 꽃받침이 있어 줄기와 연결하며 또 두 가지 아래에 한 꽃받침이 있어 줄기와 연결하며 또 두 가지 아래에 한 꽃받침이 있어 줄기와 연결하게 하고 그 꽃받침과 가지를 줄기와 연결하여 전부를 순금으로 쳐 만들고 등잔 일곱을 만들어 그 위에 두어 앞을 비추게 하며 그 불집게와 불똥 그릇도 순금으로 만들지니 등잔대와 이 모든 기구를 순금 한 달란트로 만들되 너는 삼가 이 산에서 네게 보인 양식대로 할지니라(출 25:31-40).

■ 용어 풀이
- 달란트(talent): 무게 단위로서 1달란트는 약 34kg이다.
- 식양(式樣): 방식과 모양이라는 뜻으로 현대어의 명세(明細), 일본어의 사양(仕樣), 영어의 Specification에 해당하는 말이다.
- 살구꽃 형상: 살구꽃을 히브리어로 '솨케드'라고 하는데 이 말은 '깨우는 자' 또는 '지키는 자'를 의미한다. 히브리인들에게 이 꽃은 특히 부활과 희망, 그리고 각성과 보호를 상징한다.
- 밑판과 줄기와 잔과 꽃받침과 꽃을 한 덩이로 연하게 하고: 중앙의 줄기를 형성하는 각 부분을 말하는 것이며, 이 줄기에서 좌우로 각각 세 개의 가지를 갖춘 형태로 이루어졌다. 이 모든 것

을 한 덩어리의 순금을 쳐서 만들었다니, 당시 브살렐의 금 세공(細工) 기술이 얼마나 뛰어났는지를 알 수 있다.

법궤의 속죄소도 뚜껑과 두 그룹 천사를 금 한 덩어리로 쳐서 만들었다(출 37:8).

- 등잔 일곱을 만들어: 등대의 중앙 줄기 최상단에 있는 것 한 개와 좌우 대칭으로 뻗은 양쪽 각 세 개의 가지 최상부에 있는 것 여섯 개를 합한 등잔으로, 실제 불을 밝히는 곳이다. 한편 요한계시록 4장 5절에 하나님의 일곱 등불이 나오는데, 이는 하나님의 일곱 영을 상징한다고 기록되어 있다.
- 불집게와 불똥 그릇: '불집게'는 등잔의 다 탄 심지를 자르는 가위(왕상 7:49)를, '불똥 그릇'은 타고 남은 심지를 모아 두는 그릇(출 25:38; 민 4:9)을 가리킨다.

1. 모양

등대의 모양은 정금 1달란트를 쳐서 만들었다. 하나의 밑판에다 일직선으로 서 있는 가운데 가지, 그리고 이 가운데 가지를 중심으로 좌우 각각 세 개씩 여섯 가지로 되어 있었다. 일곱 가지의 각 끝에 있는 황금 등잔에는 순결한 감람유가 들어 있었으며, 이 기름은 성소 안을 비추기 위해 항상 타고 있었다. 성소 안에서 빛의 근원은 오직 금등대뿐이었으며, 제사장들은 이 빛으로 말미암아 여호와를 섬기고 예배했다. 금촛대는 성소의 남쪽에 진설병을 마주하여 서 있었다.

가운데 한 줄기가 있고 양편에 각각 세 가지가 있다. 등잔은 살구꽃 형상이다. 불집게와 불똥 그릇도 정금으로 만들었다.

2. 특징

등대의 목적은 말할 것도 없이 빛이다. 그러면 빛 된 생활, 사명의 생을 살리려면 어떻게 해야 할까? 등대에는 다음과 같은 법칙이 있다. 빛 된 생활을 하려면 이 법칙을 지켜야 한다.

(1) 믿음의 법칙

등대는 금으로 만들었다. 금은 믿음이다. 빛 된 생활은 믿음의 생활을 해야 한다. 믿음은 밤하늘의 샛별처럼 반드시 빛나게 되어 있다. 거룩한 하나님의 성막 안에는 등대에서 발하는 빛 이외에 외부로부터 들어오는 자연의 빛은 전혀 없었다. 여호와 하나님께서 시내 산에서 모세에게 보여주시고 지시하신 성막의 설계도에는 외부로부터 들어오는 자연의 빛을 철저히 차단할 수 있도록 설계되었기 때문이다. 그래서 성소 안을 환하게 비추는 빛이라곤 유일하게도 등대에서 항상 발하고 있는 불빛밖에 없었다.

등대에서 발하고 있는 거룩한 그 빛은, 상징적인 영역에서, 첫째로 "나는 세상의 빛이니"라고 하신 주님의 말씀과 같이 주 예수님을 의미하며(요 8:12), 둘째로 "너희는 세상의 빛이라"고 증거하신 주님의 말씀과 같이 구원받은 신자들을 묘사하며(마 5:14), 셋째로 "주의 말씀은 내 발의 등이요, 내 길에 빛이니이다"라고 다윗이 영광스럽게 고백했듯이 주의 말씀을 가리킨다(시 119:105).

성막 내부를 환하게 비추고 있는 등대의 빛은 일차적으로 2천 년 전 세상에 빛으로 오신 하나님의 아들을 가리키는데, 참빛 되시는 그분이 이 땅에 오셔서 남긴 것이 있다. 그것은 영원히 불변할 수 없는 복음의 빛과, 자신을 믿고 구원받은 빛의 자녀들이다. 이 참빛은 영원히 살아서 오늘날도 말씀의 빛과 온 지구 곳곳에 있는 작은 등불들을 통해서 죄로 물들어 어두워진 세상을 환하게 비추고 있다. 죄악 세대에 노아의 믿음만 빛나고 있다. 우상의 도시 갈데아 우르에서 아브라함의 믿음만 빛나고 있었다. 믿음은 빛이다.

(2) 고난의 법칙

등대는 금을 녹여 부어 만드는 것이 아니다. 쳐서 만든다. 예수는 채찍에 맞아 고난당하신 분이다. 빛 된 생활은 고난 없이는 불가능하다. 고난의 이야기가 감동의 이야기다. 예수 이야기는 최고의 고난 이야기다.

십자가에서 안 죽으셔도 될 하나님의 아들이 피흘려 죽은 이야기는 가장 빛나는 등대이다. 가시관을 쓰고 채찍을 맞으며, 못 박히고 피 흘려 죽어야 세상에 빛을 밝힐 수 있기 때문에, 고난을 당하시는 모습이다. 등대는 온전한 모형이 나올 때까지 쳐서 만들었다. 쳐서 만든다는 것은 고난을 의미한다. 빛을 내는 존재가 되기 위해서는 고난을 받아야 한다. 촛불이나 등잔불은 자기를 태워야 빛을 낼 수 있다.

성소에 쳐서 만든 것이 또 하나 있는데 그룹이다(출 37:7). 그룹은 하나님의 심부름을 하는 천사의 한 종류다. 하나님의 일을 하려면 고난을 받아야 한다. 예수님의 부름은 사실은 고난으로의 초대이다. 예수님이 성탄절에 이 땅에 오신 것 자체가 고난으로의 강림이다.

등잔대를 만드는 순금 덩어리는 맞으면 맞을수록 등잔대의 형태를 갖춰 갔을 것이다. 우리는 고난을 받으면 받을수록 하나님의 형상을 갖추게 된다.

(3) 사명의 법칙

성막 안에는 창이 하나도 없다. 천장은 빛 하나 들어올 수 없이 네 개의 덮개로 덮여 있다. 캄캄하다. 단 하나의 빛 등대가 있을 뿐이다. 그렇기에 등대의 역할은 너무도 크다. 등대의 빛이 없으면 아무것도 할 수가 없다. 그 작은 불꽃 하나가 금벽에 부딪쳐 유난히도 빛이 난다. 반사가 또 반사되고, 또 그 반사가 반사되어 놀라운 빛이 된다.

예수 그리스도는 온 세상을 밝혀 준 빛의 등대다. 그래서 주님은 '나는 빛이라'고 스스로 말씀하셨다.

금촛대의 사명과 목적은 빛을 비추는 것이다. 그러므로 교회는 주님으로부터 빛을 받아 그 빛을 이웃에게 전함으로 열매를 맺어야 한다. 사명을 지니고 일하는 사람은 등대같이 빛나게 된다.

(4) 성령의 법칙

등대는 아침저녁으로 감람유를 공급해 주어야 빛을 낸다. 감람유 없이는 절대로 빛을 낼 수가 없다.

감람유는 성령을 의미한다. 순결한 기름은 감람나무의 열매를 찧어 진액을 짜낸 기름을 다시 잘 정제한 '맑은 기름'을 말한다. 감람나무는 이스라엘 그리고 예수님을 상징하며, 감람유는 예수님께서 보내신 보혜사 성령을 의미한다. 예수 그리스도의 일생은 시종일관 성령의 사역이었다. 우리가 예수 그리스도를 구주와 주님으로 영접하면 주님께서는 성령을 통해서 내 안에 거하신다. 주님의 영 성령이 내 안에 거하심을 뜻한다. 그 성령께서는 나를 주관하시며, 나의 길을 인도하신다. 복음 전파를 위해 기름 부으셔서 주의 일을 하게 하신다.

등대는 자기 스스로는 빛을 낼 수가 없다. 기름 때문에 빛을 내는 것이다. 우리도 우리 스스로 빛을 낼 수가 없다. 성령의 도움이 있어야 사명을 감당할 수 있고, 그래야만 빛 된 생활을 할 수가 있다. 빛을 받으려면 감람나무 열매가 다 익기 전에 거두어 손으로 찧은 순전한 감람유를 등잔에 채워야 한다. 다시 말해, 사명을 감당하는 등대가 되려면 성령의 기름을 받아 성령으로 거룩하고 말씀으로 구별하여 그 말씀과 성령으로 충만해야 한다. 그래야만 심지가 흔들리거나 타지 않고, 계속 불을 밝힐 수 있는 것이다. 불이 꺼지면 캄캄하여 일을 못하고 방황하여 분별치 못하게 된다. 균형잡힌 신앙생활을 하려면 항상 말씀으로 간검해야 함을 교훈하고 있다.

(5) 연결의 법칙

등대는 가운데 줄기에 여섯 개의 가지가 붙어 있다. 등대를 만들 때는 원줄기에서부터 이편으로 세 가지, 저편으로 세 가지가 나오게 하여 원줄기와 합하도록 하였다. 이 여섯 가지가 원줄기와 합하여 일곱이 되었을 때, 아름다운 빛을 비추는 등대가 된다.

등대에 관한 말씀을 읽어보면 6이라는 수가 자주 나오는데, 성경에 나타나는 6이라는 숫자는 바로 '인간'을 의미한다. 하나님께서는 여섯째 날 인간을 만드셨다. 다니엘서에는 느부갓네살 왕이 높이가 60규빗, 폭이 6규빗인 금신상을 만든 이야기가 나오는데, 여기에도 60, 6이라는 숫자가 등장하고 있다. 요한계시록 13장에도 짐승에게 절하지 아니하는 자는 다 죽게 되는데 그 짐승의 수가 666이다. 결국 그 6이라는 인간이 강성해졌을 때, 인간들이 하는 모든 일은 하나님을 대적하는 방향으로 흘러가는 것을 볼 수 있다.

등대의 여섯 가지는 원줄기에서 나와서, 그 줄기와 함께 나란히 있어야 비로소 성소의 어둠을 비추는 아름다운 등대가 된다. 그러나 만일, 여섯 가지가 원줄기를 떠나서 자기 마음대로 나간다면 그것은 하나님을 대적하는 것이다.

우리가 하나님을 위해서 얼마나 많은 일을 하느냐, 얼마나 훌륭한 일을 하느냐가 중요한 것이 아니다. 우리의 결정권을 주님께 내어드리고 주님의 결정에 따르며, 우리 마음대로 할 수 있는 모든 권한을 주님께 맡기고, 주님께서 기뻐하시는 뜻을 따라 행할 때, 우리는 등대가 되어 아름다운 빛을 발하는 귀한 성도로서의 삶을 살 수 있다.

하나님께서 원하시는 사람은 바로 하나님께로부터 거듭나서 하나님의 은혜를 입으며 그리스도와 더불어 사는 사람이다. 그런 사람이 하나님 앞에 영광을 돌리고, 세상의 빛 된 삶을 살 수 있는 것이다. 인간들 스스로 무엇을 하려고 하는 것은 하나님께 영광을 돌리기보다는 오히려 하나님을 대적하는 일밖에 되지 않는다는 것을, 하나님은 등대의 여섯 가지를 통해 우리에게 말씀하고 계신다.

가운데 줄기는 그리스도를 의미하며, 여섯 가지는 우리 성도들을 의미한다. 성도는 그리스도와 붙어 있어야만 빛을 내며, 열매를 맺을 수 있다.

가지도 줄기가 필요하고 줄기도 가지가 필요하다. 우리도 예수가 절대적으로 필요하지만 예수도 우리를 필요로 하신다. 왜냐하면 하나님은 사랑이시기 때문이다. 등대의 가지는 등대의 줄기에 붙어 있어야 빛을 내게 된다. 연결이 끊어지면 등대는 이미 등대가 아니다.

(6) 연속의 법칙

등대의 불은 밤낮 계속 켜져 있어야 한다. 밤에도 물론이거니와, 등대가 없으면 낮에도 성막 안은 빛 한 점 없이 캄캄하기 때문이다. 그래서 연속적으로 등대는 빛을 발해야 한다.

사무엘도 성막 안에서 등대의 불이 켜져 있을 때 하나님의 음성을 들었다. 그리고 강력한 영적 체험을 하였다. 이같이 등대의 불은 연속적으로 빛나고 있어야 한다. 늘 우리의 심령 안에 그리스도의 빛이 꺼져서는 안 된다.

(7) 닮음의 법칙

등대는 살구꽃 형상으로 만들었다. 살구꽃은 꽃 중에서 가장 먼저 핀다. 따라서 열매도 첫 열매이다. 그리스도는 첫 열매다.

등대에서 나오는 세 가지마다 살구꽃 형상의 잔 셋과 꽃받침과 꽃이 있게 하라고 했다. 성경에서 '살구' 라는 단어가 그리 많이 나오지는 않지만 전도서 12장에는 살구나무에 꽃이 핀다는 이야기가 나오고, 창세기 30장에는 야곱이 자기 외삼촌 라반의 양을 칠 때 버드나무와 살구나무와 신풍나무의 푸른 가지 껍질을 벗겨 흰 무늬를 내고, 껍질을 벗긴 그 가지를 양 떼가 와서 먹는 개천의 물구유에 세워 물을 먹으러 온 양들이 그 가지 앞에서 새끼를 배게 했다는 이야기가 있다.

히브리어로는 '살구나무'와 '지킨다'는 말의 음이 비슷하다. '살구나무'는 히브리어로 '샤카드'라는 말인데, '살구'라는 말과 '내가 지킨다'는 말의 음이 비슷하기 때문에, '살구' 라는 말 속에는 '지킨다'라는 의미를 내포하고 있다. 그것은 바로 목자가 그 지팡이로 양을 지키고 있는 것처럼 하나님이 우리를 지키고 있다는 사실을 의미하는 것이다.

성막에 나타나는 이 살구꽃은 어떤 의미가 있는가? 성막 자체는 바로 예수 그리스도를 나타내고, 이 성막에 있는 등대도 세상의 빛 되신 예수 그리스도를 의미한다.

등대의 줄기에 '살구꽃 형상의 잔을 새기라'고 한 것은, 등대가 빛을 비춤으로써 어둠을 밝히는 것처럼 빛 되신 예수 그리스도께서 우리를 지키고 계심을 뜻한다. 주님께서는 우리가 사는 동안 끊임없이 우리의 마음을 지켜 주고 계신다.

살구나무는 그리스도를 의미한다. 야곱은 성 삼위일체의 도움으로 축복의 조상이 되었다. 등대는 살구꽃 형상으로 되어 있고, 살구꽃 형상은 그리스도이고, 우리는 그리스도를 닮아야 빛 된 생활을 할 수 있다.

성도는 항상 깨어 있어 영적으로 깊은 잠을 자지 말아야 하며, 믿음에 굳게 서서 예수 그리스도의 파수꾼으로 역할을 담당해야 한다. 등대는 살구꽃 형상으로 가운데 하나의 축을 중심으로 좌우에서 셋씩 일곱 개의 빛을 비추었다. 가운데 있는 축은 우리의 빛의 근원이 되시는 예수 그리스도를 상징하고, 좌우의 세 빛은 우리 성도를 의미한다. 이것은 우리가 빛을 내려면 가운데 있는 빛의 근원이 되신 예수 그리스도와 연결되어야 한다는 것을 가르쳐 준다.

금등대의 좌우로 여섯 개의 가지와 한 꽃받침에 의해 두 가지씩 중앙에 한 줄기와 연하게 만들었다. 중앙에는 삼단 옆 가지 하단에 꽃받침 세 개가 있어 삼위일체 하나님을 상징한다. 등대는 가운데 줄기 하나에 가지 여섯 개가 붙어 일곱 개의 등으로 이루어져 있다.

참고로 숫자가 주는 상징의 의미는 다음과 같다.

하나(1)는 처음, 절대, 통일, 유일하신 하나님의 수다.

둘(2)은 짝수로 상대적인 수요 조화의 수다.

셋(3)은 삼위일체의 수요 완전수다.

넷(4)은 온 세상, 동서남북, 고난의 수이기도 한다.

다섯(5)은 중앙의 수요, 은혜의 수다.

여섯(6)은 인간의 수요, 마귀의 수다. 또한 불완전한 수다.

일곱(7)은 완성수다.

여덟(8)은 새출발, 새생명의 수다.

아홉(9)은 은총의 수 또는 불완전 수다.

열(10)은 만의 수다.

(8) 완전의 법칙

일곱 등대에서 발하는 그 빛은 예수 그리스도께서 말씀과 성령을 통하여 그리스도의 구속 사역을 완전히 성취하실 것이라는 상징으로 볼 수 있다.

6은 인간의 숫자다. 6일째 되는 날 인간이 창조되었다. 그러나 7은 완전수. 6에 하나를 더해야 완전수 7이 된다.

(9) 간검의 법칙

등대의 불은 늘 꺼지지 않도록 간검해야 한다. 불이 꺼지면 캄캄하여 일을 못하고 방황하여 분별치 못하듯, 균형잡힌 신앙생활을 하려면 항상 말씀으로 간검해야 함을 교훈하고 있다.

제사장은 등대의 불꽃에 그을음이 나지 않도록 불똥을 점검하였다. 등대가 빛을 발하려면 심지가 타야 한다. 항상 심지를 점검해야 한다. 심지가 타면 불똥이 생기는데, 불똥을 제거하지 않으면 그을음이 생기므로 자주 제거해야 한다. 또한 기름이 없을 때에도 그을음이 생긴다. 성도의 빛이 꺼져 가고 시험이 생기는 이유는 성령의 기름이 없기 때문이다.

제사장은 불집게를 가지고 항상 등잔을 살핀다. 그리고 불똥은 제거하여 불똥 그릇에 담는다. 너무 올라간 심지는 낮추고, 낮아진 심지는 돋우고, 타버린 심지는 불똥을 제거한다. 그리스도인들은 죄를 회개하고 사함을 받아 성결을 항상 유지하고 심령이 청결해야 함을 의미한다.

등잔의 불은 그을음이 올라오면 지저분해지고, 다른 사람에게 피해를 주므로 결국 꺼트려야 한다. 이렇듯 제아무리 잘나고 경험과 상식이 많아도 하나님의 영과 성령이 나를 주장하지 아니하면 아무 소용이 없다. 그러므로 나의 사명의 촛대가 옮겨지지 않도록 늘 성령으로 나 자신을 간검하며 항상 나의 등잔에 성령의 기름을 충만하게 채울 때, 하나님은 내 안에 위대한 빛을 발하게 되는 것이다.

(10) 연합의 법칙

금촛대는 하나의 줄기에 여섯 가지로 되어 있듯이, 교회의 머리는 예수 그리스도요 모든 성도들은 지체들이기에 우리 성도들은 개개인이 연합하여 하나님을 섬기고, 한 성령을 모시며, 한 주님을 위해 충성하는 지체들이 되어야 한다. 잠시 후면 예수 그리스도의 영광을 함께 나눌 것이다.

등대는 성도들의 빛 된 삶을 상징한다. 브살렐(출 37:1)이라는 사람이 하나님께서 계시하신 식양대로 성소를 밝히는 기물인 등대와 그 부속 기구들(불집게, 불똥 그릇)을 만들었다. 등대는 순금 한 달란트(등대와 부속 기구들의 무게를 합한 총중량)를 사용했는데, 금을 녹여 형틀에 붓는 주물 방식이 아니라 덩어리를 쳐서(이것을 공학용어로는 단조(鍛造)라고 한다) 만들었다. 이와 같이 등대가 수공(手工)으로 순금을 두들겨가면서 완성된 것은, 등이 예수 그리스도를 상징한다는 점(계 21:21-23)에서 참빛이신 예수께서 세상을 진리의 빛으로 비추시기 위하여 당하신 고난을 상징한다(요 1:5-11).

그런데 이 등대는 중앙의 수직 줄기를 중심으로 여섯 개의 가지로 구성되어 중앙 줄기에 달린 여섯 개의 가지에 달린 등이 빛을 발하도록 되어 있다(민 8:3). 이러한 식양은 마치 예수 그리스도를 중심으로 연합되어 있는 오늘날 성도의 모습을 연상케 한다. 예수 그리스도께서도 친히 말씀하시기를 "내 안에 거하라 나도 너희 안에 거하리라 가지가 포도나무에 붙어 있지 아니하면 스스로 열매를 맺을 수 없음같이 너희도 내 안에 있지 아니하면 그러하리라"(요 15:4)고 하셨다. 한편 이 등대에는 성령을 상징하는 감람유(올리브유)가 가득 차 있었다(슥 4:1-6).

그러므로 성도가 빛을 발하기 위해서는 성령께서 우리와 함께하셔야 한다는 사실을 알 수 있다(사 60:1; 행 2:3). 등대의 등불 규례에 따르면 제사장은 매일 저녁 해가 질 때에 성소 내에 있는 등대에 등불을 켜야 했고, 아침 해가 뜨면 등불을 끄고, 심지를 다듬으며 저녁에 태울 등대의 기름을 보충해야 했다(출 27:20-21). 따라서 제사장은 매일 아침 저녁으로 두 번은 성소에 들어가야 했는데, 이때 분향단의 향도 함께 살라야 했다.

제4장 분향단
(출 30:1-10)

  너는 분향할 제단을 만들지니 곧 조각목으로 만들되 길이가 한 규빗, 너비가 한 규빗으로 네모가 반듯하게 하고 높이는 두 규빗으로 하며 그 뿔을 그것과 이어지게 하고 제단 상면과 전후 좌우 면과 뿔을 순금으로 싸고 주위에 금테를 두를지며 금테 아래 양쪽에 금고리 둘을 만들되 곧 그 양쪽에 만들지니 이는 제단을 메는 채를 꿸 곳이며 그 채를 조각목으로 만들고 금으로 싸고 그 제단을 증거궤 위 속죄소 맞은편 곧 증거궤 앞에 있는 휘장 밖에 두라 그 속죄소는 내가 너와 만날 곳이며 아론이 아침마다 그 위에 향기로운 향을 사르되 등불을 손질할 때에 사를지며 또 저녁 때 등불을 켤 때에 사를지니 이 향은 너희가 대대로 여호와 앞에 끊지 못할지며 너희는 그 위에 다른 향을 사르지 말며 번제나 소제를 드리지 말며 전제의 술을 붓지 말며 아론이 일 년에 한 번씩 이 향단 뿔을 위하여 속죄하되 속죄제의 피로 일 년에 한 번씩 대대로 속죄할지니라 이 제단은 여호와께 지극히 거룩하니라(출 30:1-10).

• 분향단의 영적 의미 : 성도들의 기도를 상징한다.

부분 명칭	영적 의미
조각목	그리스도의 인성(人性) 상징(요 1:14, 4:6-7)
정금(正金)	그리스도의 신성(神性) 상징(요 10:30; 골 2:9)
부분 뿔	그리스도의 능력 상징(마 8:23~27; 롬 8:35)

금테	그리스도의 아름다우심을 상징(눅 2:52)
채	그리스도의 동행을 상징하는 듯함(마 28:20)
향	그리스도의 중보기도 상징(롬 8:34; 계 8:3-5)

장막 안에는 두 개의 제단이 있다. 분향단과 번제단이다. 이 두 제단을 통하여 우리는 중요한 영적인 진리를 끌어낼 수 있다. 분향단은 기도가 강조되는 제단이다. 순서는 이렇다. 주님께서 나를 위해 죽으시고, 성경대로 사흘만에 다시 부활하셔서 승천하시고, 하나님 보좌 우편에 계셔서 우리를 위해서 기도하고 계신다. 그리고 우리는 장막의 이 두 개의 단을 통해서 우리를 위한 예수 그리스도의 두 가지 사역을 만난다. 그것은 예수 그리스도의 죽음과 부활이다.

예수님께서 희생의 피를 뿌리심으로 이제 우리에게는 하나님 앞으로 나아갈 수 있는 길이 열렸다. 번제단을 통과하지 않고는 아무도 하나님의 임재를 향해서 나아갈 수 없었다. 그러나 우리는 또한 하나님께로 나아가는 동안에 우리를 위해 드려지는 살아 계신 주님의 나를 위한 기도가 있었다는 사실을 기억해야 한다.

1. 모양

분향단의 모양은 조각목을 금으로 싸서 만들었다. 위 사방에 네 개의 뿔을 만들었다. 상단 네 면 주위에 금테를 둘렀다. 금고리를 양편에 두 개씩 모두 네 개를 만들었다. 그 고리에 운반하기 편리하도록 조각목을 금으로 싸서 금채를 만들어 꿰었다. 아침 저녁 등대의 등불을 간검할 때 분향단에도 향을 살랐다. 아론이 1년에 한 번씩 향단의 뿔을 위하여 속죄하였다.

분향단은 향을 올려놓기 때문에 향단이라고도 불렸고, 금으로 쌌기 때문에 금향단이라고도 했으며, 조석으로 제사장들이 분향을 했기 때문에 분향단이라고 불렀다.

분향단의 치수는 성경의 본문에 나와 있는 것처럼 장이 50㎝, 광 50㎝, 고 1m로 네모 반듯하게 만들었으며, 네 모퉁이에는 번제단과 같이 뿔을 만들어 연하였으며, 분향단도 성소에 있는 성물처럼 금으로 쌌다. 그리고 양쪽 모퉁이에는 금 고리 두개를 달았으며, 그 금고리에는 두 개의 채를 끼우게 되어 있었다. 또한 분향단의 위에는 향로가 있었는데, 그 향로에서는 소합향, 나감향, 풍자향, 유향에 소금을 섞은 향이 항상 타오르고 있었다.

2. 기도의 조건

분향단은 한 걸음 더 나아가 우리가 주님 앞에 드려야 할 기도의 모습을 보여주며, 또 기도의 귀중한 교훈을 제공한다.

기도는 하나님을 찬양하고 예배하는 것이다. 우리는 기도를 단순히 우리의 소원을 아뢰고 간구하는 방편이라고 생각한다. 그러나 기도의 가장 중요한 의미는 내 소원이 아닌 하나님의 뜻을 이루기 위한 방편이라는 데 있다.

기도의 초점은 하나님이다. 분향단의 향은 철저하게 하나님을 위한 것이다. 마찬가지로 기도의 초점은 내가 아니라 하나님이시다. 우리는 기도를 통해서 주님을 보는 것이다.

하지만 우리는 기도의 초점을 얼마나 우리 자신에게 맞추고 있는가? 기도의 초점은 하나님이시다. 우리가 기도하는 순간 우리의 시선은 하나님을 향해 열린다. 그리고 그 하나님을 바라본다. 우리 개인의 지성소인 우리 마음의 한복판에 이 기도의 불을 사르고 하나님을 향해서 끊임없이 그 연기가 올라갈 때, 그때만이 우리의 삶은 하나님의 능력으로 충만하게 채워질 것이다.

3. 의미

분향단은 기도를 의미한다. 이같이 분향단은 기도의 단이다. 그러면 어떤 기도가 응답 받는 기도일까? 어떻게 기도하면 기도가 기도에서 끝나지 않고, 기도가 응답에서 끝나게 될까? 응답받는 기도의 조건을 알아 보자.

(1) 믿음의 기도

분향단은 조각목을 금으로 싸서 만들었다. 버림받은 인간은 믿음으로 싸져야 기도할 수 있게 된다.

기도는 믿음으로 구해야 한다. 그런 기도가 응답받는 기도다.

(2) 공의의 기도

분향단의 가로 세로는 각각 1규빗(50cm)으로 네모반듯하게 만들어졌다. 정사각형의 네모 반듯함은 공의를 의미한다.

기도란 우리의 뜻이 하나님 나라에 이루어지게 하는 것이 아니다. 반대로 하나님의 뜻이 우리에게 이루어지도록 하는 것이 기도다. 분향단을 볼 때 공의의 기도가 응답받는 기도다.

(3) 권세의 기도

분향단에는 네 개의 뿔이 상단에 달려 있다. 번제단의 네 개의 뿔은 생명의 권세지만, 분향단의 뿔은 기도의 권세다. 믿음의 기도를 넘어 권세의 기도까지 가야 한다. 믿음의 기도의 단계가 넘으면 권세의 기도가 나온다.

믿는 자의 표적이 그림자처럼 따르게 될 것이다(막 16:17-18).

(4) 특권의 기도

사실 기도는 우리의 의무이기도 하지만 특권이기도 하다. 분향단까지 갈 수 있는 것은 축복이요 특권이다.

출애굽한 이스라엘 백성들은 하나님께 직접 기도하지 않았다. 문제만 생기면 모세에게 부탁하였고, 모세가 늘 기도하여 문제 해결함을 받았다.

그러나 이제는 주님께서 우리에게 기도하라고 기도의 특권을 주셨고, 기도도 가르쳐 주셨고, 주의 이름으로 무엇이든지 구하면 주시겠다고 약속도 주셨다. 분향단까지 나갈 수 있는 우리의 신분은 고된 의무라기보다 신나는 특권이다.

(5) 주님의 이름의 기도

분향단에서 기도하려고 할 때, 왼쪽에 있는 촛대가 없으면 기도가 불가능하다. 등대가 없으면 너무 캄캄하여 분향단으로 갈 수도 없고, 더듬더듬 간다 하더라도 향을 피울 수도 없다. 등대의 빛은 기도의 절대적 요소가 된다.

말할 것도 없이 등대의 빛은 그리스도다. 그러므로 기도는 예수 이름 아래서 해야 한다. 기도는 예수 이름으로 해야 응답의 기도가 된다.

(6) 성령의 기도

분향단의 기도는 감람유가 아침저녁으로 계속 공급되는 상태에서 해야 한다. 그러므로 아침저녁 두 번 감람유 공급과 분향단의 향 피우는 것은 동시에 되도록 되어 있다. 왜냐하면 성령은 우리를 도우시는 분이기 때문이다. 기도는 성령의 도움을 받아야 응답의 기도가 된다.

(7) 연속의 기도

아침저녁으로 향을 분향단에 피웠다. 향이 꺼지지 않게 하기 위함이었다. 하루 일과 시작 전 기도요, 하루 일과 후 기도였다. 기도로 시작하여 기도로 끝나는 하루였다.

아침은 기도하기에 상쾌한 시간이다. 저녁은 하루를 마치기에 귀중한 시간이다. 그러므로 항상 기도해야 한다. 이것이 연속의 기도다.

(8) 향의 기도

기도할 때는 그냥 기도만 하는 것이 아니라, 향을 피우며 기도하라고 하였다(출 30:34-38). 그런데 향을 피울 때는 아무 향이나 피우면 안 된다. 반드시 다음과 같은 지정된 다섯 가지 향이어야 한다.

1) 소합향

소합향은 향나무에서 저절로 나오는 향이다. 억지로 나오는 향기가 아니라 저절로 나오는 향이다. 우리 안에서 저절로 찬양과 감사와 기도와 기쁨이 가득 차서 나와야 한다. 이것이 참된 기도다.

소합향은 히브리어로 '나타프'라고 되어 있는데, 조록나무과에 속하는 나무로서 주로 소아시아에 분포되어 있으며, 낙엽교목으로 높이 10m정도이며 잎은 손바닥을 편 듯한 모양이다. 원어의 의미는 '떨어지다', '스며나오다'라는 뜻이다.

이 향은 날씨가 더운 열대지방의 소합이라는 나무에서 조금씩 저절로 분비된 것이 방울이 되어 계속 떨어져 나오는 액이다. 바로 이것으로 만든 향이 소합향이다. 뜨거운 태양열을 끝까지 견디어 내면서 그 인내 속에서 만들어 내는 향은 우리 성도들에게 인내의 기도를 보여준다.

예수님께서도 십자가의 죽음 전에 겟세마네 동산에서 기도하실 때에, 밤을 새워 인내하며 땀방울이 피가 될 때까지 기도하시는 모습을 볼 수가 있다. 하나님을 간절히 사모하는 마음 속에서 습관적으로 솟아나는 인내의 기도는 하나님께 드리는 아름다운 향이 되는 것이다.

또한 그것을 향유라고 한다. 이 향은 향기로운 진액으로 그 나무가 찔림으로 인해 나온다. 이것은 예수 그리스도의 지상 생활에서 볼 때, 실로 그는 인간들로부터 질투, 미움, 시기, 조롱 등 아픈 가시와 수많은 찔림을 받으셨으나 인간의 고통을 참으시고 하나님 나라의 복음을 전파하셨다. 성경대로 십자가에서 못 박혀 죽으시고 장사되었고, 부활하셨고, 승천하셨다. 소합향은 십자가에서 떨어지는 예수 그리스도의 보혈의 피를 의미한다.

2) 나감향

나감향은 조개류의 껍질을 빻아서 만든 향이다. 껍질이 가루로 부스러지듯, 자아가 부서지고 깨어지고 씻기는 기도를 의미한다. 주님의 영광을 위한 희생의 기도다. 바로 예수님의 겟세마네 기도다. '겟세마네'는 '쥐어짠다'는 뜻이다. 자신을 하나님께 복종시키기 위하여 고통스럽게 쥐어짜는 기도다. 자아가 부서지고 새로운 하나님의 생명이 탄생하는 경험도 나감향의 고통이다. 달걀이 깨어져야 병아리가 나오기 때문이다. 조개 껍질이 부서져야 향이 난다. 하나님은 나감향의 기도를 원하고 계신다.

분향단의 분향로에 드리는 네 가지 향 중에 두 번째인 나감향은 하나님의 뜻에 복종하는 기도를 의미한다. 히브리어로 '쉐켈레트'라고 되어 있는데, 라크로스과 식물에서 추출한 것이라고 하고, 또는 인도에서 발견되는 십조개 일종에서 추출한다고 한다.

고대 저술가에 의하면 나감향은 홍해에서 발견되는 갑각류라고 한다. 이 어류는 감송향을 먹거나 물 옆에 있는 향기로운 식물을 먹는다고 한다. 죽어서 쌓이면 향기를 내는데, 영적으로 그 장소는 그리스도의 죽음과 심판을 의미한다. 즉 나감향은 예수 그리스도께서 인간을 구속하기 위해 죽음과 심판의 자리까지 내려가신 그의 비하의 신분을 의미한다. 이 뜻은 죽음의 자리까지 내려가는 복종을 의미한다.

예수님께서도 마지막 겟세마네 동산에서의 기도를 드리실 때 할 수만 있으면 죽음의 잔을 옮겨 달라고 하나님께 부탁하셨지만, 결국은 "나의 뜻대로 마옵시고 아버지의 뜻대로 되기를 원하나이다" 하시면서 아버지의 뜻에 복종하는 기도를 하시므로 승리하셨던 모습을 볼 수 있다.

우리가 하나님께 기도할 때에 나의 욕심과 나의 기질, 나의 기도가 주 안에서 깨지고 부서지므로 하나님께 순종의 기도가 되어 나감향의 향기를 드러내는 기도가 되기를 바란다.

3) 풍자향

고무나무에서 나오는 향으로 소독제로 쓰이는 향이다. 우리 영에 묻어 있는 독소를 제거하는 기도다. 옷이 더러워지면 빨래를 해야 하듯이, 영혼도 더러워지면 빨아야 한다. 그래서 예수의 피가 요구되며, 회개가 필요하다.

히브리어로 '헬베나'로 되어 있는 풍자향은, '눈물'이라는 뜻을 가지고 있다. 아라비아 동쪽 해안에서 자라는 고무나무 모양의 관목 식물에서 채취한 수지 진액으로 신맛이 있긴 하지만 향기를 지니고 있다. 풍자향은 해충을 제거하는 역할을 하므로 의학용으로도 사용되었다. 풍자향의 신맛은 십자가상의 슬픔과 비탄의 예수 그리스도를 나타내며, 그 향취는 마침내 십자가를 통해 인류의 죄를 대속하신 십자가의 능력과 부활을 의미한다.

이 향은 소독제나 해독제로 쓰는 향으로 눈물의 기도를 상징한다.

풍자향은 헬라어로는 '펜토스'로, 이 뜻은 깨어진 마음을 통회하는 슬픈 마음을 의미하기도 한다. 다시 말하면 내 내면 속에 들어 있는 쓴뿌리에서 나오는 깊은 죄까지 뉘우치는 눈물의 기도를 의미하는 것이다.

우리가 기도할 때에 흘리는 눈물은 악한 영들이 순간순간마다 내 거룩한 심령의 성소에 밀려올 때에 그러한 미혹의 영들을 물리치고 제거해 주며, 또한 영혼에 상처난 곳을 소독해 주고 해독해 주는 가장 좋은 약이라는 사실을 기억해야 한다.

그러므로 눈물의 기도는 가장 귀한 생명력 있는 기도요 호소력 있는 기도요 하나님의 마음을 빨리 움직일 수 있는 능력의 기도인 것이다.

누가복음 6장 2절에 예수께서는 우는 자가 복이 있다고 말씀하셨다. 풍자향이 소독제나 해독제로 쓰여졌던 것처럼, 우리가 하나님 앞에 통회하는 눈물의 기도를 드리면 하나님의 긍휼이 우리에게 임하실 것이다.

4) 유향

유향은 히브리어로 '레보나'다. 감람과 상록교목이며 키는 6m 가량이고, 나뭇잎은 깃 모양의 겹잎이며, 잎의 가장자리는 톱니 모양을 하고 있다. 또한 이것은 아라비아 사막에서 자생하는 유향나무에서 채취한 진액으로 쓴맛을 지니고 있다. 이 나무의 꽃은 다섯 개의 꽃잎과 열 개의 꽃 수술이 있는데, 그 나무에 상처를 입혀 진액을 채취하며 우윳빛이다. 특히 유향은 주로 성전에서 사용되었다.

유향은 악취를 제거하기 위하여 시체에 바르는 향이다. 막달라 마리아가 새벽에 예수의 무덤으로 갈 때 이 향을 지니고 갔다. 이 향의 의미는 우리에게 닥친 불행을 우리에게 다가온 불행을 제거시켜 달라고 하나님께 요청하는 기도다. 기도에는 반드시 유향이 불타야 한다. 유향의 향연이 필요 없는 사람은 하나도 없을 것이다.

아기 예수가 나셨을 때, 동방 박사들이 아기 예수께 경배 드리기 위해 가져온 예물이기도 한 이 유향은 냄새를 제거하기 위해 사용되었다.

유향은 약제, 물감, 불을 붙이는 데에 쓰이기도 했고, 또한 악취를 제거하기 위해 사체에 바르기도 했다. 성막 뜰에서 제물들이 썩는 냄새가 거룩한 성소로 스며 들어가는 것을 방지하기 위하여 성막에서도 이 향품을 썼던 것이다.

우리가 광야 같은 세상을 살아가면서 세상의 악한 냄새들이 내 가정에 엄습해올 때에 악취를 제거하기 위하여 유향이 쓰임 받았던 것처럼, 우리에겐 하나님께 부르짖는 공격적인 기도가 필요하다는 것을 가르쳐 주고 있으며, 기도를 통해서 모든 더러운 것을 제거해야 함을 가르쳐 준다.

5) 소금

분향단에 태우는 향에는 반드시 소금을 넣어야 한다(출 30:34-38).
소금은 언약의 상징이다. 이스라엘 백성들은 언약을 하며, 그 표시로 소금을 쳤다.

> 네 모든 소제물에 소금을 치라 네 하나님의 언약의 소금을 네 소제에 빼지 못할지니 네 모든 예물에 소금을 드릴지니라(레 2:13).

그러므로 기도할 때는 하나님의 언약을 붙들고 기도하라는 말이다.

모세가 시내 산에서 40일 금식기도하며 십계명과 성막을 받아가지고 내려왔다. 그런데 산 밑에서는 아론을 중심으로 금송아지를 만들어 놓고 절하고 있었다. 이때 하나님께서 이스라엘 백성들을 진멸하기로 결정하신다. 이스라엘 백성이 모두 진멸될 위기에 있을 때 모세는 과거 조상에게 주었던 하나님의 말씀, 언약의 말씀을 붙들고 기도하였다. 이것이 바로 소금을 치며 하는 기도다. 그렇기에 기도에 소금은 반드시 필요한 것이다.

언약을 붙들고 하는 기도는 응답의 기도이다. 그렇기에 향연 속에는 언약을 의미하는 소금이 들어 있다.

또 소금은 성결을 의미한다. 우리가 기도할 때에 최고의 자세는 성결한 마음으로 기도하는 것임을 가르쳐주고 있다. 왜냐하면 물두멍에서 손발을 닦지 않고 성결한 마음이 없이 기도할 때는 그 기도의 응답이 없기 때문이다.

그러므로 많이 기도하는 것보다 깨끗한 마음으로 기도해야 한다. 큰 소리로 기도하는 것보다 깨끗한 영혼으로 기도해야 한다. 성결한 마음, 그 자세 자체가 능력의 기도이기 때문이다.

그리고 이 소금을 통하여 주시는 교훈 중 또 하나는, 기도할 때 꼭 하나님의 언약과 약속의 말씀을 붙잡고 기도해야 큰 힘을 얻을 수 있다는 것이다.

소금의 특징 중 하나는 변하지 않는 것이다. 그러므로 하나님을 향한 우리의 기도도 변하지 말아야 한다. 기도는 모든 것의 열쇠요, 기도는 문제 해결의 해답이므로, 기도만은 포기해서는 안 된다.

소금은 맛을 내고, 썩지 않고, 변하지 않듯, 성도들이 하나님께 무릎을 꿇어 기도를 드릴수록 성도들의 삶 속에서 변함없이 아름다운 향기와 더불어 독특한 크리스천의 맛을 낸다는 사실을 늘 기억해야 한다.

분향단의 위치는 속죄소 즉 법궤 바로 앞이다. 법궤는 하나님이 임재하시는 곳이다. 기도는 하나님이 임재해 계신 법궤 근처가 가장 능력의 기도라는 의미다.

사실 우리 생각으로는 분향단 앞은 자리가 정면 중앙이기에 등대가 있어야 알맞을 것 같다. 그러나 하나님의 생각과 우리의 생각과는 전혀 달랐다. 하나님의 법궤 앞에 분향단이 있다는 것은 결코 우연의 일치가 아니다. 기도 중에 하나님의 임재가 있음을 의미한다.

제5장 휘장

(출 26:31-33)

너는 청색 자색 홍색 실과 가늘게 꼰 베 실로 짜서 휘장을 만들고 그 위에 그룹들을 정교하게 수놓아서 금 갈고리를 네 기둥 위에 늘어뜨리되 그 네 기둥을 조각목으로 만들고 금으로 싸서 네 은받침 위에 둘지며 그 휘장을 갈고리 아래에 늘어뜨린 후에 증거궤를 그 휘장 안에 들여놓으라 그 휘장이 너희를 위하여 성소와 지성소를 구분하리라(출 26:31-33).

청색, 자색, 홍색 실과 가늘게 꼰 베실로 짜서 만들고, 그 위에 그룹을 수놓아 만들었다. 히브리어로는 '파로게트'로 '베일', 혹은 '커튼'을 의미하며, 실질적인 의미는 성소와 지성소를 구별하는 휘장이다. 안 휘장에는 그룹을 수놓으라 하셨지만 바깥 휘장에는 무엇을 수놓으라 명시되어 있지 않다. 문도 같은 색으로 되어 있지만 어떤 모양인지 설명이 없다. 그러나 브살렐과 오홀리압은 부름 받아 하나님이 주시는 지혜로 어떤 문양의 수를 놓은 것으로 추정된다.

1. 색깔

휘장 색깔에도 모두 영적인 의미가 있다. 첫째, 청색은 예수님의 생명의 근원을 나타낸다. 둘째, 자색은 예수님의 왕권을 나타낸다. 셋째, 홍색은 예수님의 십자가의 고난을 의미한다. 넷째, 흰색은 예수님의 성결과 부활을 의미한다.

하나님은 휘장에 천사들을 공교하게 수놓아서 만들라고 하셨다. 천사들도 하나님이 창조한 피조물 중에 하나이며, 천사는 하늘에서 하나님이 부리는 사역자들이다. 성경에서 천사들의 사역을 살펴보면, 에덴 동산을 지켰으며, 예수님을 수종들었으며, 하나님을 찬양하는 사역자들이며, 성도들을 돕기도 하고 지켜 주었다. 또한 예수님의 재림 때 함께 성도들에게 온다.

예수님이 십자가상에서 운명하실 때 성전 안 휘장이 위에서 아래까지 찢어져서 둘이 되었다. 그것은 막힌 담이 제거된 것을 나타낸다. 즉 예수 그리스도의 십자가 공로에 의하여 죄인이던 택한 백성이 하나님의 거룩한 면전에 나아갈 수 있게 되었음을 보여준다. 다시 말하면, 예수 그리스도께서 자신을 드려 하나님과 죄인 된 인간 사이에 막힌 죄악의 담을 허시고 하나님과 인간을 화목되게 하신 것이다(히 10:20). 그러므로 예수님은 하나님과 인간 사이의 화목제물이요 중보자이시다.

휘장 위에다 제물의 피를 뿌린다. 이것은 예수께서 피흘려 십자가에 달리실 것을 예표하는 것이다.

성소 휘장이 위에서 아래로 찢어진 사실은 마태복음 27장 51절(막 15:38; 눅 23:45)에 기록된 대로 예수님이 십자가 상에서 죽음을 맞자 휘장이 찢어졌다는 사실을 확실히 언급하고 있다.

그것은 대제사장이 1년 1차밖에는 들어가지 못하던 지성소가 '공개' 된다는 의미이며, 오직 대제사장만이 들어가던 곳에 제한이 없어지고 예수를 힘입어 누구나 즉시 하나님께 갈 수 있다는 것을 알려 주는 것이다.

2. 축복

하나님의 길이 열렸다는 것은 세 가지의 축복이 우리에게 주어졌다는 것을 말한다.

첫째, 우리는 죄 사함을 받고 하나님 앞에 나아가 하나님과 만나게 되었다. 그것이 구원이다.

둘째, 우리는 한 번만 하나님 앞에 나아가는 것이 아니라 계속해서 나아갈 수 있게 되었다. 그것이 바로 하나님과의 교제다. 그래서 우리는 예수 그리스도의 십자가 때문에 구원을 받았고, 예수 그리스도의 십자가 때문에 하나님과 계속 교제할 수 있게 되었다.

셋째, 우리는 교제하면서 하나님을 통해 날마다 하나님과 만나고, 그 하나님을 통해서 능력과 기도의 응답과 우리를 향한 사랑과 놀라운 권능을 체험하게 되었다.

3. 특징

참고로 찢겨진 휘장의 특징은 다음과 같다.

(1) 휘장은 한 번만 찢어졌다

휘장은 한 번만 찢어진 것으로 족하다. 예수 그리스도의 단 한 번의 죽음이, 거룩하고 흠이 없고 무죄한 그분이 자신의 몸을 제물로서 십자가라는 제단에 드리심으로 말미암아, 우리가 하나님 앞에 나아갈 수 있는 놀라운 길이 열렸다.

(2) 위로부터 찢어졌다

예수께서 크게 소리를 지르시고 영혼이 떠날 때, 휘장이 위로부터 아래까지 찢어져 둘이 되었다. 이는 하나님이 하신 일의 표징이다.

(3) 아래까지 찢어졌다

완전히 찢어진 것으로 인해 누구나 하나님 앞으로 나갈 수가 있게 되었다. 전승에 의하면 휘장은 두께가 한 뼘이었다고 한다. 찢어진 휘장을 300여 명의 제사장들이 달려들어서 다시 꿰매었다. 그러나 다 꿰매자마자 다시 찢어졌다. 그래서 다시 꿰매기를 포기하였다. 하나님이 하신 일을 감히 인간이 어떻게 할 수는 없었다. 두 마리의 황소에 메어 양쪽에서 잡아당겨도 찢어지지 않는 단단한 휘장이었다.

(4) 지성소의 휘장은 천국의 문이다

지성소의 휘장이 문이 열려야 속죄소에 계신 하나님을 만날 수 있다. 예수 십자가는 천국의 문 열쇠다. 예수께서 십자가에서 대속의 제물이 되셨을 때 휘장의 문이 열렸다. 예수 십자가의 열쇠가 없으면 누구도 들어갈 수가 없다. 양의 문이신 예수님이 천국 문을 열어 놓으신 것으로 말미암아 누구나 믿기만 하면 하나님 보좌 앞에 담대히 나갈 수 있게 되었다. 예수님을 힘입지 않고는 하나님께 나아갈 수 없다.

그러므로 자기를 힘입어 하나님께 나아가는 자들을 온전히 구원하실 수 있으니 이는 그가 항상 살아 계셔서 그들을 위하여 간구하심이라(히 7:25).
예수께서 이르시되 내가 곧 길이요 진리요 생명이니 나로 말미암지 않고는 아버지께로 올 자가 없느니라(요 14:6).

이스라엘 사람들은 성막 안에 휘장을 만들고 그 안에 법궤를 두었다. 그 안을 지성소(至聖所)라고 불렀다. '더할 수 없이 거룩한 곳'이라는 뜻이다. 나중에 성전을 지었을 때도 마찬가지로 휘장을 만들어 지성소를 구별했다. 여기에는 아무나 들어갈 수 없었다. 대제사장만 들어갈 수 있었다. 대제사장이라고 아무 때나 들어갈 수 있는 것은 아니었다. 1년에 한 번, 대속죄일(7월 10일)에 들어갈 수 있었다. 이렇게 엄격하게 지키지 않고 지성소에 함부로 들어가면 죽었다.

요즘 교통안전 광고를 할 때 '중앙선은 넘어서는 안 되는 선', '생명선', 이라고 강조하는데, 휘장이야말로 정말 생명선이었다.

이 휘장은 걸려 있을 때도 중요한 일을 했다. 성소와 지성소를 구분하는 일을 했다. 사람들은 집에, 그리고 마음속에 지성소를 지니고 살아야 한다.

제6장 앙장

앙장에 대한 하나님의 계시의 말씀

하나님의 계시의 말씀

너는 성막을 만들되 가늘게 꼰 베실과 청색 자색 홍색 실로 그룹을 정교하게 수 놓은 열 폭의 휘장을 만들지니 매 폭의 길이는 스물여덟 규빗, 너비는 네 규빗으로 각 폭의 장단을 같게 하고 그 휘장 다섯 폭을 서로 연결하며 다른 그 휘장을 이을 끝폭 가에 청색 고를 만들며 이어질 다른 끝폭 가에도 그와 같이 하고 휘장 끝폭 가에 고 쉰 개를 달며 다른 휘장 끝폭 가에도 고 쉰 개를 달고 그 고들을 서로 마주 보게 하고 금 갈고리 쉰 개를 만들고 그 갈고리로 휘장을 연결하게 한 성막을 이룰지며 그 성막을 덮는 막 곧 휘장을 염소털로 만들되 열한 폭을 만들지며 각 폭의 길이는 서른 규빗, 너비는 네 규빗으로 열한 폭의 길이를 같게 하고 그 휘장 다섯 폭을 서로 연결하며 또 여섯 폭을 서로 연결하고 그 여섯째 폭 절반은 성막 전면에 접어 드리우고 휘장을 이을 끝폭 가에 고 쉰 개를 달며 다른 이을 끝폭 가에도 고 쉰 개를 달고 놋 갈고리 쉰 개를 만들고 그 갈고리로 그 고를 꿰어 연결하여 한 막이 되게 하고 그 막 곧 휘장의 그 나머지 반 폭은 성막 뒤에 늘어뜨리고 막 곧 휘장의 길이의 남은 것은 이쪽에 한 규빗, 저쪽에 한 규빗씩 성막 좌우 양쪽에 덮어 늘어뜨리고 붉은 물 들인 숫양의 가죽으로 막의 덮개를 만들고 해달의 가죽으로 그 윗덮개를 만들지니라(출 26:1-14 개역개정).

계시의 말씀에 따른 제작

일하는 사람 중에 마음이 지혜로운 모든 사람이 열 폭 휘장으로 성막을 지었으니 곧 가늘게 꼰 베실과 청색 자색 홍색 실로 그룹들을 무늬 놓아 짜서 지은 것이라 매 폭의 길이는 스물여덟 규빗, 너비는 네 규빗으로 각 폭의 장단을 같게 하여 그 다섯 폭을 서로 연결하며 또 그 다섯 폭을 서로 연결하고 연결할 끝폭 가에 청색 고를 만들며 다른 연결할 끝폭 가에도 고를 만들되 그 연결할 한 폭에 고리 쉰 개를 달고 다른 연결할 한 폭의 가에도 고리 쉰 개를 달아 그 고들이 서로 대하게 하고 금 갈고리 쉰 개를 만들어 그 갈고리로 두 휘장을 연결하여 한 막을 이루었더라 그 성막을 덮는 막 곧 휘장을 염소 털로 만들되 열한 폭을 만들었으니 각 폭의 길이는 서른 규빗, 너비는 네 규빗으로 열한 폭의 장단을 같게 하여 그 휘장 다섯 폭을 서로 연결하며 또 여섯 폭을 서로 연결하고 휘장을 연결할 끝폭 가에 고리 쉰 개를 달며 다른 연결할 끝폭 가에도 고리 쉰 개를 달고 놋 갈고리 쉰 개를 만들어 그 휘장을 연결하여 한 막이 되게 하고 붉은 물 들인 숫양의 가죽으로 막의 덮개를 만들고 해달의 가죽으로 그 윗덮개를 만들었더라(출 36:8-19 개역개정).

▣ 용어풀이
- 앙장(仰帳) : 천정이나 상여 위에 치는 휘장(커튼)을 의미하며, 여기서는 성소와 지성소를 덮는 덮개(지붕)를 말한다.
- 제1앙장의 치수 : 길이가 28규빗(약 14m) 폭이 4규빗(약 2m)짜리의 앙장 열 폭을 하나로 연결하였으므로 전체 길이는 28규빗(약 14m) 전체 폭은 40규빗(약 20m)이다.
- 규빗(Cubit) : 옛적 히브리인들이 사용하던 길이의 단위로서 성인 남자의 팔꿈치에서 펼친 가운데 손가락 끝까지의 길이이다. 대략 50cm에 해당한다(사람마다 팔의 길이가 다를 수 있으므로 1규빗을 약 50cm로 표기하는 경우도 있었다).
- 베실 : 삼 껍질로 만든 실. 마사(麻絲)
- 각 폭의 장단을 같게 하고(26:2) : 하나로 연결할 작은 앙장 열 폭의 각각의 길이와 폭을 같게 하라는 뜻이다.
- 그 앙장의 연락할 말폭(末幅)(26:4) : 다섯 폭씩 연결된 두 개의 큰 앙장을 서로 연결시킬 폭의 양쪽 면을 말한다.
- 고 오십 : 다섯 폭씩 연결되어 두 부분으로 되어 있는 앙장에 각각 고리 50개씩을 사용하여 서로 연결하라는 뜻
- 금갈고리(26:6) : 다섯 폭으로 만들어진 두 개의 앙장을 서로 연결할 수 있게 만들어진 고리.
- 그 성막을 덮는 막(26:7-8) : 제1앙장을 덮을 제2앙장을 말하며, 길이 30규빗(약 15m), 폭은 4규빗(약 2m)짜리 앙장 열한 폭을 하나로 연결하였으므로 전체의 길이는 30규빗(약 15m), 폭은

44규빗(약 22m)이 되어 제1앙장을 충분히 덮을 수 있다.
- 놋갈고리(26:11) : 제1앙장은 금갈고리인데 비해 제2앙장은 놋갈고리를 사용하였다.
- 해달(海獺) : 족제비과의 바다수달로서 몸길이는 1m 가량이다. 꼬리가 아래위로 납작하고 뒷다리가 길며 발가락이 물갈퀴로 이어져 있다. 모피는 최고급품으로 알려져 있다.
- 붉은 물 들인 숫양의 가죽이나 해달의 가죽으로 그 웃덮개를 만들지니라 : 제3, 제4앙장은 재료만 언급되어 있고 치수가 나와 있지 않으나 제2앙장을 충분히 덮을 수 있을 만큼의 크기였을 것이다.

1. 앙장에 관하여

성소와 지성소의 모든 성물들을 외부의 각종 피해로부터 완전히 보호하는 지붕 역할을 하는 앙장은 네 종류로 구분되어 있다. 이러한 4중의 보호막은 내부의 성물들을 더운 모래 바람이나 이슬, 비 등으로부터 완벽하게 보호해 주는 기능을 할 것이다. 한편 이 네 종류의 앙장들의 영적인 의미는 다음과 같다.

(1) 제1앙장

완전한 하나님이시자 완전한 인간이신 예수 그리스도의 품격을 나타낸다.

(2) 제2앙장

대속의 제물이 되신 예수 그리스도의 거룩한 희생을 의미한다.

(3) 제3앙장

피 흘려 인류를 구속하신 예수 그리스도의 뜨거운 사랑을 의미한다.

(4) 제4앙장

어떤 역경에도 굴함이 없이 진리를 전파하신 예수 그리스도의 강하고도 신실하신 모습을 나타낸다.

이상에서 보듯이 예수 그리스도의 완벽한(4중) 보호 아래 있을 때 어떤 세파와 역경 속에서도 안연히 거할 수 있는 것이다. 이상의 내용을 도표로 정리하면 다음과 같다.

이름	크기		재료	영적 의미	관련 성구
제1앙장	길이 : 28규빗 (약 14m)	폭 : 40규빗 (약 20m)	가늘게 꼰 베실, 청색 실, 자색 실, 홍색 실	예수 그리스도의 품격	출 26:1-6, 36:8-13
제2앙장	길이 : 30규빗 (약 15m)	폭 : 44규빗 (약 22m)	염소털	예수 그리스도의 거룩한 희생	출 26:7-13, 36:14-18
제3앙장	막의 덮개		제2앙장을 충분히 덮을 정도 붉게 물들인 숫양의 가죽	구속의 피를 흘린 예수 그리스도	출 26:14, 36:19
제4앙장	웃덮개		막의 덮개를 충분히 덮을 정도의 해달의 가죽,	어떤 역경에도 굴함이 없는 예수 그리스도	출 26:14, 36:19

2. 의미

성막에 사용되는 천을 짤 때 사용하는 네 가지 색(色)실의 의미를 살펴보자.

성소와 지성소를 덮는 제1앙장, 지성소의 휘장, 성소의 휘장, 성막 뜰 문에 사용되는 문장(門帳:문에 걸치는 휘장) 그리고 대제사장이 입는 예복인 에봇 등의 천은 가늘게 꼰 베실, 청색 실, 자색 실 그리고 홍색 실을 사용하여 만들었다(단, 에봇은 금실이 하나 추가되어 다섯 가지 실을 사용해서 만들었음). 이 실들의 영적 의미를 보면 다음과 같다.

가늘게 꼰 베실, 흰색 실은 그리스도의 순결성을 의미한다(출 36:8; 계 1:14).

청색 실 하늘색 실은 그리스도의 신성을 의미한다(출 24:10, 36:8).

자색 실은 주로 왕들이 입는 옷색 실로서, 그리스도의 왕권을 상징한다(출 36:8; 삿 8:26).

홍색 실 붉은 피색 실로서 그리스도의 구속을 의미한다(출 36:8; 히 9:12-14).

제5편 지성소

제1장 서론
제2장 법궤
제3장 널판
제4장 덮개

회막문 앞

제1장 서론

1. 휘장(출 26:31-33)

지성소와 성소를 구별하여 막는 휘장으로 청색, 자색, 홍색 실과 가늘게 꼰 베실로 짜서 만들고, 그 위에 그룹을 수놓아 만들게 했다. 그 안 휘장은 조각목으로 만든 네 기둥에 금갈고리에 꿰어 드리우게 했다. 그 네 기둥은 네 은받침 위에 두게 했다.

2. 널판(출 26:15-17)

너는 조각목으로 성막을 위하여 널판을 만들어 세우되 각 판의 길이는 열 규빗, 너비는 한 규빗 반으로 하고 각 판에 두 촉씩 내어 서로 연결하게 하되 너는 성막 널판을 다 그와 같이 하라(출 26:15-17).

널판은 조각목으로 만들었고 그리고 순금으로 쌌다. 그 널판의 길이는 10규빗, 넓이는 1규빗 반으로 하고, 각 판에 두 장부(구멍)를 내어 서로 연결되게 하였다.
성막 남편을 위하여 20개를 만들고, 그 널판 아래 은으로 만든 받침 40개를 만들어 각 널판 아래 두 장부를 내어 끼워 바치게 했다. 북편에도 남편과 동일하게 했다. 성막 서편을 위하여 널판 여섯을 만들고, 또 성막 뒤 두 모퉁이를 위하여 널판들을 만들어 아래에서 위까지 각각 두 겹 두께로 만들어 윗고리에 이루게 했다. 그러므로 은 받침은 12개다. 또 조각목으로 성막 띠를 만들되 금으로 싼 것이다. 그 성막 이편 널판을 위하여 5개, 성막 저편 널판을 위하여 5개다.

성막 뒤 서편 널판을 위하여 5개를 만들었다. 성막 가운데 있는 중간 띠는 이 끝에서 저 끝에 미치게 하고, 그 널판들을 꿸 금고리를 만들고, 띠를 꿰어 널판을 연결했다.

3. 덮은 막(출 26:7-14)-덮개

덮는 막은 성막을 덮는 막이다. 이 막은 지성소와 성소를 동일하게 덮게 된 것 같다. 그 것은 염소털로 만들되 열한 폭으로 만들었다. 각 폭의 길이는 30규빗에, 넓이는 4규빗이었다. 여섯 폭을 연결하되 여섯째 폭의 절반은 성막이 전면에 접어 드리우게 했다.

마지막 폭 가에 고리 50개를 달고, 놋으로 갈고리 50개를 만들어 그것으로 고리를 꿰어 연결하여 한 막이 되게 했다. 나머지 좌우편은 성막 뒤에 드리우게 했다.

또 붉은 물 들인 숫양의 가죽으로 막의 덮개를 만들어 덮고, 그 위에 해달의 가죽으로 옷 덮개를 만들어 씌웠다. 그러므로 덮는 막은 3중으로 되어 있었다.

제2장 법궤

(출 25:10-22)

그들은 조각목으로 궤를 짜되 길이는 두 규빗 반, 너비는 한 규빗 반, 높이는 한 규빗 반이 되게 하고 너는 순금으로 그것을 싸되 그 안팎을 싸고 위쪽 가장자리로 돌아가며 금 테를 두르고 금 고리 넷을 부어 만들어 그 네 발에 달되 이쪽에 두 고리 저쪽에 두 고리를 달며 조각목으로 채를 만들어 금으로 싸고 그 채를 궤 양쪽 고리에 꿰어서 궤를 메게 하며 채를 궤의 고리에 꿴 대로 두고 빼내지 말지며 내가 네게 줄 증거판을 궤 속에 둘지며 순금으로 속죄소를 만들되 길이는 두 규빗 반, 너비는 한 규빗 반이 되게 하고 금으로 그룹 둘을 속죄소 두 끝에 쳐서 만들되 한 그룹은 이 끝에, 또 한 그룹은 저 끝에 곧 속죄소 두 끝에 속죄소와 한 덩이로 연결할지며 그룹들은 그 날개를 높이 펴서 그 날개로 속죄소를 덮으며 그 얼굴을 서로 대하여 속죄소를 향하게 하고 속죄소를 궤 위에 얹고 내가 네게 줄 증거판을 궤 속에 넣으라 거기서 내가 너와 만나고 속죄소 위 곧 증거궤 위에 있는 두 그룹 사이에서 내가 이스라엘 자손을 위하여 네게 명령할 모든 일을 네게 이르리라(출 25:10-22).

성막에서 가장 거룩한 장소인 지성소는, 본래 구약 시대에는 제사장조차 못들어 오던 곳이었다. 오직 대제사장만이 1년에 한 번 그것도 피를 가지고 들어올 수 있던 곳이었다(히 9:1-3). 그러나 주님께서 십자가에 못 박히실 때 지성소를 가리고 있는 휘장이 위에서부터 아래로 찢어졌다. 그래서 우리는 예수 그리스도의 피에 의하여 은혜의 보좌에 담대히 나갈 수 있는 은혜를 입게 되었다.

지성소에 들어가면 오직 하나 법궤가 찬란하게 빛나고 있음을 보게 될 것이다. 법궤 위에 속죄소가 있고, 두 그룹이 양편에 서 있다.

1. 모양

법궤의 크기, 모양을 상세하게 살펴보자.

그 크기를 보면 10절에 규빗이라는 말이 나오는데, 이는 길이를 말하는 단위다.

이스라엘에서는 규빗이 기본 단위다. 손가락 끝에서 팔꿈치까지, 그저 40cm에서 50cm사이인데 보통 50cm로 계산한다. 그것을 가지고 계산해 보면 길이는 2규빗 반(125cm), 너비는 1규빗 반, 높이도 1규빗 반이다.

거기에 이것을 멜 수 있는 채가 끼워져 있다. 그러므로 조그만 노란색 가마 하나를 연상하면 된다.

노란색인 이유는 금으로 안팎을 쌌기 때문이다(11절). 법궤는 잘 알려진 대로 십계명을 새긴 돌판을 보관하는 장소다.

21절을 보면 "내가 네게 줄 증거판을 궤 속에 넣으라"고 했다. 이 증거판이 바로 십계명을 새긴 돌판이다. 그 외에도 만나 항아리, 아론의 싹난 지팡이도 들어 있었다.

2. 만남의 장소

법궤는 하나님이 우리와 만나는 장소, 만나 주시는 장소다(22절).

성막 전체가 하나님과 우리가 만나는 장막인데, 그 가운데서도 법궤에서 만나 주신다고 했다.

법궤는 하나님이 우리에게 명령을 주시는 장소다(22절).

22절에 속죄소 위 곧 증거궤 위에 있는 두 그룹 사이에서 명령할 것을 일러 주시겠다고 하셨는데, 그룹(체르빔, cherubim)은 일종의 천사다.

속죄소는 법궤의 덮개인데, 우리의 죄를 덮으시고 거기에서 우리에게 일러 주신다는 의미를 가지고 있다.

3. 은혜의 자리

'시은좌'(施恩座)라고도 하고, '은혜의 자리'라고도 하고 '화해의 자리'라고도 한다. 법궤에 대해 말할 때 중요한 사실이 있다. '제일 먼저'라는 사실이다. 하나님께서는 "성막과 기구들을 만들라" 하시고 제일 먼저 "법궤를 만들어라" 하셨다. 성전에서 제일 중요한 것이 법궤다. 십계명 즉, 말씀을 두는 곳이기 때문이다.

4. 대제사장의 임무

대제사장의 임무는 대제사장은 1년 일차 지성소에 들어와서 궤의 동편에 손가락으로 수송아지의 피를 뿌리고, 속죄소에는 손가락으로 일곱 번 뿌렸다.

> 그는 또 수송아지의 피를 가져다가 손가락으로 속죄소 동쪽에 뿌리고 또 손가락으로 그 피를 속죄소 앞에 일곱 번 뿌릴 것이며(레 16:14).

법궤 안에는 모세가 시내 산에서 받은 십계명(출 25:16), 만나(출 16:33) 그리고 싹난 지팡이(히 9:4)가 들어 있었다.

법궤 안의 세 가지 내용물을 통하여서 주님께서 우리에게 말씀하시는 교훈이 있다. 우선 기억할 것은, 언약궤 안에 담겨 있던 이 세 가지는 하나님께서 이스라엘 백성들에게 주신 놀라운 축복이라는 사실이다. 만나는 이스라엘 백성들이 광야를 행진할 때 그들의 고픈 배와 지친 다리를 풀어 주었던 양식이었다. 십계명은 그들의 삶의 규범이었다. 아론의 싹난 지팡이, 이것은 하나님의 생명과 능력에 대한 교훈이었다. 아론이나 모세는 이스라엘 백성들의 지도자였다. 하나님이 그들에게 허락하신 이 지도자들을 통하지 않고 어떻게 그들이 그 험준한 난제들을 돌파하면서 삶의 행진을 계속할 수 있었겠는가? 이 세 가지는 다 하나님께서 이스라엘 백성들에게 주신 축복이었다.

그러나 그들은 이 축복을 잘못 관리함으로 말미암아 이 세 가지는 하나님의 백성들의 깊숙한 죄악을 대표하는 모습들로 변질되고 말았다.

5. 죄의 인식

만나와 아론의 싹난 지팡이, 깨진 비석들을 통하여 자녀들은 이 땅에서 범하는 세 가지 죄를 깨닫게 된다.

첫째, 우리는 율법을 깨뜨렸다. 율법은 하라, 하지 마라 하는 명령 체제로 되어 있다. 그러나 우리는 하나님이 하라고 하신 것은 하지 않았고, 하지 말라고 하신 것은 이미 해버렸다. 그러니까 우리는 율법의 파괴자가 되었다.

둘째, 우리는 권위에 대해 반항했다.

셋째, 우리는 하나님의 축복을 불평했다. 인간이 범하는 가장 중대한 죄는 하나님의 큰 축복을 감사가 아닌 원망으로 받아들이는 것이다. 하나님은 우리의 필요를 채워 주시기 위해서 많은 것들을 주신다. 그런데 우리는 주신 것을 가지고 언제나 하나님 앞에 불평을 한다.

이 세 가지 죄에 대한 것이 언약궤 안에 다 들어 있는 것이다. 그러니까 언약궤 안에는 우리의 죄가 우글거리고 있는 것과 같다. 이 죄를 회개하고 하나님의 은총으로 승리해야 한다.

6. 법궤의 특징

법궤는 성삼위 하나님의 비밀이며, 예수 그리스도를 의미한다. 성막에서 가장 귀중한 법궤에는 다음과 같은 열두 가지 특징이 있다.

(1) 귀중성의 법칙

성막 안에 성물이 많이 있다. 그중에 안팎이 모두 금으로 되어 있는 것은 오직 법궤뿐이다. 성막 성물 중 가장 금이 많이 들어갔다. 오직 법체만 그런 것은 아니다. 그 안에 들어 있는 십계명, 만나 항아리, 아론의 싹난 지팡이, 이 세 가지는 너무도 귀중한 것들이다. 또한 법궤 위의 속죄소는 성막의 최종 목표이자 최종 은혜이다. 법궤는 모두가 귀한 것들뿐이다.

(2) 하나님 임재의 법칙

성막을 완성한 날 구름이 덮이기 시작하였다.

> 성막을 세운 날에 구름이 성막 곧 증거의 성막을 덮었고 저녁이 되면 성막 위에 불 모양 같은 것이 나타나서 아침까지 이르렀으되 항상 그러하여 낮에는 구름이 그것을 덮었고 밤이면 불 모양이 있었는데(민 9:15-16).

그런데 낮이면 구름기둥은 법궤 위에서부터 시작되었다. 밤이면 불기둥도 법궤 위에서부터 시작되었다. 법궤가 바로 하나님이 임재하시는 자리다.

(3) 하나님 만남의 법칙

> 속죄소는 궤 위에 얹고 내가 네게 줄 증거판을 궤 속에 넣으라 거기서 내가 너와 만나고 속죄소 위 곧 증거궤 위에 있는 두 그룹 사이에서 내가 이스라엘 자손을 위하여 네게 명령할 모든 일을 네게 이르리라(출 25:21-22).

하나님께서 사람을 만나실 때에는 반드시 법궤에서 만나 주셨다.

(4) 계시의 원칙

거기서 내가 너와 만나고 속죄소 위 곧 증거궤 위에 있는 두 그룹 사이에서 내가 이스라엘 자손을 위하여 네게 명령할 모든 일을 네게 이르리라(출 25:22).

모세는 모든 계시를 법궤에서 받았다. 물을 것이 있을 때는 그곳을 찾았다. 왜냐하면 그 자리는 계시의 자리이기 때문이다.

그러나 이제는 상황이 달라졌다. 전에는 대제사장만 1년에 한 번 들어갈 수가 있었다(히 9:7, 10:10-14). 그러나 법궤를 가지고 있는 성소와 지성소 사이에 휘장이 예수께서 십자가에서 피 흘리실 때 찢어져버렸다. 그러므로 이제는 누구나 은혜의 보좌 앞자리에 담대히 나가 계시를 받을 수 있게 되었다.

(5) 우선의 법칙

이스라엘 백성들이 행진할 때에 고핫 자손이 법궤를 메고 맨 앞에서 우선 행진하였다. 전쟁을 할 때에도 맨 앞에 세우는 것은 법궤였다(삼상 4:1-6). 요단 강을 건널 때에도 법궤가 앞장서서 진행하자 요단 강이 갈라졌다(수 3:1-17). 여리고 성을 무너뜨릴 때에도 법궤가 앞장서서 돌았다. 이것을 '법궤 우선의 법칙'이라고 말한다.

(6) 기적의 법칙

법궤가 가는 곳에는 언제나 기적이 따랐다. 하나님께서 함께하시기 때문이다.

성막을 세운 날 법궤 위에 구름기둥이 나타남으로 법궤의 기적도 시작되었다. 그러다가 저녁이 되니 불기둥으로 바뀌었다. 이것도 기적이다. 그러나 무엇보다도 가장 큰 기적은 법궤 위에서 하나님이 인간에게 나타나시고 말씀하며 축복하신다는 사실이다.

법궤에는 늘 기적이 따랐다. 때로는 부정적인 기적도 따랐다. 벧세메스로 오는 법궤를 들여다보았다고 하나님께서는 5만 70명의 생명을 거두셨다. 엄청난 저주가 뒤따르기도 하였다.

(7) 거룩의 법칙

웃사가 법궤 때문에 즉사한 이야기는 우리의 간담을 서늘하게 한다(대상 13:1-4).

법궤 운반 규칙을 몰랐기 때문이다. 법궤는 너무나 거룩하기에 아무렇게나 운반해서는 안 된다.

> 고핫 자손이 회막 안의 지성물에 대하여 할 일은 이러하니라 진영이 전진할 때에 아론과 그의 아들들이 들어가서 칸 막는 휘장을 걷어 증거궤를 덮고 그 위를 해달의 가죽으로 덮고 그 위에 순청색 보자기를 덮은 후에 그 채를 꿰고(민 4:4-6).

첫째, 법궤는 너무 거룩하기에 제사장이 직접 어깨에 메고 운반해야 했다. 수레에 편리하게 쉽게 운반해서는 안 된다.
둘째, 법궤는 너무 거룩하기에 위의 말씀처럼 세 번 덮고 운반해야 한다.
셋째, 법궤는 너무나 거룩하기에 아무나 함부로 만져서는 안 된다.

> 고핫 자손들이 와서 멜 것이니라 그러나 성물은 만지지 말라니 그들이 죽으리라(민 4:15).

그런데 웃사는 만질 자격도 없는데 함부로 만졌다. 이는 하나님의 말씀에 대한 불순종이요 법궤 운반에 대한 무지였다. 웃사는 법궤의 거룩성을 알지 못하고 무조건적으로 충성했기 때문에 즉사하였다. 거룩에 대한 무지가 불신앙이 되었다. 거룩성에 대한 무지는 비극으로 끝났다.

(8) 피의 법칙

> 법궤는 피 없이는 만질 수가 없다. 대제사장도 1년에 한 번 피를 가지고 들어갔다. 왜냐하면 피흘림이 없이는 죄 사함이 없기 때문이다(히 9:22).
> 오직 둘째 장막은 대제사장이 홀로 일 년 한 번씩 들어가되 자기와 백성의 허물을 위하여 드리는 피 없이는 아니하나니(히 9:7).

하나님은 피에서 인간을 만나기를 원하고 계신다. 아벨도 피의 제사에서 하나님이 만나 주셨다. 성막에서는 아사셀의 양을 통하여 하나님께서 만나 주셨다(레 16:1-10).

지금은 예수 그리스도의 피 공로로 하나님을 만나게 된다.

이같이 성막 안 지성소, 법궤 위 속죄소, 그리고 그 주변은 온통 시뻘건 피로 물들어 있었다. 피 없이 법궤에 들어갈 수 없다.

웃사가 떨어지는 법궤를 좋은 의미에서 붙잡았다 하더라도 즉사한 것은 피 없이 했기 때문이다. 법궤는 피의 법칙이 지배한다.

(9) 축복의 법칙

법궤 속에는 아론의 싹난 지팡이, 만나 항아리, 십계명이 들어 있다. 이는 하나님께서 주시는 축복이다. 육신을 위한 양식 만나, 영을 위한 양식 말씀 그리고 부활의 새생명 지팡이가 들어 있는 것이다.

이 모두는 우리에게 꼭 필요한 요소들이다. 법궤는 온갖 축복으로 가득 차 있다. 이것이 축복의 법칙이다.

언약궤 위에는 속죄소라는 판이 붙어 있었다. 속죄소란 달리 말하면 '은혜의 보좌' 다. 이 언약궤는 항상 뚜껑이 닫혀 있었다. 그러니까 그 속에 있는 것들이 안 보인다. 그러나 이스라엘 백성들은 언약궤 속에 무엇이 들어 있는가 궁금히 여겨 그 속을 들여다보았다. 그들은 모두 죽었다. 놀라운 사실은, 평소에 이 언약궤가 은혜의 보좌로 덮여져 있다는 사실이다.

7. 법궤의 특징

(1) 법궤는 가장 중요한 곳이다

법궤는 하나님이 계신 자리다. 레위기 16장 2절에 "네 형 아론에게 이르라 성소의 휘장 안 법궤 위 속죄소 앞에 아무 때나 들어오지 말라 그리하여 죽지 않도록 하라 이는 내가 구름 가운데서 속죄소 위에 나타남이니라" 했다.

(2) 법궤는 하나님이 임재하시는 곳이다

성막을 세운 날에 구름이 성막 곧 증거막을 덮었고 저녁이 되면 성막 위에 불 모양 같은 것이 나타나서 아침까지 이르렀으되 항상 그러하여 낮에는 구름이 그것을 덮었고 밤이면 불 모양이 있었는데(민 9:15-16).

불기둥과 구름기둥은 하나님 임재의 상징이었다.

(3) 그곳에서 하나님을 만났다

출애굽기 25장 22절에 "거기서 내가 너와 만나고"라고 했다. 즉 예수 믿는 것이 하나님을 만나는 것이다. 그러므로 예수님 믿기 전에는 하나님을 만날 수 없다.

(4) 그곳에서 하나님께서 계시를 주셨다

증거궤 위에 있는 두 그룹 사이에서 내가 이스라엘 자손을 위하여 네게 명령할 모든 일을 네게 이르리라(출 25:22).

제사장에는 세 가지가 있었다. 레위 지파의 일반 제사장이다. 다음은 아론 계통의 대제사장이다. 다음은 모세와 같은 특별제사장이다. 성막 시대에 모세는 지성소에 자유자재로 드나들며 하나님을 만나고 그의 음성을 들었다.
이제 우리 성도들은 모세와 같이 언제든지 하나님을 만날 수 있으니 얼마나 큰 특권인가?

(5) 항상 법궤를 중심으로 행하였다

고핫인은 성물을 메고 진행하였고 그들이 이르기 전에 성막을 세웠으며(민 10:21).

이렇게 미리 성막을 세워 항상 법궤를 모시는 데 총력을 기울인 것은, 법궤가 성막의 가장 중요한 중심이기 때문이다. 여리고 성을 무너뜨릴 때도 법궤를 중심한 군대가 앞장서 돌

앉다. 이처럼 우리는 하나님 중심으로 살아야 한다.

(6) 법궤가 가는 곳마다 승리가 있었다

> 궤가 떠날 때에는 모세가 말하되 여호와여 일어나사 주의 대적들을 흩으시고 주를 미워하는 자로 주 앞에서 도망하게 하소서 하였고 궤가 쉴 때에는 말하되 여호와여 이스라엘 종족들에게로 돌아오소서 하였더라(민 10:35-36).

이처럼 성령을 따라 살면 가는 곳마다 승리가 있다.

(7) 법궤는 거룩한 것이었다

> 기돈의 타작마당에 이르러서는 소들이 뛰므로 웃사가 손을 펴서 궤를 붙들었더니 웃사가 손을 펴서 궤를 붙듦으로 말미암아 여호와께서 진노하사 치시매 그가 거기 하나님 앞에서 죽으니라(대상 13:9-10).

다윗이 법궤 찾기에는 성공했지만 법궤 운반에는 실패했다. 왜 그랬을까? 법궤는 거룩해서 제사장이 어깨에 메고 운반해야 하는데 블레셋 이방인들이 하는 대로 수레에 실어 운반했기 때문이다. 그러기 때문에 소가 날뛴 것이다. 신앙생활이나 하나님의 일을 하나님의 방법대로 해야지 그렇지 않으면 안 된다는 교훈이다. 그리고 법궤는 거룩해서 대제사장도 피가 없이는 법궤 앞에 나가지 못한다.

(8) 법궤 앞은 속죄와 은혜와 사랑의 자리였다

> 내가 주의 날개 아래로 피하리이다(시 61:4).

히브리서 기자는 그 자리를 은혜의 보좌라고 했다. 그러므로 그 앞에 나아가면 누구든지 속죄함을 받고 긍휼을 받으며 은혜를 받고 축복을 받는다.

대제사장은 이 법궤 앞에 서서 법궤 위에 피를 뿌린다. 그래서 하나님이 보시면 피밖에 안 보이게 된다. 그러므로 이스라엘 백성들의 모든 죄의 내용물은 이 피 아래 있다. 하나님이 보실 수가 없다. 피 때문이다. 이 진리는 기독교 신앙의 가장 중요한, 심장부로 선택된 자녀들을 초대하는 성막의 진리다.

제3장 널판
(출 26:15-30)

　　너는 조각목으로 성막을 위하여 널판을 만들어 세우되 각 판의 길이는 열 규빗, 너비는 한 규빗 반으로 하고 각 판에 두 촉씩 내어 서로 연결하게 하되 너는 성막 널판을 다 그와 같이 하라 너는 성막을 위하여 널판을 만들되 남쪽을 위하여 널판 스무 개를 만들고 스무 널판 아래에 은받침 마흔 개를 만들지니 이쪽 널판 아래에도 그 두 촉을 위하여 두 받침을 만들고 저쪽 널판 아래에도 그 두 촉을 위하여 두 받침을 만들며 성막 다른 쪽 곧 그 북쪽을 위하여도 널판 스무 개로 하고 은 받침 마흔 개를 이쪽 널판 아래에도 두 받침, 저쪽 널판 아래에도 두 받침으로 하며 성막 뒤 곧 그 서쪽을 위하여는 널판 여섯 개를 만들고 성막 뒤 두 모퉁이 쪽을 위하여는 널판 두 개를 만들되 아래에서부터 위까지 각기 두 겹 두께로 하여 윗고리에 이르게 하고 두 모퉁이 쪽을 다 그리하며 그 여덟 널판에는 은 받침이 열여섯이니 이쪽 판 아래에도 두 받침이요 저쪽 판 아래에도 두 받침이니라 너는 조각목으로 띠를 만들지니 성막 이쪽 널판을 위하여 다섯 개요 성막 저쪽 널판을 위하여 다섯 개요 성막 뒤 곧 서쪽 널판을 위하여 다섯 개이며 널판 가운데에 있는 중간 띠는 이 끝에서 저 끝에 미치게 하고 그 널판들을 금으로 싸고 그 널판들의 띠를 꿸 금고리를 만들고 그 띠를 금으로 싸라 너는 산에서 보인 양식대로 성막을 세울지니라(출 26:15-30).

　　조각목으로 널판을 만들었다. 남쪽과 북쪽에 각각 20개씩이니까 40개의 널판이 필요하였다. 그리고 서쪽벽 여섯 개, 모퉁이에 두 개 모두 여덟 개가 필요했다. 따라서 총 48개의 널판이 필요하였다. 그리고 한 널판에 각각 2개씩의 은받침이 들어갔으니 모두 96개의 은

받침이 성막 전체를 받치고 있는 셈이었다. 그리고 각 널판은 보이는 4개의 띠로 둘러져 있었고, 보이지 않게 속으로 한 띠가 둘러져 모두 5개의 띠가 있었다.

1. 널판의 재료

널판도 띠도 모두 조각목을 금으로 쌌다. 버림받은 인간(싯딤나무)은 믿음(금)으로 덧입혀야 구원받는다는 의미다. 그리고 하나님의 나라(성소)는 그런 사람들로 둘러싸여져 있는 나라다. 버림받았던 삭개오는 믿음으로 입혀져 구원받았다. 버림받았던 막달라 마리아도 믿음으로 천국 백성이 되었다. 기생 라합도 믿음 때문에 예수님의 족보에 기록되었다. 고래 뱃속에서 버림받아 싯딤나무 같았던 요나도 믿음으로 기도하여 생명을 얻었다.

하나님의 나라는 오직 믿음으로만 얻을 수 있는 선물이다. 싯딤나무는 금으로 입혀져야 천국을 둘러쌀 수 있다.

2. 널판의 받침

은은 금처럼 믿음을 의미한다. 버림받은 인간은 믿음으로 구원을 받았으나 역시 믿음 위에 서 있어야 한다. 두 개의 받침 위에 서 있어야 한다. 견고하게 든든히 서 있어야 한다. 오직 의인은 믿음으로 말미암아 살아야 한다.

3. 널판의 금띠

버림받은 인간은 믿음으로 싸여 믿음 위에 서 있어야 하지만, 또한 서로서로 믿음으로 연결되어야 한다. 금띠는 믿음의 띠를 의미한다. 그러므로 널판은 어디를 보나 믿음을 강조하고 있다. 그러면 어떻게 믿음을 가질 수 있을까?

(1) 하나님의 말씀을 들어야 한다

그러므로 믿음은 들음에서 나며 들음은 그리스도의 말씀으로 말미암았느니라(롬 10:17).

(2) 하나님의 말씀에 순종해야 한다

밤새도록 고기 한 마리 잡지 못한 베드로에게 주님께서 깊은 곳에 그물을 내려 고기를 잡으라고 했다. 베드로가 "선생님 우리들이 밤이 새도록 수고하였으되 잡은 것이 없지마는 말씀에 의지하여 내가 그물을 내리리이다"(눅 5:5) 하고 순종하였을 때 기적이 일어났다. 기적을 본 베드로는 믿음이 생겨 예수를 따랐다.

(3) 성령을 받아야 한다

어떤 사람에게는 같은 성령으로 믿음을……(고전 12:9).

바울은 성령을 받으면 은사가 임하는데, 믿음의 은사도 임한다고 하였다. 믿음은 성령 받을 때에 나타나는 은사다.

(4) 믿음을 가지려면 믿어야 한다

복음에는 하나님의 의가 나타나서 믿음으로 믿음에 이르게 하나니 기록된 바 오직 의인은 믿음으로 말미암아 살리라 함과 같으니라(롬 1:17).

믿고자 할 때 믿음으로 믿음의 역사가 나타난다.

(5) 하나님께 구하라

> 너희가 그 은혜에 의하여 믿음으로 말미암아 구원을 받았으니 이것은 너희에게서 난 이 아니요 하나님의 선물이라(엡 2:8).

믿음을 가지고 싶다고 해서 갖는 것은 아니다. 믿음을 하나님께서 주시는 선물이다. 그러므로 하나님께 구해야 한다.

널판은 각각 10규빗의 길이와 1.5규빗의 폭(출 26:16)의 크기였다. 그것들 전체 표면은 금으로 싸여졌고, 각각의 측면벽은 20장씩의 널판들로 세워졌다.

또한 하나의 널판마다 두 개의 은으로 만든 받침대에 의해 수직으로 세워지도록 고안되었으며, 뒤쪽 벽은 여덟 장의 널판으로 세웠는데 중간의 6장과 양쪽 모서리를 위해 특별히 고안된 두 장의 널판으로 이루어졌다.

두께는 요세푸스의 언급(four-finger breadths)대로 1/6규빗 정도이며, 뒤편은 합이 약 10규빗, 양 옆은 30규빗이며, 열왕기상 6장 2절의 솔로몬 성전의 절반에 해당하는 지성소와 성소는 지성소가 성소의 1/2로서 정확히 정사각형을 이루고 있다.

받침의 무게는 1달란트(38:27)이며, T.O. Paine은 그것들의 크기가 1/2규빗의 사각형, 1/6규빗의 두께라고 계산하기도 하였다. 은도 금처럼 믿음을 의미한다. 버림받은 인간은 믿음으로 구원받았으나 역시 믿음 위에 서 있어야 한다. 두 개의 받침 위에 서 있어야 한다. 견고하게 든든히 서 있어야 한다. 오직 의인은 믿음으로 말미암아 살아야 한다.

널판들에는 1/6 또는 1과 1/4정도의 네모난 구멍을 내어 받침대에 끼웠으며 위, 아래, 중간에 각각 두 개씩의 고리가 있어, 다섯 개씩의 조각목으로 된 띠로 연결시킬 수 있게 되어 있었다. 물론 이 띠들도 금으로 싸여 있었다. 버림받은 인간은 믿음으로 싸여져 믿음 위에 서 있어야 하며 서로서로 믿음으로 연결되어야 한다. 금띠는 믿음의 띠를 의미한다.

그러므로 널판은 어디를 보나 믿음을 강조하고 있다. 그러면 어떻게 믿음을 가질 수 있겠는가?

첫째, 하나님의 말씀을 들어야 한다. 둘째, 하나님의 말씀에 순종해야 한다. 셋째, 성령을 받아야 한다. 넷째, 믿음을 가지려면 믿어야 한다. 다섯째, 하나님께 구해야 한다.

믿음을 가지고 싶다고 갖는 것은 아니다. 하나님께서 주시는 선물이다. 그러므로 하나님께 구해야 한다.

성막의 널판들은 다섯 개의 띠로 연결되었다. 띠는 가로막대, 빗장 이렇게 생각하는 것이 이해하는 데 빠르다. 띠는 조각목인데 금으로 쌌다.

성막은 교회의 원형이다. 교회는 무엇으로 연결되어야 하는가?

사랑으로, 성령으로, 신앙 체험으로, 기도로, 교제 이 다섯 개의 띠들로 하나가 되어야 한다.

교회를 하나의 조직으로 본다면 매우 엉성하다고 느낄 것이다. 군대는 명령으로 조직을 유지하고, 공직사회는 진급으로 유지하고, 직장은 보수로 유지한다. 그러나 교회는 그런 것이 없다. 그러면서도 교회에는 아주 강한 힘을 가지고 있다. 다른 어느 조직도 교회를 깨뜨리지 못했다. 성령으로 연결되어 있기 때문이다.

제4장 덮개

(출 26:1-14)

너는 성막을 만들되 가늘게 꼰 베실과 청색 자색 홍색 실로 그룹을 정교하게 수놓은 열 폭의 휘장을 만들지니 매 폭의 길이는 스물여덟 규빗, 너비는 네 규빗으로 각 폭의 장단을 같게 하고 그 휘장 다섯 폭을 서로 연결하며 다른 다섯 폭도 서로 연결하고 그 휘장을 이을 끝폭 가에 청색 고를 만들며 이어질 다른 끝폭 가에도 그와 같이 하고 휘장 끝폭 가에 고 쉰 개를 달며 다른 휘장 끝폭 가에도 고 쉰 개를 달고 그 고들을 서로 마주 보게 하고 금 갈고리 쉰 개를 만들고 그 갈고리로 휘장을 연결하게 한 성막을 이룰지며 그 성막을 덮는 막 곧 휘장을 염소털로 만들되 열한 폭을 만들지며 각 폭의 길이는 서른 규빗, 너비는 네 규빗으로 열한 폭의 길이를 같게 하고 그 휘장 다섯 폭을 서로 연결하며 또 여섯 폭을 서로 연결하고 그 여섯째 폭 절반은 성막 전면에 접어 드리우고 휘장을 이을 끝폭 가에 고 쉰 개를 달며 다른 이을 끝폭 가에도 고 쉰 개를 달고 놋 갈고리 쉰 개를 만들고 그 갈고리로 그 고를 꿰어 연결하여 한 막이 되게 하고 그 막 곧 휘장의 그 나머지 반 폭은 성막 뒤에 늘어뜨리고 막 곧 휘장의 길이의 남은 것은 이쪽에 한 규빗, 저쪽에 한 규빗씩 성막 좌우 양쪽에 덮어 늘어뜨리고 붉은 물 들인 숫양의 가죽으로 막의 덮개를 만들고 해달의 가죽으로 그 윗덮개를 만들지니라(출 26:1-14).

1. 덮개의 특성

성막 덮개는 네 개로 구성되어 있다.

제1덮개는 청색, 자색, 홍색 가늘게 꼰 베실로 천사를 수놓아 만들었다.

   (5폭+5폭은 10폭, 청색고리 50×2=100개, 금갈고리 50개로 연결, 20m×14m)

제2덮개는 염소털실로 만들어 짠 덮개다(22m×15m).

   (5폭+6폭은 11폭, 전면, 후면 1/2 더 내림, 청색고리 50×2=100개, 놋고리 50개로 연결)

제3덮개는 붉게 물들인 숫양의 가죽으로 만들었고 2덮개보다 더 크게 만들었다.

제4덮개는 해달의 가죽으로 만들었고 제3덮개보다 더 크게 만들었다.

2. 영적 의미

(1) 성막의 첫 번째 덮개

성막의 첫 번째 덮개는 청색, 자색, 홍색, 가늘게 꼰 베실로, 그룹(천사)을 공교히 수놓아서 만들었다(출 26:1).

제1덮개는 장이 28규빗(14m)이며 폭은 4규빗(2m)으로 다섯 폭씩을(10m) 연결한 두 폭의 (20m) 앙장을 50개의 금갈고리로 연결시켜서 만들었다(출 26:1).

첫째, 청색은 생명의 근원 되시며 생명을 주려고 이 땅에 오신 예수 그리스도를 의미한다.

둘째, 자색은 예수님의 왕권을 의미한다. 예수님은 사탄 권세(사망)를 지배하고 정복해 나가셨다. 예수의 이름은 하늘과 땅의 권세를 갖고 있는 이름이다.

> 말씀하여 예수께서 나아와 말씀하여 이르시되 하늘과 땅의 모든 권세를 내게 주셨으니 (마 28:18).

예수님은 만왕의 왕이 되신 분이다. 왕 중의 왕이시며, 전지전능한 우주 만물의 주권자이시다. 그리고 이 왕권은 모든 성도들에게도 주셨다(마 28:19-20).

셋째는, 홍색은 그리스도의 피를 의미한다. 예수께서는 인류의 죄를 대속하는 고난의 피를 흘려주시려고 이 땅에 오셨다.

인간의 죄는 이 세상의 어떤 것으로도 해결할 수가 없다. 온 천하를 주어도 죄 사함을 받을 수 없다. 죗값은 사망(죽음)을 요구하고 있으며, 이 죽음은 죄 없는 의인의 죽음을 필요로 하기 때문이다. 이 세상에 죄 없는 의인은 없다. 그래서 하나님의 아들 예수님이 오셔서 율법의 요구대로 고난의 죽음을 받으셔야 했던 것이다.

　예수께서 인류의 죄를 대속하시는 십자가 죽음의 고난을 받으심으로 하나님은 예수의 이름을 인류의 소망의 빛이 되게 하셨고, 하나님 보좌 우편에 앉혀 주셨다. 예수님과 함께 빛나는 보좌의 좌우편에 앉기를 원한다면, 주님의 고난에 동참하는 그리스도인이 되어야 할 것이다.

　넷째, 가늘게 꼰 베실은 흰색을 말하며, 흰색은 죄 없으신 예수 그리스도의 인성과 거룩하고 성결하신 예수를 의미한다. 그리고 부활의 첫 열매가 되시고, 부활의 생명을(영생) 주시는 예수를 의미하고 있다.

(2) 성막의 두 번째 덮개

　성막의 두 번째 덮개는 흰 염소털실로 짠 덮개였다.
　장이 30규빗(15m)이며 폭이 4규빗(2m)의 앙장 다섯 폭과 여섯 폭이 연결된 두 앙장에 청색 고리 50개씩을 양쪽 같이 달고 놋갈고리 50개로 연결시켜 만든 11폭의 덮개였다.
　제2덮개는 첫 번째 덮개보다 전면과 후면에 1m씩이 더 내려져 덮여졌다(출 26:7-13).
　성막 번제단의 제물 중에 양과 염소는 영적으로 동급을 의미하며, 양이나 염소는 죄인들을 구원하시기 위해 하나님께로부터 버림받은 예수님을 의미하고 있다.
　죄 없는 예수님이 하나님께 버림받음으로 버림받은 인간이 다시 선택받는 은총의 축복을 예수 그리스도 안에서 받게 된다는 교훈이다.

(3) 성막의 세 번째 덮개

　성막의 세 번째 덮개는 붉게 물들인 숫양의 가죽으로 만들었다(출 26:14).
　숫양은 하나님께 희생제물로 바쳐졌다. 이는 십자가에서 인류의 죄를 대속하시기 위해 피흘려 죽으신 예수 그리스도의 죽음을 의미한다.
　대속죄일(7월 10일)은 여호와의 절기 중에 큰 안식일의 절기다. 이날 모든 의식을 집례하는 대제사장은 수소와 염소의 피를 가지고 지성소 안에 들어가서 법궤 위 속죄소 위에 예수의 피를 상징하는 짐승의 피를 뿌린다.
　그날에 대제사장의 의복은 다른 옷은 다 벗고 세마포옷(예수 피 묻은 옷)만 입고 들어가도록 되어 있다. 하나님은 3,500년 전부터 죄인 인간이 하나님을 만나는 유일한 방법(길)은 오직 예수 그리스도의 피를 통해야 함을 계시해 주는 구원의 진리인 것이다.

교회의 특성은 예수의 피가 있어야 하며, 그리스도인의 특성도 예수의 피가 있어야 한다. 피가 없으면 교회도 성도도 아니다.

오직 예수 그리스도의 피가 내 안에, 교회 안에 강수같이 흐르게 될 때에, 그곳에 사랑과 화평과 은혜와 진리가 역사하는 생명의 역사가 나타나고, 하나님이 다스리는 나라가 이루어질 것이다.

(4) 성막의 네 번째 덮개

성막의 네 번째 덮개는 해달의 가죽(물개 가죽)으로 만들어졌다(출 26:14).

겉으로 보이는 성막의 모습은 물개 가죽(해달의 가죽)밖에는 보이지 않다. 초라한 모습이며 인간들의 마음을 사로잡을 만한 것이 보이지 않는 모습이다. 그러나 그 안에는 찬란한 보석의 집이다. 그리고 여호와 하나님의 보좌가 있다. 성막의 덮개는 겉으로 보이는 예수님의 모습이다(인성).

3. 모습

덮개는 예수 그리스도의 모습이다.

청색, 자색, 홍색, 가는 베실로 앙장을 짜 덮으라고 하였다(출 26:1). 20×14m 크기의 큰 앙장이다.

이미 언급한 대로 청색은 생명이신 그리스도, 자색은 왕 되신 그리스도, 홍색은 고난 당하신 그리스도, 백색의 가는 베실은 부활하신 그리스도의 모습이다.

제2덮개는 염소털로 실을 만들어 짰다. 22m×15m로 제1덮개 위를 덮어야 하기에 가로 세로 각각 1m씩 컸다(출 26:7-13).

양이나 염소는 가장 많이 쓰이는 제물이다. 그러므로 염소털은 버림받은 그리스도를 의미한다. 죄인을 구원하시기 위하여 하늘 보좌를 떠나 이 땅에서 버림받도록 제물이 되신 그리스도의 모습이다. 버림받은 그리스도가 하나님과 인간이 만나는 성소와 지성소를 덮어 보호하고 있다. 우리는 그 그리스도 밑에서 고귀하신 하나님을 만날 수 있게 되었다.

제2덮개는 붉은 물 들인 숫양 가죽으로 만들어졌다(출 26:14). 이는 십자가에서 피 흘리신 그리스도의 모습이다. 천국은 그리스도의 피로 덮여 있다.

제3덮개의 재료인 해달 가죽(출 26:14)은 물개가죽으로 알려져 있다. 정말 겉으로 보기에 성막은 보잘것없는 텐트에 불과하다. 성막의 내부는 모두 금이지만 외모는 초라하기 짝이 없다. 그리스도의 모습이 그러하다. 내적으로는 고귀하신 하나님이지만 외모로는 초라한 분이었다. 이사야의 표현을 살펴보자.

> 그는 주 앞에서 자라나기를 연한 순 같고 마른 땅에서 나온 뿌리 같아서 고운 모양도 없고 풍채도 없은즉 우리가 보기에 흠모할 만한 아름다운 것이 없도다 그는 멸시를 받아 사람들에게 버림받았으며 간고를 많이 겪었으며 질고를 아는 자라 마치 사람들이 그에게서 얼굴을 가리우는 것같이 멸시를 당하였고 우리도 그를 귀하게 여기지 아니 하였도다 (사 53:2-3).

그는 무명의 나사렛에서 자랐다. 무명 여인에게서 탄생하였다. 목수의 아들이었다. 마구간의 구유가 그의 탄생 장소였다. 길거리에서 나서 길거리에서 살다가 길거리에서 죽었다.

흠모할 만한 것이 전혀 없다. 그러나 성막 안은 휘황찬란했다. 평당 20억 정도 되는 건물이었다. 그리스도 속에 값진 생명이 있었고, 권세가 있었고, 능력이 있었다. 덮개는 그리스도의 모습이다.

4. 교회

덮개는 교회의 모습이다.

교회란 겉으로 보면 힘없는 단체 같다. 병든 사람, 가난한 사람, 노인, 어린아이, 부녀자 등 불쌍한 사람만 모이는 곳 같다. 그러나 그 안에는 큰 세계를 흔들 수 있는 기도가 있다. 만왕의 왕 되신 예수가 계신다. 창조주, 온 세계를 다스리시는 하나님이 계신다. 환난과 핍박 중에도 능히 견디는 성도가 있다. 그러므로 교회는 감추인 보화 같다. 교회 속에서 우리도 감추인 보화를 발견할 수 있다(마 13:44). 오직 교회에서만이 그런 것들을 발견할 수 있다. 덮개는 교회의 모습이다.

덮개는 성도의 모습이다.

성도의 겉모습은 초라하다. 물개 가죽 같다. 정치인에게 당하고 경제인에게 당하는 것 같다. 왼뺨 치면 오른뺨을 대야 한다. 5리 가자면 10리 가야 한다. 겉옷 달라면 속옷도 주어야 한다. 겉으로 보면 나약하기만 하다. 그러나 성도는 보통 존재가 아니다. 하나님의 외아들의 생명과 바꾼 값진 존재이다. 성령이 함께해 주시고 천사가 도와주는 굉장한 존재다.

> 삼가 이 작은 자 중의 하나도 업신여기지 말라 너희에게 말하노니 그들의 천사들이 하늘에서 하늘에 계신 내 아버지의 얼굴을 항상 뵈옵느니라(마 18:10).
> 속이는 자 같으나 참되고 무명한 자 같으나 유명한 자요 죽은 자 같으나 보라 우리가 살아 있고 징계를 받는 자 같으나 죽임을 당하지 아니하고 근심하는 자 같으나 항상 기뻐하고 가난한 자 같으나 많은 사람을 부요하게 하고 아무것도 없는 자 같으나 모든 것을 가진 자로다(고후 6:8-10).

성도의 겉은 덮개같이 초라하나 속은 굉장한 존재다. 모르드개를 죽이려던 하만이 도리어 죽임을 당했다. 다윗을 죽이려던 골리앗이 도리어 목이 잘렸다. 모세를 죽이려던 바로가 도리어 물에 빠져 죽었다. 다니엘을 없애려던 정적이 도리어 사자 밥이 되어버렸다.

제사론

제II편 제사장과 5대 제사

제1장 제사장
제2장 5대 제사

제사드리는 전경

제1장 제사장

(출 28:1-43)

제사장은 제사 드리는 일과 하나님을 섬기는 제반 사항과 이스라엘 백성들의 모든 문제들을 판결하는 일 등을 감당해 왔다.

제사장은 헬라어로 '폰티텍스'인데 '다리를 놓는 사람'이라는 뜻이다. 즉 하나님과 죄인 사이에 다리를 놓는 사람이며, 불화한 사람들 사이에 화목제를 통하여 화해의 다리를 놓는 사람이다. 오늘날의 목사는 선지자와 대제사장 두 가지 직능을 겸한 대제사장이라고 하겠다.

1. 제사장의 기능

출애굽기 28, 29장을 살펴보면 제사장의 기능과 자격이 나와 있다.

첫째, 제사장은 하나님의 부르심을 받았다.

둘째, 제사장은 깨끗함을 얻었다. 거룩한 생활의 가장 중요한 지름길은 말씀을 내 마음 안에 축적하는 것이다. 그것을 다른 말로 하면 성경을 암송하고, 부지런히 묵상하고, 읽는 생활을 하라는 것이다. 그렇게 하면 사고와 의식이 말씀에 깊이 젖어 저절로 말씀을 따라 생각하고 행하는 자신의 모습을 보게 될 것이다. 이것이 말씀의 위대한 권능이다.

셋째, 제사장은 성령으로 채움 받고 예복을 입었다.

넷째, 제사장은 타인의 연약함을 용납했다. 제사장은 다른 사람들의 연약함을 용납할 수 있는, 혹은 공감할 수 있는 사람이어야 한다는 것이다. 이스라엘 백성들이 죄를 지었을 때,

제사장은 그 죄를 짊어지고 자기가 죄를 지은 것처럼 아파하며 하나님 앞에 나아가서 "하나님이시여, 이 죄를 용서해 주소서"라고 말하거나, 혹은 어려움과 난처한 궁지에 빠진 이스라엘 백성들의 문제를 걸머지고 나와서 자기의 문제인 양 그 문제를 해결해 주시기를 간절히 구할 수 있어야 했다. 그렇기 때문에 그 백성들과 정신적인 유대관계가 공감할 수 있는 정신적인 영역이 마음속에 이루어져야만 하는 것이다.

다섯째, 제사장에게는 절대 순종이 요구되었다.

구약 시대의 제사장들과 대제사장의 관계는 신약 시대에서 그리스도인들과 예수 그리스도의 관계와 똑같은 것이다. 구약 시대의 제사장들은 대제사장에게 복종했고, 대제사장의 인도를 받았다. 마찬가지로 신약 시대의 제사장들은 그리스도인들은 대제사장이신 예수 그리스도께 복종하고 그분의 인도하심을 받아야 한다. 그럼으로써 우리가 제사장의 사역을 행할 수 있기 때문이다.

2. 대제사장의 임무

대제사장의 임무는 다음과 같다.

(1) 번제단에서 속죄하는 일을 맡았다

번제단은 영적으로 예수 그리스도의 십자가를 의미한다. 대제사장은 자신과 백성의 죄를 속죄하기 위해 피를 뿌리고 발라야 했다. 오직 피만이 모든 죄를 속죄하는 능력이었기 때문이다.

(2) 물두멍에서 수족을 씻는 일을 했다

물두멍에서 수족을 씻는 것은 하나님의 명령이며 규례이며 의무다. 이 물은 영적으로 예수 그리스도의 보혈과 성령을 의미한다. 모든 죄인은 예수 피로 씻지 않으면 죽을 수밖에 없다.

(3) 등대에 불이 꺼지지 않도록 간검하고 정리해야 한다

예수는 빛으로 오셨다. 그리고 이 빛을 주셨다. 교회와 성도의 사명은 이 빛을 비추는 것이다. 교회 안에, 성도 안에 예수 그리스도의 불이 타오르도록 그리고 꺼지지 않도록 항상 대제사장은 간검해야 한다. 등대는 빛(불)의 사명을 의미한다.

(4) 분향단에 향을 사르는 일을 맡았다

분향단의 향연은 기도의 향연을 의미한다. 대제사장은 중보자로 기도의 사명을 감당해야 하며, 교회 안에 성도들의 기도의 향이 꺼지지 않도록 해야 하고, 성도들의 영적 호흡이 중단되지 않도록 항상 점검해야 한다. 분향단은 기도의 사명을 감당하는 곳이다.

(5) 떡상에 떡을 진설해야 한다(출 25:29-30; 레 24:5-8)

이 떡은 생명의 떡과 말씀의 떡 되시는 예수 그리스도를 의미하며, 교회와 성도들의 사명과 삶을 교훈해 주고 있다.

대제사장은 매 주일(안식일)마다 이 떡을 새 떡으로 교체해야 하는 책임적 의무가 있음을 알아야 한다. 교회는 떡집이 되어야 한다. 신앙생활은 예수 떡상에 진설되어 하나님께 바쳐진 삶이 되어야 한다. 교회와 성도는 이 떡을 나눠주는 사명을 감당해야 한다.

(6) 지성소에서 속죄하는 일을 해야 한다(레 16:1-28)

지성소에는 대제사장만이 1년에 하루 대속죄일 7월 10일에 들어가서 자신과 온 백성들이 지은 죄를 속죄하는 의식의 임무를 감당해야만 한다.

(7) 판결하는 일을 했다

제사장에게 준 판결권은 하나님이 주신 왕권이며 특권이다. 대제사장은 하나님 앞에서 사랑과 공의와 진리로 판결해야 하며, 하나님 백성은 제사장의 판결권을 인정하고, 순종해야 할 것이다.

(8) 축복하는 일을 했다(민 6:22-27; 신 28:1-6; 대상 23:13)

대제사장에게는 하나님의 축복권을 주셨기 때문에 제사장이 축복하는 사람을 하나님은 축복해 주시겠다고 하셨다. 오늘날 목사님들은 하나님의 축복권을 받은 대제사장들이다. 대제사장은 성도들이 하나님의 축복을 받고 살도록 가르치고, 권면하며, 인도해야 하며, 하나님이 주신 축복권으로 축복해 주는 임무를 감당해야 한다. 그리고 성도들은 축복 받기를 간절히 사모해야 한다.

(9) 성막 안의 모든 일을 총 지휘하는 일을 맡았다

성막 안에서는 레위인들만이 일할 수 있었으며, 이들은 각자 분담된 직무에만 봉사했다. 이 일들의 총 지휘자는 대제사장이었다. 성막 안에는 30세 이상으로 50세까지의 성막 봉사자 8,580명이 있었다(고핫 자손 2,750명, 게르손 자손 2,630명, 므라리 자손 3,200명, 민 4:46-48).

(10) 하나님의 말씀(율법)을 가르치는 일을 해야 한다

대제사장은 이스라엘 백성들로 하여금 하나님의 말씀(율법)을 주야로 묵상하면서 지켜 살도록 가르치는 임무를 감당해야 한다.

오늘날 성령으로 거듭난 모든 믿는 자는 신령한 제사를 드리는 영적 제사장이며, 하나님께로부터 그 특권을 부여받았다. 즉 우리 각 사람은 다 하나님 앞에서 제사장이며, 그리스도는 우리의 대제사장이시다. 하나님께서는 죄로 말미암아 영원히 죽을 수밖에 없는 백성들을 구원하시기 위하여 중보자를 세워야 했다. 속죄의 날에 온 백성들을 대신하여 희생의 피를 가지고 하나님 앞에 가까이 나아가 속죄제사, 즉 중보의 역할을 감당했던 분 바로 그 분이 예수 그리스도이시며, 영원한 대제사장이시다.

3. 규칙

지성소에 들어가는 규칙은 다음과 같다.
첫째, 먼저 물로 몸을 깨끗이 씻은 다음에 예복(에봇)을 벗고, 세마포로 갈아입었다(레 16:4).
둘째, 자신과 권속을 위하여 수송아지를 잡아 속죄하고 피를 준비한다(레 16:11).
셋째, 향을 갖고 들어가서 향연으로 속죄소를 가렸다(죽음을 면함, 레 16:13).
넷째, 수송아지 피를 가지고 들어가서, 손가락으로 속죄소 동편에 뿌리고 속죄소 앞에 일곱 번 뿌렸다(레 16:14).

다섯째, 백성을 위한 숫염소 한 마리를 잡아 피를 가지고 들어가서 속죄소 위와 앞에 일곱 번 뿌렸다(레 16:15).

여섯째, 번제단으로 나와서 수송아지 피와 염소의 피를 취하여 번제단 뿔에 바르고 손가락으로 번제단 위에 일곱 번 뿌렸다(레 16:18-19).

일곱째, 대제사장은 아사셀 염소에게 안수하여 백성들의 불의와 죄를 전가시켜 미리 정한 사람을 시켜서 광야로 끌고 가서 풀어 놓았다(레 16:21-22).

여덟째, 그는 회막에 들어가서 세마포 옷을 벗어 두고, 거룩한 곳에서 물로 몸을 씻은 후, 다시 자기 옷(예복)을 입고, 자신과 백성을 위한 번제를 드림으로 모든 절차가 끝난다(레 16:23-25).

피 없이는 지성소에 들어갈 수가 없으며, 피 뿌림(흘림)이 없이는 하나님을 만날 수 없다. 이 피는 예수 그리스도의 십자가에서 흘리신 보혈의 피를 말한다.

4. 예복

대제사장의 예복에 관해서 살펴보자.

(1) 에봇

에봇(출 28:6-14)은 겉옷 위에 있는 긴 앞치마와 같이 생긴 것으로 대제사장의 어깨에 걸치게 되었다. 그리고 에봇에는 매는 띠가 있는데 금실, 청색, 자색, 홍색 실과 가는 베실로 짠 것이다.

금색은 하나님의 영원히 변치 아니하시는 불변성과 영광을 상징하는 색상이었고, 청색은 인간을 향한 하나님의 놀라우신 은혜를 선포하는 데에 많이 사용된 색상이었다. 홍색은 예수 그리스도의 낮아지심과 그분께서 당하신 십자가의 수욕과 보배로운 피의 은총을 상징해 주고 있다. 자색은 왕 되신 예수 그리스도의 영광스러운 사역과 그분의 중보자 되심을 상징해 주는 색상으로서, 이스라엘 백성뿐만 아니라 모든 시대의 그리스도인들에게 대단히 의미심장한 색상으로 인식되어 왔다. 가늘게 꼰 베실의 흰색에 가까운 색상은 인간의 죄를 용서하시는 하나님의 은혜를 나타내는 데 자주 사용된 색상이었다.

이는 예수 그리스도의 피로 사신 교회는 예수 그리스도의 어깨에 있음을 뜻하며, 그 교회의 성원인 제사장 에봇 두 호마노에 열두 지파의 이름이 기록되어 있다. 열두 지파들의 신앙과 그들이 전한 복음의 선지자들인 중생한 사람들이 모이는 성전의 위치는 예수 그리스도의 어깨에 메워 그의 앞에 있다는 의미다. 주님의 어깨는 주님의 능력을 의미하는 것으로 성도들이 그들의 일생을 주님의 능력 가운데서 살아감을 의미한다.

(2) 흉패

흉패(출 28:15-29)는 대제사장의 가슴에 달았고, 에봇과 속옷, 견대, 흉패는 하나의 연결된 전체를 이루고 있었는데, 가슴에 있는 이것을 가리켜서 판결 흉패라고 불렀다. 그 이유는 이스라엘 백성들이 어떤 문제에 관해서 의심이 생길 때, 대제사장 앞에 가서 이 판결 흉패 안에 들어 있던 우림과 둠밈이라는 것에 의해서 판결을 받았기 때문이다. 그래서 하나님의 응답을 얻어 내었다.

판결 흉패는 대제사장이 가장 아끼고 사랑하는 것이요 대제사장이 늘 살피는 것이다. 우리도 대제사장이 되시는 주 예수 그리스도에게 있어서 가장 아끼고 사랑하는 대상이다. 그 흉패에는 네 줄의 보석이 있는데, 각 줄에 셋씩 열두 보석이 있다. 열두 보석은 열두 지파이다. 그런데 그 모두가 대제사장의 판결 흉패 안에, 말하자면 가슴에 있었다.

우리의 대제사장이신 예수께서 하나님의 백성인 우리를 가슴에 끌어안으시고, 하나님 앞에 나아가서 우리를 대신해서 또 우리를 위해서 기도하시는 거룩한 중보자로서의 모습을 보신다. 그리고 그 보석마다에 열두 지파의 이름을 새기듯, 우리 그리스도인들의 이름을 가슴에 두시고 하나님 앞에서 우리를 변호하신다. 이는 선택된 성도의 이름이 하늘나라에 있는 생명책에 기록되어 있음(계 20:15)을 의미한다.

그러므로 보석이 흉패에서 벗어 나서는 안 되는 것과 같이 성도는 교회를 떠나서는 의와 진리 안에 안전하게 있을 수 없다.

(3) 우림과 둠밈

우림과 둠밈(출 28:30)은 대제사장의 가슴에 있는 흉패 속에 있다. 우림은 '빛'이라는 뜻이고, 둠밈은 '완전함'이란 뜻이다. 이것들은 열두 보석이 있는 흉패 속에 간수되어 있었다. 이는 교회의 성원된 우리 신자들은 주님 안에서 살며, 주님의 뜻대로 살려고 하나 주님의 뜻을 알지 못할 때가 있는데, 그때 성령님의 인도함을 통하여 신·구약성경으로 해결해 주신다.

성령님의 역사는 완전하시니 하나님의 말씀 진리를 통해 지도하신다(시 119:105; 잠 6:23). 즉 빛 되신 주님의 말씀의 빛으로 인도하신다.

(4) 견대

견대(출 28:9-10)는 우측과 좌측의 어깨에 매고 있다. 우측 견대에는 르우벤, 시므온, 레위, 유다, 단, 납달리 지파, 좌측 견대에는 갓, 아셀, 잇사갈, 스불론, 요셉, 베냐민(창 29, 30장) 지파의 이름을 볼 수 있다.

대제사장은 열두 지파를 책임져야 한다. 뿐만 아니라 사랑하고 기도하며 양육하고 인도해야 할 책임이 있다. 목회자는 하나님이 맡겨 주신 양들을(성도) 책임있게 관리해야 한다. 주님같이 양 무리를 광야에서 보호해 줘야 한다. 적으로부터 보호하고, 탈선을 막고, 삶의 풍요와 안정을 생명을 걸고 보호해 주어야 한다.

제사장은 헬라어로 '폰티텍스'인데 '다리를 놓는 사람' 이라는 뜻이다. 다리를 놓는다는 것은 중보자의 사역을 의미하는데, 하나님과 성도와의 중보자가 되고, 교회와 성도의 중보자, 성도와 성도간의 중보자가 되어야 한다.

특별히 이스라엘 백성들에게 있어서 어깨는 힘 또는 능력을 상징한다. 그러므로 어깨에 이스라엘 열두 지파의 이름을 새겨 놓았다는 것은 하나님께서 우리를 지키시고 보호하신다는 것을 의미한다.

(5) 에봇 받침

에봇 받침(겉옷, 출 28:31-35)은 겉옷인데, 푸른색이다. 이것은 예수 그리스도의 현재 하늘의 제사장직을 표현한다. 그 옷의 끝에 달린 방울과 석류는 그리스도의 중재하시는 증거의 말씀과 충실을 보여준다. 주님이 중재하시는 증거의 말씀은 성경이다.

(6) 반포 옷

반포 옷(속옷, 출 28:4,39)은 가는 베실로 짠 옷이며, 대제사장이 고의보다도 제일 먼저 입는 옷이다. 가는 베실은 흰색을 의미하고, 흰색은 성결을 의미한다. 대제사장은 제일 먼저 하나님과 사람 앞에서 성결해야 한다.

그 속옷에는 띠가 있어서 띠를 띠라고 했다(출 39:27-29). 이것으로 속옷은 예수 그리스도의 의의 옷임을 알 수 있다. 허물과 부끄러움을 가리우는 속죄와 칭의의 옷이다. 이사야 53장에 우리의 허물과 죄를 위하여 예수 그리스도께서 고난당하심을 말씀하는데, 그대로 요한복음 19장 23절에 의하면 예수 그리스도께서 군병들에게 속옷이 벗기우고 부끄러움을 당하신 것은, 우리를 대신하시고 그의 의의 속옷을 우리에게 입혀 주신 것이다(시 22:18).

(7) 금패

금패(출 28:36-38)는 대제사장의 성관을 붙이는 패다. 이 패는 '여호와 성결'이란 글이 새겨져 있다. 그것은 청색 끈이 매여 성관 앞에 달게 되었다. 이것은 첫째, 모든 일에 조심하여 하나님을 섬기라는 경고다. 그리고 둘째, 대제사장은 하나님의 성별된 대제사장임을 명심하라는 뜻이다. "기름 부은 자에게 손을 대지 말며……"(대상 16:22)라고 했다. 다윗은 신앙과 진리의 사람인데, 그는 기름 부음 받은 사울 왕에게 손대지 않은 모범된 자다. 기름 부음 받은 자는 하나님의 대리자이고, 하나님이 쓰시는 자이기 때문이다.

주 예수는 하나님께서 성별하여 성령의 기름을 부어 세운 유일하고 영원한 대제사장일 뿐 아니라, 그의 만사를 하나님의 뜻에 따라서 행하신 분이다.

(8) 성관

출애굽기 28장 40절에 기록된 성관은 영광과 존귀를 나타낸다. 대제사장은 영광의 하나님을 섬기기 때문에 그 직분이 대단히 영광스러운 것이다.

예수 그리스도는 대제사장일 뿐 아니라 왕의 영광과 존귀도 가지신다. 그는 만왕의 왕이요 대심판장이다. 그는 하나님께로부터 하늘과 땅의 모든 권세를 받아 주관하는 만주의 주이시고, 장차 왕 중의 왕으로 오셔서 모든 것을 다스리실 분이다. 그러므로 성막은 예수 그리스도다.

구약의 성막은 신약의 예수 그리스도를 예표했다. 신약의 예수 그리스도는 구약 성막의 완성이다. 또 구약 성막의 구조와 기구들은 예수 그리스도의 인격, 성품과 성취하신 하나님의 뜻과 구속 역사다.

제2장 5대 제사

(레 1:1-17)

1. 각 제사의 요소와 영적 의미

(1) 번제

1) 흠없는 제물(레 1:3)

그리스도께서 원천적으로 완전하심을 예표한다(고후 5:21; 벧전 1:19).
성도가 헌신하되 자기 자신을 최선의 상태로 온전히 주께 드려야 함을 상징한다.

2) 경배자가 제물의 머리에 안수하여 죄를 전가(레 1:4)

그리스도께서 성도의 죄를 대신 짊어지심을 예표한다(요 1:29; 고후 5:21).

3) 경배자가 제물을 죽임(레 1:5)

그리스도께서 성도의 속죄를 위해 죽으심을 예표한다(마 20:28; 롬 4:25).

4) 제사장이 제물의 피를 단 사면에 뿌림(레 1:5)

그리스도께서 성도의 속죄를 위해 피흘리심을 예표한다(마 26:28; 히 9:12-14).

5) 제사장이 제물의 각을 뜸(레 1:6-8)

그리스도와 성도가 헌신을 하되 자기를 찢어 바쳐야 한다(시 22:14-17; 마 27:35-50).

6) 제사장이 제물의 내장과 정강이를 물로 씻음(레 1:9)

그리스도와 성도가 헌신을 하되 자신을 더욱 가다듬어 헌신함을 상징한다(고후 5:21; 벧전 2:21-24).

7) 제물을 불로 사름(레 1:9)

그리스도와 성도가 헌신을 하되 고통 중에서 그리고 자신을 정결케 하는 성령의 불로 살라 바침을 상징한다.

8) 제물 전체를 태움

그리스도와 성도가 헌신을 하되 끝까지 그리고 완전히 헌신함을 상징한다(마 27:32-50; 엡 5:2).

(2) 소제

1) 고운 가루(레 2:1)

그리스도와 성도가 봉사하되 먼저 자기가 가루처럼 철저히 부서져야 한다. 그리고 고운 가루처럼 부드러워져야 하며, 나아가서 하나님이 자신을 하나님의 뜻대로 쓰시기를 바라며, 전적으로 맡기는 것을 상징한다(마 3:15-16, 26:38-46, 27:32-50; 요 5:19).

2) 기름(레 2:1)

그리스도의 사역을 동역하신 성령님을 상징한다(마 3:16; 행 10:38; 히 9:14).

3) 유향(레 2:1)

그리스도의 사역 중 중보기도의 아름다움을 상징하는 듯하다(막 1:35; 롬 8:34; 히 7:25).

4) 소제의 기념물을 단 위에 불사름(레 2:2)

그리스도와 성도가 자신을 온전히 바쳐서 하나님께 봉사함을 상징한다(마 26:38-46, 27:32-50; 요 17:4).

5) 소제물 중 하나님께 불태워 드리고 남은 부분은 제사장이 소득으로 먹음(레 2:3; 6:16-18)

그리스도께서 성도에게 생명의 양식으로 주어지심을 예표한다(요 6:33-58).

6) 소제로서 고운 가루를 화덕에 구운 것, 번철에 부친 것, 솥에 삶은 것 등을 불살라 드림(레 2:4-10)

고난과 시련을 당하신 그리스도께서 당신 자신을 성도를 위하여 세상 끝날까지 희생해 주심을 예표한다(요 4:6; 히 5:8; 벧전 2:21-23).

7) 소제물에 소금을 침(레 2:13)

봉사 사역의 불변성과 지속성, 순결성을 상징한다(히 9:25-26, 10:12,17).

(3) 화목제

1) 흠 없는 제물(레 3:1)

죄가 없으시고 순순한 그리스도를 예표한다(고후 5:21; 벧전 1:19).

2) 경배자가 제물의 머리에 안수하여 죄를 전가함(레 3:2)

그리스도께서 성도의 죄를 대신 짊어지심을 예표한다. 하나님과 성도의 화목을 위해서는 먼저 죄 문제의 해결이 필요함을 보여준다(요 1:29; 고후 5:21).

3) 경배자가 제물을 죽임(레 3:2)

그리스도께서 성도를 위하여 죽으심을 예표한다(마 20:28; 롬 4:25).

4) 제사장이 제물의 피를 단 사면에 뿌림(레 3:2)

그리스도께서 성도의 속죄를 위해 피 흘리심을 예표한다(마 26:28; 히 9:12-14).

5) 제사장이 내장의 기름, 두 콩팥 등을 단 위에서 불살라 드림(레 3:3-5)

그리스도께서 당신의 가장 좋고 아름다운 부분을 하나님께 헌신하여 희생 드림을 예표한다(마 27:35-50; 요 10:17-18).

6) 화목제물 중 요제와 거제는 제사장에게 돌려짐(레 7:14, 29-34)

그리스도께서 하나님을 섬기는 성도들의 생명의 양식이 됨을 상징한다(요 6:38-50; 벧전 2:9).

7) 화목제물 중 감사제, 낙헌제, 서원제 등은 경배자도 먹음(레 7:15-18)

희생제물 그리스도를 하나님도 받으시고, 성도도 먹음으로 하나님과 성도의 관계가 회복됨을 예표한다(요 6:38-50).

(4) 속죄제

1) 흠 없는 제물(레 4:3, 23)

죄가 없으시고 순순한 그리스도를 예표한다(고후 5:21; 벧전 1:19).

2) 경배자가 제물의 머리에 안수하여 죄를 전가함(레 4:4, 24)

그리스도께서 성도의 죄를 대신 짊어 지심을 예표한다(요 1:29; 고후 5:21).

3) 경배자가 제물을 죽임(레 4:4, 24)

그리스도께서 성도를 위하여 죽으심을 예표한다(마 20:28; 롬 4:25).

4) 제사장이 제물의 피를 뿌림(레 4:5-7, 25, 30)

그리스도께서 성도의 속죄를 위해 피 흘리심을 예표한다(마 26:28; 히 9:12-14).

5) 각 범죄자의 신분에 따라 제사장이 피를 뿌리고 바르는 부분이 다름(레 4:5-7, 25, 30)

각 성도의 영적 위치에 따라 속죄하는 죄의 비중이 다름을 암시한다.

6) 제물의 피를 성소 안에 가지고 들어가지 않는 속죄제(족장과 평민의 경우)는 제사장이 하나님께 불태워 드리지 않는 부분을 먹음(레 6:25-30)

영원한 중보자 그리스도를 예표하는 구약 중보자 제사장들이 속죄제물을 먹은 것은 결국 중보자로서 속죄 사역의 책임이 있음을 보여주는 것이다. 따라서 결국 그리스도가 중보자로서 우리의 속죄를 위해 하나님 앞에서 책임을 지심을 예표한다(히 9:26, 28, 10:12-18).

7) 제물의 피를 성소에 가지고 들어가는 속죄제(제사장과 회중의 경우)는 제사장이 하나님께 불태워 드리고 남은 부분을 진 밖에서 불태움

그리스도께서 훗날 진 밖, 즉 예루살렘 영문(營門) 밖에서 성도의 속죄를 위해 희생제물로 죽임 당하심을 상징한다(히 13:11-12).

(5) 속건제

1) 흠없는 제물(레 5:15, 6:6)

그리스도께서 원천적으로 완전하심을 예표한다(고후 5:21; 벧전 1:19). 성도가 헌신하되 자기 자신을 최선의 상태로 온전히 주께 드려야 함을 상징함.

2) 경배자가 제물의 머리에 안수하여 죄를 전가

그리스도께서 성도의 죄를 대신 짊어 지심을 예표한다(요 1:29; 고후 5:21).

3) 경배자가 제물을 죽임(레 7:2)

그리스도께서 성도의 속죄를 위해 죽으심을 예표한다(마 20:28; 롬 4:25).

4) 제사장이 제물의 피를 단 사면에 뿌림(레 7:2)

그리스도께서 성도의 속죄를 위해 피흘리심을 예표한다(마 26:28; 히 9:12-14).

5) 내장의 기름과 두 콩팥 등을 단 위에 불살라 드림(레 7:3-5)

그리스도께서 자신의 가장 좋은 것과 아름다운 부분을 하나님께 희생하여 드리심을 예표함(마 27:35-50).

6) 제사장이 불태워 드리지 않은 부분을 속죄제물과 일례로 먹음(레 7:7)

영원한 중보자 그리스도를 예표하는 구약 중보자 제사장들이 속죄제물을 먹은 것은, 결국 중보자로서 속죄 사역의 책임이 있음을 보여주는 것이다. 이는 결국 그리스도가 중보자로서 우리의 속죄를 위하여 하나님 앞에서 책임을 지심을 예표한다(고후 5:21).

7) 범한 성물(聖物)이나 물건을 배상함

공의의 하나님께서 범한 죄에 대해서는 반드시 그 책임을 지게 하신다.

8) 범한 성물이나 물건의 배상에 1/5를 첨가함

하나님께서는 인간의 죄에 대하여 책임을 물으실 뿐만 아니라, 그에 대한 죄벌을 가하신다.

2. 속죄제와 속건제의 대비표

속죄제나 속건제나 하나님으로부터 죄 사함을 받기 위해 드리는 제사라는 점에서는 차이가 없다. 그러나 속죄제가 대신관계의 계명(십계명 중 제1-4계명)을 범과한 경우에 비중을 두고 있음에 반해, 속건제는 대인관계의 계명(십계명 중 제5-10계명)을 범과한 경우에 비중을 두는데, 대인관계의 율법을 범과하였다고 할지라도 이는 결국 하나님께도 범과한 것이 되기 때문에 포괄적으로 다룬다는 점에서 차이가 있다. 따라서 속건제는 속죄제와 함께 드려지게 되었다.

(1) 속죄제, 속건제 구분

	속죄제	속건제
목 적	하나님께로부터 죄 사함을 받기 위함.	하나님께 죄 사함을 받고 피해자에게 손해배상을 하기 위함.
제물의 종류	제물은 신분(제사장, 이스라엘 온 회중, 족장, 평민)에 따라 다름.	범죄한 대상(하나님, 사람)에 따라 다름.
피 뿌림	피 뿌림 의식은 신분에 따라 다르나 성소 휘장 앞, 향단 뿔, 번제단 등에 뿌리고 바름.	번제단 사면에 뿌림.
제물 처리법	기타 제사장이나 회중이 드린 속죄제물은 온전히 불살라야 했음.	족장, 평민의 속죄제와 마찬가지로 제물을 제사장들이 먹음 (레 4:1-5:13, 5:14-6:7, 7:1-7).

3. 제사의식

(1) 제사별 피 뿌리는 의식

1) 번제, 화목제, 속건제

번제단 사면에 뿌림.

2) 소제

피 없는 제사이므로 대개 번제나 화목제 위에 뿌렸으나, 피 없이 독립적으로 드리는 소제도 있음(레 2:1-16).

3) 속죄제

① 제사장과 온 회중의 경우 : 성소 휘장, 향단 뿔, 번제단에 바르고, 뿌리고 쏟음.
② 족장과 평민의 경우 : 번제단 뿔에 바르고, 번제단 밑에 쏟음.

(2) 5대 제사의 공통점

① 경배자가 직접 드릴 수 없고 제사장이 중보자로서 드린다(레 1:5, 2:2, 3:2, 4:16, 5:16).
② 번제단에서 드려진다(레 1:7-9, 2:2, 3:5, 4:19, 7:5).
③ 거룩하게 드려진다(레 1:3, 2:2-3, 3:1, 4:3, 5:15).
④ 화제(火祭)로 드려진다(레 1:9, 2:2, 3:5, 4:10, 7:5).
⑤ 근본적으로 속죄를 의미하는 희생제물의 피가 요구된다(레 1:5, 11, 3:2, 8, 13, 4:6, 7, 16-18, 25, 30, 7:2).
⑥ 오직 성소에서 하나님이 지정한 방식대로 드려져야 한다(레 1:1-6:7).

(3) 5대 제사의 목적에 따른 분류

하나님과의 회복된 교제를 유지하기 위한 제사(레 1:1-3:17). 하나님과 깨어진 교제를 회복하기 위한 제사(레 4:1-6:7).

번제(燔祭: 태울 번) 소제(素祭: 흴 소) 화목제(和睦祭) 속죄제(贖罪祭) 속건제(贖愆祭)

(4) 요약

① 몸을 바치는 것을 상징한다.
② 마음을 바치는 것을 상징한다.
③ 삶[心魂]을 바치는 것을 상징한다.
④ 주로 대신 계명을 범하였을 경우
⑤ 주로 대인 계명을 범하였을 경우

(5) 성격

자원제 및 의무제(레 1:2, 3) 자원제(레 2:1) 의무제(레 4:1, 13, 22, 27) 의무제(레 5:1-4, 15)

성구 레 1:3-17, 6:8-13, 8:18-21, 9:12-14, 16, 레 2:1-16, 6:14-23, 7:12.13, 8:26, 9:17, 레 3:1-17, 7:11-21, 28-34, 9:18-21 레 4:1-5:13, 6:24-30, 8:14-17; 9:8-11, 15, 레 5:14-6:7, 7:1-7

(6) 목적

① 하나님과의 정상적인 관계를 유지하기 위해서다.
② 하나님께 대한 온전한 헌신을 상징한다(레 9:12-14, 16). 하나님께 대한 순수한 희생적 봉사를 상징한다(레 7:12-13, 8:26, 9:17).

(7) 피 없는 곡식으로서

① 고운 가루, 기름, 유황, 소금(레 2:1, 3, 13, 6:15)
② 기름을 섞어 번철 또는 화덕에 구운 무교병, 무교전병(레 2:4-7, 6:20, 21, 7:9)
③ 번철에 기름을 섞어 부친 것(레 2:5-6)
④ 솥에 기름을 섞어 삶은 것(레 2:7)
⑤ 첫 이삭을 볶아 찧은 것(레 2:14-15)

(8) 하나님과 경배자 사이의 화목과 친교

① 감사제 : 하나님의 축복과 구원을 감사하는 제사
② 서원제 : 하나님께 서원한 예물을 드리는 제사
③ 자원제 : 하나님께 자원하여 드림
④ 율법을 범한 모든 죄를 속죄한다(레 9:8-11, 15).
⑤ 인간의 근본 죄성(원죄 포함)을 고백하고 가린다(레 8:14-17).
⑥ 신분과 지위(제사장, 족장, 평민, 서민, 극빈자)에 따라 제물과 제사법이 상이하다. 하나님 또는 이웃에게 해(害)를 가한 경우 보상의 의미로 드리는 제사로서, 이때 제물 이외에 1/5의 보상을 더한다.

(9) 제물에 따라

① 흠없는 수소(레 1:3-9)
② 흠없는 숫염소, 숫양(레 1;10-13)
③ 산비둘기, 집비둘기 새끼(레 1:14-17)

(10) 생활 형편에 따라

① 흠없는 수소나 암소(레 3:1-5)
② 흠없는 숫양이나 암양(레 6:1-11)
③ 염소(레 6:12-17)

(11) 신분의 차이에 따라

① 제사장 : 수송아지(레 4:3-12)
② 회중 전체 : 수송아지(레 4:13-21)
③ 족장 : 숫염소(레 4:22-26)
④ 평민 : 암염소 또는 암 어린 양(레 4:27-35)
⑤ 가난한 자 : 산비둘기 둘 또는 집비둘기 새끼 둘(레 5:7-10)
⑥ 극빈자 : 고운 가루 에바 십분의 일(레 5:11-13)

(12) 범죄한 대상에 따라

① 여호와의 성물 또는 금령을 범한 자 : 흠 없는 숫양(레 5:15-19)
② 이웃에 대하여 범죄한 자 : 흠 없는 숫양(레 6:1-7)

4. 제사 방법

(1) 5대 제사 방법

1) 번제

① 경배자가 제물에 안수하고, 잡고 가죽을 벗기고 각을 뜸(제물이 새일 때는 제사장이 잡음)
② 제사장이 피를 단 사면에 뿌림(레 1:5)
③ 제사장이 가죽을 제외한 모든 제물을 불살라 드림(레 1:6-9)
④ 번제물의 재를 진 밖 정결한 곳에 버림

2) 소제

① 번제(레 9:17, 23:18)와 화목제(레 7:11-14)에 함께 드려짐
② 고운 가루에 기름과 유향과 소금을 섞어 단에 불사름
③ 화덕에 굽거나 번철에 부친 것, 솥에 삶은 것을 단에 불사름
④ 첫 이삭을 볶아 기름과 유향과 함께 단에 불사름

3) 화목제

① 내장의 기름과 두 콩팥과 그 위의 기름, 간에 덮인 꺼풀을 단에 불살라 드림(레 3:3-4)
② 가슴을 요제로, 우편 뒷다리를 거제로 드림(레 7:29-34)
③ 피를 제단 사면에 뿌림(레 3:2)

4) 속죄제

① 경우에 따라서 피를 번제단 뿔에 바르고, 밑에 쏟음(레 4:5-7, 16-18, 25, 30, 34)
② 제사장 및 회중 전체를 위한 속죄제의 피를 성소 휘장에 일곱 번 뿌리고 향단뿔에 바름(레 4:16-18)
③ 내장의 기름과 두 콩팥과 그 위의 기름, 간에 덮인 꺼풀을 단에 불살라 드림(레 4:26, 31, 35)
④ 제사장과 회중 전체의 속죄 제물의 기름은 단에 불살라 드리고, 가죽과 모든 고기, 머리, 다리, 내장, 똥을 진 바깥에서 불사름(레 4:8-12, 20, 26)

5) 속건제

① 피를 단 사면에 뿌림(레 7:2)
② 기름진 꼬리와 내장에 덮인 기름과 두 콩팥과 그 위의 기름, 간에 덮인 꺼풀을 단에

불사름(레 7:3-4)

③ 범죄한 물건의 보상으로 1/5을 더함(레 5:16, 6:5)

하나님 몫의 가죽을 제외한 모든 부분(레 1:5-9). 소제물 중 기념물로 여호와께 불사른 부분(레 2:1, 2; 9:16, 17). 기름과 그 외 단에서 불살라진 부분(레 3:3-5). 기름과 그 외 단에서 불살라진 부분(레 4:8-10, 26-35). 기름과 그 외 단에서 불살라진 부분(레 7:2-5).

5. 번제

성막이 예수 그리스도를 예표했고, 그의 성품과 사역을 예언했던 것과 같이 성막에서 행한 제사들도 예수 그리스도의 사역과 구속함을 받은 성도의 본분을 교훈하고 있다. 레위기 1장은 번제를 다루었고, 예수 그리스도께서 십자가에서 그 몸을 드리심에 관한 측면을 강조하고 있다. 2장은 소제를 다루고, 예수 그리스도께서 드리신 바 된, 그 몸의 제물을 성부 하나님께서 받으시는 측면을 강조하고 있다. 그래서 소제에는 피 흘림의 제물이 드려지지 않고 곡식이 드려진다. 그것은 죽음의 사건이 아니라 죽음 이후의 하나님과 예수 그리스도의 관계를 보여주는 제사다. 3장의 화목제는 예수 그리스도의 십자가의 대속 사역을 통해서 인간이 하나님과 화목하게 된 놀라운 사건을 보여주는 제사다. 4장은 속죄제는 우리가 알고 범한 죄를 위해 드리는 제사다. 그리고 5장 속건제는 우리가 알지 못하고 부지 중에 범하는 죄를 위해 드리는 제사다.

(1) 어의

번제는 '올라간다'(to go up, to ascend mount up)는 뜻이 있고, '일어난다'(to arise)는 뜻도 있다. 이 말은 그 자체가 종교적이고 또 존대하는 이를 향한 태도가 함의되어 있다. '올라간다'는 단어는 하나님의 성산에 올라간다고 할 수 있고, 또 산 위에 쌓아 놓은 제단에 올라간다고도 할 수 있다. 그리고 '가져온다'는 단어나 '드린다'는 단어도 존경하는 이에게 선물이나 제물을 가져올 수 있고 드릴 수 있으므로 이 단어는 매우 종교적이고 신앙적인 단어다. 이 단어는 내적인 상태와 외적인 모습을 암시하는데, 내적으로는 감사와 감격이요, 외적으로는 그것을 행동으로 옮기는 데 예물을 가지고 가서 드리는 것이라 할 수 있다.

(2) 방법

번제는 죄와 범죄를 위하여 드리는 제사와는 같지 않지만 '소제'와 '화목제'와 같이 자유 의사로 드리는 제사다. 그런데 그것은 동일한 조직적인 방법으로 드렸다(레 1:1-17).

(3) 절차

번제를 위하여 사용된 동물들은 양이나 소나 들새 중에서 취하여 완전히 불태운다. 단 소와 양은 숫양이며, 흠 없는 1년 된 것이다. 그들의 피는 제단 위에 부었으며, 제물의 가죽은 제사장들의 옷을 위하여 사용되었다.

제물들은 아침과 저녁만 아니라 매 안식일과 매월 첫날과 무교병을 먹는 7일 동안과 속죄일에 드렸다.

(4) 제사 방법

① 헌제자가 제물이 될 짐승을 끌고 회막문 여호와 앞으로 나아온다.
② 헌제자의 손을 제물의 머리 위에 얹고 안수한다.
③ 헌제자가 제물을 잡아 피를 제사장에게 주면 제사장은 그 피를 번제단 사면에 뿌린다.
④ 헌제자가 제물의 가죽을 벗기고 각을 뜬다.
⑤ 제사장은 그 뜬 각과 머리와 기름 그리고 물로 씻은 내장과 정강이를 단 위에서 불 사른다.

이러한 방법은 양과 염소의 경우 역시 마찬가지였으나, 비둘기의 경우는 달라서 제사장 혼자서 머리를 비틀어 끊고 단 위에 불사르며 피는 단 곁에 흘리고 멱통과 창자 등은 재 버리는 곳에 버리고 몸은 쪼개어 단 위에서 불살랐다.

(5) 목적

번제의 목적은 두 가지로 나타난다.

첫 번째는 '속죄를 위한 것'(레 1:4, 16:24)인데, 대부분의 주석가들이 속죄제와 속건제가 죄를 속하기 위해 드려지는 제사라는 점을 들어 이 목적을 등한시 여기거나 그냥 지나쳐버리려 하지만, 번제의 주된 목적은 성경이 밝히 말해 주고 있는 대로 속죄를 위한 것이다.

번제의 두 번째 목적은 '하나님을 향한 자신의 헌신에 대한 표현'이다. 이러한 목적은 창세기 22장에 나오는 아브라함의 순종에서 잘 나타나는데, 그는 자신의 순종과 믿음의 증명을 위해 자신의 사랑하는 독자 이삭을 바치려 하였고, 그러한 믿음과 순종을 인정하신 여호와께서는 그를 위해 미리 준비해 놓으신 양을 제물로 삼아 번제를 드리게 하심으로 아브라함의 헌신과 믿음을 인정하셨다.

(6) 영적 의미

번제는 '예수 그리스도의 대속과 구원의 희생을 상징' 함과 동시에 그의 희생으로 말미암아 구원을 얻은 성도들이 하나님께 헌신하고, 그의 뜻대로 순종하며 살아갈 것을 상징한다. 그러므로 번제의 영적 의미는 한마디로 '그리스도의 희생과 성도들의 헌신' 이라고 할 수 있다.

우리가 주의할 것은, 가난한 사람들에 대한 특혜가 있었다는 사실이다. 번제에는 소, 양과 염소를 드리는 것이 원칙이나 그것을 드릴 수 없는 가난한 사람은 새를 드릴 수 있었다(레 1:14). 새는 산비둘기와 집비둘기의 새끼다. 이 사실로 알 수 있는 것은 빈부귀천을 불문하고 다 하나님께 나아가 예배해야 했고, 또 하나님께 나아갈 때에 빈 손으로 말고, 반드시 감사하는 마음으로 자기의 역량에 따라서 예물을 가지고 나가서 드릴 것을 명령하셨다는 것이다(마 9:13).

레위기 1장에 의하면 소,양과 염소들은 떼 중에서 흠 없는 수컷으로 드려야 했다. 그것을 드릴 때에 제사 드려지는 짐승을 끌고 회막이나 또는 성전에 나아와서 제물의 머리에 안수하고, 당사자가 잡아서 그 피를 제사장에게 주면 제사장은 번제단 사면에 그 피를 뿌린다. 또 당사자는 그 짐승의 가죽을 벗기고 각을 뜬다. 그리고 내장과 정강이를 물로 씻어 제사장에게 주면 제사장은 그것을 제단 위에서 태운다.

이상과 같은 규례를 지켜 드린 번제, 또는 화제는 여호와께 향기로운 냄새로 하나님이 기뻐 받으시며, 열납되는 제사들이었음을 강조하고 있다(레 1:9, 13, 17).

번제가 영적으로 주는 교훈은, 예수 그리스도의 대속과 구원만이 아니라 성도들이 이에 대한 보답으로 하나님께 감사와 헌신을 하며, 하나님을 중심한 일상생활을 행하는 것을 의미한다. 이 번제는 신자로 하여금(헌제자) 예수 그리스도께서 나의 죄와 악으로 형벌 받아 죽으시고, 멸망을 당할 나 대신에 고난을 당하시고, 죽음에서 부활하심으로 속죄, 구원하셨으니(합 1:13; 시 51:19; 사 43:25, 44:22; 미 7:19; 히 10:1-14), 나의 온 몸을 산 제사로 드리는 것이다(롬 12:1). 즉 매일 예수 그리스도의 십자가를 바라보며 죄를 떠나, 주를 경외하고 감사하며 생명과 몸을 드려 살고 일하며 빛을 발휘하는 것이라 생각된다.

6. 소제(Meat Offering, 출 29:41)

(1) 뜻

소제는 일명 '피 없는 제사'라고도 하고, 또 '부속된 제사'라고도 한다. 소제에는 짐승을 잡지 않으며, 또 짐승의 피를 뿌리지 않을 뿐 아니라 다른 피의 제사를 드린 후에 드리는 제사이기 때문이다. 그러므로 이 소제는 피의 제사를 드림이 없이는 그 효력이 없다.

소제는 곡물 제사다. 곡물 중에 충실하고 아름다운 것을 찧어 고운 가루로 만들어 그것에 기름을 붓고, 그 위에 유향을 놓아 아론의 자손 제사장에게 주어 단 위에 불을 살라 하나님께 향기롭게 드리는 것이다. 이 소제의 근원은 출애굽기에서 시작된 것이다(출 29:41, 30:9, 40:29).

소제는 번제를 드린 후에 드려진다(민 15:3). 이 소제를 일명 '예물'이라고 한다. 이 예물은 헌제자가 모든 것을 하나님께로부터 받은 바 은혜에 넘친 답례(Acknowledgement)의 표로서 하나님께 드려졌다. 즉 하나님의 은총과 축복에 감사의 표로서 행한 제사다. 소제는 좋은 밀가루로 행하였고(레 2:1-3), 이 가루로 반죽하여 떡을 구워서(레 2:4-6) 드렸다.

주의할 것은 이 예물은 누룩이나 꿀을 섞어서 드리지 말라고 한 것이다(레 2:11).

그러므로 소제는 하나님께서 인간의 지상 생활에 적당하게 공급하여 주신 은혜와 축복인 의식주에 대한 감사와 찬송과 경배라 할 수 있다. 또 주신 바 물질을 가지고 하나님께 영광을 돌리며, 그의 기뻐하시는 일에 쓰고, 마음과 뜻과 힘을 다하여 봉사할 것을 의미한다.

(2) 종류

소제에 쓸 제물의 종류를 보면 첫째가 고운 가루이고 둘째는 무교병이다.

이 떡은 고운 가루에 기름을 섞어 반죽해서 화덕 위에 놓아 번철에 부친 것이다. 그것을 조각으로 내어 여호와께 드린다. 그 반죽한 것을 솥에 쪄서 드리는 법도 있었다. 단 이상의 것들에 누룩을 넣어서는 안 되었다.

   셋째는 처음 익은 곡식이다.

   넷째가 첫 이삭이다. 이것은 볶아 찧은 것으로 기름과 유향을 부어 드렸다.

   그러므로 이상 네 가지를 하나님께 좋은 제물로 바쳤고, 하나님께 향기로운 것이었다.

(3) 방법

   소제에서는 제물을 제단으로 가져오기 전에 집에서 제물을 준비하는 것에 더욱 주목해야 하는데, 그것은 제물을 준비하는 과정 자체가 소제를 드리는 방법에 속하기 때문이다.

   첫째, 고운 가루의 소제물일 경우에는 그 위에 기름을 붓고 유향을 놓은 후 제사장에게로 가져오는데, 제사장은 고운 가루 한 줌과 모든 유향을 취하여 기념물로 제단 위에 불사른 후 나머지는 자신의 음식으로 취한다.

   둘째, 무교병을 소제물로 삼을 경우인데, 이때는 화덕에 구운 것과 솥에 삶은 것은 고운 가루에 기름을 섞어 만들고, 번철에 구울 경우에는 고운 가루를 누룩 없이 기름과 섞어 구운 후 조각으로 나누고 그 위에 기름을 붓는다. 이러한 무교병의 소제물 역시 제사장에게로 가져가면 제사장은 그것 중 기념할 만큼만 취하여 여호와께 화제로 드리고 나머지는 자신의 음식으로 취하였다.

   셋째, 첫 이삭을 드릴 경우인데, 이때는 반드시 그 곡식을 볶아야 하며, 그 위에 기름을 붓고 유향을 더한 후 제사장에게로 가져가야 한다. 제사장은 그중 얼마와 모든 유향을 취하여 여호와께 화제로 드린 후, 나머지는 자신의 음식으로 취하였다(이때의 나머지에 대해 성경의 특별한 언급이 없지만 소제물이 제사장의 음식으로 주어졌다는 일반적인 규례를 따를 때 첫 이삭의 소제물 역시 제사장의 음식으로 주어진 것으로 보아야 한다).

   한편 이러한 모든 소제물에 반드시 지켜야 할 법칙이 한 가지 있는데, 그것은 모든 소제물에는 누룩과 꿀을 넣지 말고, 반드시 소금을 치라는 것이다(레 2:11, 13).

(4) 목적

   소제의 목적 역시 두 가지로 볼 수 있다.

   첫째는 우리가 삶을 영위할 수 있도록 물질을 공급해 주시고 보호해 주신 하나님의 은혜와 축복에 감사하며 경배를 돌리기 위함이며, 둘째는 자신의 땅을 가지고 있지 않은 제사장과 레위인에게 음식을 제공하여, 그들을 보호하기 위한 것이었다.

(5) 영적 의미

소제는 영적으로 우리를 구원하신 예수 그리스도께서 하늘로부터 내려오는 영적 양식의 공급자가 되실 뿐만 아니라, 자신 스스로 생명의 떡이 됨을 상징하는 동시에(요 6:32-35), 이러한 영적 양식과 일용할 육적 양식까지도 공급받는 성도들이 드려야 할 감사의 의무를 상징한다.

한편 모든 소제물에 '소금'을 치라는 명령은 '영원한 계약'을 상징하는 소금(민 18:19; 대하 13:5)을 통해 제사 드리는 자가 하나님과의 영원한 계약 관계에 있음을 깨닫게 하는 것으로서, 하나님께서 제사 드리는 자를 결코 버리지 않으실 것과 제사드리는 자는 그 계약법을 지켜야 할 영원한 의무가 있음을 뜻하는 것이다.

이렇듯 하나님과의 영원한 계약 관계에 있는 자는 죄악과 세상의 유혹에서 떠나야 하는데, 이러한 사실은 죄악을 상징하는 '누룩'과 달콤한 세상의 유혹을 상징하는 '꿀'을 모든 소제물에서 제하라는 하나님의 준엄하신 명령이다.

소제도 번제와 같이 매일 드리는 제사다. 또 소제는 번제를 드릴 때에 겸하여 드리게 되어 있다(렘 9:17).

주의할 것은, 제사장 족속에게는 매일 소제를 드리게 되어 있으나, 이스라엘 백성에게는 매일 소제를 드리라는 말씀이 명시되어 있지 않다는 것이다. 레위기 2장에 의하면 자기가 원할 때에 드리게 되어 있다. 그러므로 아론의 자손은 매일 제사가 의무적이나, 백성에게는 자유 의사에 맡긴 것이다.

누구든지 고운 가루를 가지고 나왔을 때 기름을 붓고 또 그 위에 유향을 놓아 아론의 자손 제사장에게로 가지고 간다. 제사장은 그 고운 가루 한 줌과 그 모든 유향을 취하여 기념물로 제단 위에 불사르게 된다.

첫 이삭을 드릴 때, 첫 이삭을 볶아 찧은 것에 기름을 붓고 그 위에 유향을 더하여 가지고 나오면 그중에서 얼마를 취하여 모든 유향과 함께 불살라 드린다. 그러나 누룩이나 꿀을 섞어 드리지 못하며, 소금을 빼지 못하게 되었다. 소금은 하나님의 언약의 상징이기 때문이다(레 2:1-16, 6:14-18; 민 15:4-10).

아론의 자손이 드리는 소제물은 고운 가루 에바 1/10을 항상 드리되, 절반은 아침에, 절반은 저녁에 드리게 되었다(레 6:19:23, 5:11; 민 5:15; 출 16:36).

소제는 우리의 식생활에 관계된 식물을 하나님께 드림으로 식물과 관계되었다고 생각된다. 하나님께서 우리의 육신에 필요한 식물을 주신 것을 깨닫고 그 하나님께 감사하며, 제사를 드릴 뿐 아니라 영혼을 주신 하나님, 그 영혼을 위하여 신령한 양식을 주심에 대한 감사와도 관계된 것이다. 예수님께서 광야에서 시험을 당하실 때에 "사람이 떡으로만 살 것이 아니요 하나님의 입으로부터 나오는 모든 말씀으로 살 것이라"(마 4:4)는 말씀에 의미가 있는 것 같다. 즉 우리가 일상생활에 필요한 양식을 하나님의 능력과 축복 가운데서 받아 산다. 우리 인간의 공로에 의하여 얻어지는 것이 아니라 하나님의 능력과 축복 가운데서 받아 산다. 하나님의 능력과 축복 가운데서 주어지는 것을 인간의 활동으로 받는 것이다.

그러므로 우리는 이상과 같은 하나님의 능력과 축복을 깨닫고 하나님께 감사하며, 주신 것 중에서 제일 좋은 것을 택하여 하나님께 드리는 감사의 제사와 제물뿐만 아니라, 그보다 더 귀중하고 아름답고 영원한 영혼의 양식에 대한 진리와 교훈을 준다.

7. 속죄제(레 4:2)

(1) 뜻

이 제사는 죄를 속하고 사함을 받기 위하여 드리는 제사다. 즉 하나님의 백성이 범죄했을 때에 그 죄를 속함을 받기 위하여 드린 제사다.

(2) 의미

속죄제에는 두 가지 의미가 있는데, 첫째는 어떤 것을 잃음으로 고통당한다는 것이며, 둘째는, 속죄제로 제사를 드리는 것과 죄에서 정결함과 자유하는 것을 의미한다.

이상과 같은 의미의 동사에서 변형된 '카타트' 즉 여성명사인 속죄제는, 언어 자체는 하나님이 주신 명령과 법의 과녁을 벗어난 죄에서 청결과 자유를 얻기 위하여 드리는 제사이다. 그러기 위하여 그 고통과 대가를 치러야 한다. 물론 신·구약에서는 형식적인 차이가 있다. 구약에서는 수송아지를 드렸다. 반면에 신약에서는 하나님의 아들이 드려졌다. 그러나 근본적인 진리의 의미, 즉 대속과 구원은 같다. 죄인 대신에 대속물을 드려 고통을 당하게 하고, 피와 생명을 드려 값을 치러서 속하게 했고, 죄인으로 그 공로를 믿게 한 것은 변함이 없다. 그 일로 인하여 속죄되었고, 하나님 앞에 의로 여겨졌다.

(3) 종류

속죄 제사의 제물은, 속죄 대상 인물에 따라서 제물의 종류가 다르다. 그렇기 때문에 속죄 제사를 드릴 인물의 종류, 그 계층은 네 가지다. 또 그 계층에 따라서 제물의 종류가 다르다.

범죄한 제사장은 그 죄를 인하여 흠 없는 수송아지를 드리게 되어 있다. 즉 자기가 은밀하게 죄를 지었든지 또는 백성에게 죄가 있게 했든지 속죄 제사를 드려야 한다.

이스라엘 온 회중이 여호와의 금령 중에 하나라도 그릇 범하여 허물이 있으나 깨닫지 못하다가 깨달으면 회중의 대표자인 장로들이 수송아지를 속죄제로 드리게 되었다. 족장이 범죄했을 때, 숫염소를 드리게 되었다. 그 범죄도 역시 하나님께 범한 죄다. 그렇다고 사람 앞에 범한 죄를 무시하는 것이 아니다. 다 여기에 포함되어 있다.

회중 가운데 하나인 개인이 하나님의 금령 중에 하나를 범하여 범죄했을 때, 흠 없는 암염소를 드린다(렘 4:27-31). 또 자기의 힘에 따라서 어린 암양을 드릴 수 있다(레 4:32-35).

죄인은 누구나 다 자기의 처지와 입장에 따라서 자기의 분수에 맞는 제물을 가지고 하나님께 나가서 속죄 제사를 드려야 한다. 하나님은 죄인들을 다 부르시고 속죄하기를 원하고 계시며, 죄인은 믿고 순종하여 그의 말씀대로 행하면 속죄되고 의롭고 거룩해진다.

(4) 방법

① 헌제자가 제물이 될 짐승을 회막문 여호와 앞으로 가져온다.
② 헌제자의 손을 제물의 머리 위에 얹고 안수한다.
③ 헌제자가 제물을 잡아 피를 제사장에게 주면, 제사장은 그 피를 손가락으로 앞에 일

곱 번 뿌리고, 향단 뿔에 바른 후 회막 앞과 번제단 밑에 전부 쏟는다.

④ 희생 제물의 모든 기름과 콩팥을 번제단 위에서 불사른 후, 그 나머지 부분은 진 바깥 재 버리는 정결한 곳에서 나무 위에 놓고 불사른다. 그러나 아론과 그 아들들을 위한 속죄제는 진 밖에서 불사르지 않고 다리와 고기를 회막 뜰에서 구워 먹도록 하였다(레 6:24-27).

(5) 속죄제와 속건제의 차이

속죄제의 목적은 '범죄에 대한 용서'를 위한 것이었다. 그런데 속건제의 목적도 범죄에 대한 용서다. 그러나 이 둘은 근본적인 차이가 있다.

첫째, 범죄의 성격적 차이로서, 속죄제가 하나님께 범죄한 자, 즉 '율법을 범한 죄'를 위한 제사였던 반면에, 속건제는 인간에게 범죄한 죄, 즉 '도덕적인 범죄의 대속을 위한 제사'였다.

둘째, 속죄제는 속건제와는 달리 '범죄한 일을 배상할 수 없는 죄'에 대한 용서를 구하는 제사였던 반면, 속건제는 '배상이 가능한 죄'에 대한 용서를 구하는 제사였다.

(6) 영적 의미

속죄제는 예수 그리스도께서 십자가를 지심으로 모든 인류의 죄를 대속하신 '그리스도의 대속 사역'을 상징한다. 그리스도는 실로 속죄 희생의 어린 양이 되셔서(벧전 1:19) 모든 인류의 대속물이 되셨는데, 그의 죽음의 장소는 속죄제 희생제물이 진 바깥 정결한 곳에서 불살라진 것처럼 예루살렘 성 바깥의 골고다 산상의 고통스런 십자가였다.

속죄제는 예수 그리스도께서 십자가를 지심으로 죄인들을 구속하심을 의미한다. 속죄제의 요소들을 보면 다음과 같다.

첫째, 죄인이 등장한다. 그는 하나님께 범죄하고, 사람에게 악행한 자다. 그 죄인이 흠없는 짐승을 택하여 끌고 회막에 나아가서 자기 대신에 희생이 되어 그 전체가 제사장에 의하여 제단에 태워지므로, 하나님께 향기로운 제물이 되어 그의 죄가 사해진다. 여기 죄인은 세상의 모든 인간이다. 모든 인간은 조상 아담의 타락 이후에 다 죄인이 되었다.

둘째, 하나님은 죄인 하나라도 멸망치 않고 영생을 얻기를 원하시는 자비와 긍휼과 사랑의 하나님이시다. 또한 인내하시는 하나님이시다.

셋째, 죄인들은 하나님께서 죄의 값을 찾으실 때 그 값을 갚을 수 없으며, 그것을 갚지 못하는 까닭에, 그 대가로 망할 수밖에 없다. 이것을 아신 하나님께서 죗값을 대신 치르실 분을 준비하셨으니, 그가 곧 하나님의 외아들이시다(요 3:16).

넷째, 그는 하나님의 뜻에 따라 인간의 몸을 입으시고, 모든 죄인들의 죄를 한몸에 지시고, 하나님의 속죄 희생의 어린 양으로 이 땅에 오시어 대속의 제물이 되셨다(롬 5:15; 벧전 1:18-19). 피 흘림이 없이는 죄 사유함이 없다(히 9:22; 레 7:11).

다섯째, 그리스도께서 친히 회막 앞과 같고, 여호와 앞과 같은 예루살렘 성 밖 골고다 형장에서 십자가를 지고 피를 흘려 속죄제를 드리시고, 십자가 상에서 살을 떼시고, 창을 받으시고, 몸을 상케 하시어 십자가의 제단에 향기로운 제물이 되셨다.

8. 속건제(레 7:1-20)

(1) 뜻

속건제는 하나님의 말씀에 기록된 법에서 떠나 범한 윤리적인 범죄를 사유하는 제사이다. 다시 말하면 하나님의 백성으로 하나님의 법에 따라서 마땅히 바로 행하며, 하나님께 영광을 돌리고 또 타인에게 덕을 세워야 할 것이나, 그렇지 못하고 범죄하였을 때 드리는 제사다.

(2) 특성

오직 하나님의 거룩하심같이 거룩해야 할 하나님의 백성이 거룩함과 의로움을 떠나 부정과 불결함을 입었을 때, 그것에서 성결함을 가지는 방법이다.

여호와의 금령 중 하나를 부지 중에 범했을 때, 즉 여호와의 성물을 범했을 때(레 5:14-19), 여호와께 신실치 못했을 때, 즉 타인의 것을 늑봉, 유실물을 습득, 거짓 맹세를 했을 때(레 6:6-17), 문둥병 환자가 치료되었을 때 정결케 하는 제사다(레 14:12). 문둥병이 든 집을 정결케 하는 제사. 추수, 육축, 파종, 의상 그리고 음행했을 때 속건제를 드리고, 몸으로 범죄했을 때, 성별된 몸을 더럽혔을 때(민 5:5-6:12), 질병과 재앙을 당했을 때의 제사를 기록했다.

(3) 종류

이 제사에 해당하는 범죄들이 다양하기 때문에, 그에 따라 제물과 제사도 다종 다양하다. 그 예로 여호와의 성물에 대하여 그릇 범과하였으면 숫양을 드리되 범과한 본물에 1/5을 더하여 드릴 것이며(레 5:14-16), 여호와께 성실치 못하여 범죄하였을 때, 즉 남의 물건을 맡거나 전당 잡거나 강도질하거나 늑봉하거나 습득물에 대하여 부인하거나 거짓 맹세하는 것 등 범죄하고 깨달았을 때, 흠 없는 숫양으로 속건제를 드리고, 범죄한 물건의 1/5을 더하여 돌려야 한다(레 6:1-7).

1) 질병을 당한 때

문둥병 환자와 문둥병 든 집이 그 병에서 나아 성결케 하고자 할 때, 정한 산 새 두 마리와 백향목과 홍색실과 우슬초를 가지고 제사장은 정결케 하는 법대로 할 것이고, 흠 없는 어린 숫양 둘과 1년 된 흠 없는 어린 양 하나와 또 고운 가루 에바 3/10과 기름 한 록을 취하여 드리게 했다.

2) 죄를 지었을 때

유출병과 설정자에 대한 규례도 나타나 있는데, 그들은 산비둘기 둘이나 집비둘기 새끼 둘을 취하여 제사를 드리게 하였다(레 14:1-15:2).

여러 가지 범법 행위에 대하여는 숫양을 드리고 몸으로 범죄하였을 때, 그 죗값을 갚되 오분의 일을 더하여 본주에게 돌릴 것이요, 속죄의 숫양으로 제사를 드릴 것이요(민 5:5), 성별된(나실인) 몸을 더럽혔을 때는 집 비둘기 두 마리나 산비둘기 두 마리를 가지고 회막에 가고, 또 1년 된 숫양을 가져다가 속건제로 드리게 했다(레 6:12).

종합하여 보면 제물들은 첫째, 흠 없는 1년 된 숫양이나, 둘째, 범죄물의 1/5을 더하여 본주에게 돌릴 것이요, 셋째, 산 비둘기나 집 비둘기 둘로 드리거나, 넷째, 고운 가루 에바 3/10과 기름 한 록 등이다.

속건제는 성도가 신앙생활 가운데서 범하기 쉬운 죄를 범했을 때 드리는 사죄의 예배법이라 할 수 있다. 그 범죄는 히브리서 10장 26-31절에서와 같은 죄가 아니다. 그 죄는 진리 배반이나 하나님 배반도 아니고, 예수 그리스도를 십자가에 못 박은 것도 아니고, 성령의 사역을 거스른 것도 아니고, 타락한 죄도 아니다. 실수와 실족한 범죄다.

그 범죄는 특별히 두 가지의 경우가 있다.

첫째, 주의 성물을 범했을 때, 즉 십일조, 하나님께 드릴 첫 것, 하나님께 약속한 것을 남용하거나 갚지 않거나 또는 탈취한 범죄다. 이런 범죄는 신앙이 약하고, 진리에 굳게 서지 못한 성도들이 범하기 쉬운 범죄다.

둘째, 주님의 법에 따라서 행해야 할 행동을 남용 또는 악용하는 것이다. 즉 이웃에게 악행하거나 물질에 손해를 주었거나 아니면 심신에 범죄했을 때, 그 이웃에게 손해의 1/5을 더하여 갚음으로 고백하고, 용서받고, 다음에 하나님 앞에 나아와 예수 그리스도의 공로를 힘입어 그 죄를 회개하고 사유함을 받을 것이다.

그러므로 우리 성도들은 하나님의 말씀을 따라 이웃을 사랑하고, 이웃에게 선과 덕을 세우고, 하나님께 거짓된 예배를 피하고 참 예배를 드리고, 이웃과 화목하고, 신앙과 양심에 거리낌이 없이 지내야 한다.

9. 화목제(레 7:11)

(1) 뜻

화목제는 '구원의 은혜에 대한 감사' 라고 하여 감사제(Thanks Offering)라고도 하고, 또 하나님의 구속의 은혜에 감사, 감격하여 하나님께 헌신을 맹세하는 제사여서 서원제사(Vow offering) 또는 자원제사(Free Will-Offering)라고도 한다. 스스로 원하여 드리는 제사이기 때문이다.

화목제사는 보통 감사제사라고도 한다. 그러나 정확히 말하면 구원제사라 하는 것이 좋겠다. 레위기에 잘 사용한 이 '제바크' 는 희생을 의미한다.

그러므로 화목제는 여러가지 이름으로 호칭될 수 있으나, 그 중심 뜻은 구원만이 아니라 구원에 대한 감사를 의미한다.

(2) 특징

레위기 3장에 의하면 세 가지의 짐승을 드릴 수 있다.

첫째, 소인데 이 소는 암컷이나 수컷이나 다 드릴 수 있으되, 흠이 없는 것이어야 한다. 그렇다고 소 전부를 드리는 것이 아니다. 그 소의 내장에 덮인 기름과 내장에 붙은 모든 기름과 두 콩팥과 그 위의 기름, 곧 허리 근방에 있는 것과 간에 덮인 꺼풀을 콩팥과 함께 취하여 제단 위에 드렸다(레 3:3-4). 또 그것의 피는 제단 사면에 뿌렸다(레 3:2).

둘째, 양을 드릴 때도 암컷과 수컷의 분간이 없되, 흠없는 것이어야 하고, 또 어린 양을 드려도 가하다. 양의 종류도 소와 같이 피를 드리게 되었다.

끝으로 염소로도 드릴 수 있었는데, 염소도 암컷과 숫컷에 관한 구별이 명시되어 있지 않다. 그러나 염소 제물도 소와 양과 같이 피와 기름을 드리게 되어 있다.

화목제를 드리는 시간은, 언제든지 감사함이 있을 때에 드리도록 했다(레 7:11-12, 15). 또 들에서 잡은 짐승을 드렸고(레 17:5), 서원한 것을 갚을 때와 자원하여 예물을 드릴 때(레 22:21) 그리고 끝으로 속죄제를 드리고, 그다음에 화목제를 드리게 되어 있다(레 23:19). 화목제를 드리는 인물은 제한되어 있지 않았다.

그러므로 이상의 내용을 중심으로 생각해 보면 남녀가 다 제사에 참여해 드릴 수 있었다.

(3) 방법

화목제를 드리는 방법은 한곳에 국한되어 있지 않다.

소, 양과 염소 중에서 암컷이나 수컷을 택한다. 그것을 끌고 회막으로 나아온다. 그 예물의 머리에 헌제자가 손을 얹고 안수한다. 헌제자는 회막에서 그것을 칼을 들어 잡는다. 잡을 때 희생물의 죽는 모습에 유심하게 된다. 그 예물의 피를 아론의 자손 제사장에게 준다. 제사장은 그것을 받아 제단 사면에 뿌린다. 그 차례는 다음과 같다.

① 헌제자는 예물의 가죽을 벗긴다.
② 그 속의 내장에 덮인 기름과 내장에 붙은 모든 기름과 콩팥과 그 위의 기름과 허리 근방에 있는 것과 간에 덮인 것을 다 제사장에게 준다.
③ 제사장은 그것들을 받아 제단에 불살라 제사한다.
④ 헌제자는 제물의 내장 더러운 것을 회막 밖에 있는 버리는 곳에 버리고, 가죽과 앞·뒷다리를 제사장에게 준다.
⑤ 제사장은 가슴을 흔들어 요제로 드리고, 우편 뒷다리는 거제로 드린다.

제사장과 가족들은 그것을 그날에 먹을 것이요, 조금이라도 이튿날 아침까지 두지 말아야 한다. 제물의 남은 부분은 태워버려야 한다. 감사의 화목제는 그 화목제물과 함께 기름 섞은 유교병과 무교병을 드리되 헌제자가 가지고 나온 것의 한 조각을 드리게 된다. 서원이나 자원에 의한 예물에 약간의 차이가 있으나, 큰 문제가 되지 않는다. 만약 그 예물이 부정한 것에 접촉하거나 부정한 사람에게 먹혔을 때, 불사르거나 그 사람은 백성 중에서 끊어지게 된다.

(4) 하나님과 화목

화목제는 하나님의 사랑에 대한 감사와 예수 그리스도의 구원에 대한 감사제사다. 즉 죄인들이 하나님의 무한한 사랑을 받아 그의 아들 예수 그리스도의 대속과 구원으로 내적인 평안과 즐거움을 가지게 되었고, 은혜와 축복에 감사하고 찬양하는 제사다. 즉 어린 양 되신 예수 그리스도께서 죄인의 죄를 대신 지시고, 속죄의 피를 흘리시고(벧전 1:19-), 또 살을 찢어 우리에게 양식으로(요 6장) 주어, 영으로는 살고, 신령한 양식으로 살이 찌게 하고, 하나님과 죄인 사이에 계시어 화목하게 하셨다(행 8:32; 벧전 1:19; 사 53:7).

그것을 감사하여 남녀 노유할 것 없이 거짓과 악함을 버리고 마음과 뜻과 정성과 힘을 다하여 하나님을 사랑하고 섬기고 찬양할 것이다.

(5) 화목제의 영적 의미

화목제의 영적 의미는 화목제의 성격이 드러내는 바, 그대로 하나님과 죄인을 화목하게 하는 '화목제물 되신 예수 그리스도에 대한 상징'과(롬 3:25; 엡 2:13; 골 1:20), 그로 말미암아 하나님과 화목을 누리는 성도들의 친교인 '성만찬에 대한 예표'다(고전 10:16).

제2편 7대 절기

절기 개론
제1장 유월절
제2장 무교절
제3장 초실절
제4장 오순절
제5장 나팔절
제6장 속죄절
제7장 초막절

성막 내부 전경

절기 개론

출애굽은 유대 역사에서 결정적인 사건이었기 때문에, 어떻게 저 사건이 해마다 기념되고 어떻게 유월절 사건이 유대인의 정체성을 형성하게 되는지를 꼼꼼하게 검토하는 것이 중요하다.

성서에 의하면, 유월절은 히브리 달력으로 니산 월 15일에 시작했다. 유대교는 음력을 따르기 때문에 태양력으로는 그 날짜가 매해 달라진다. 그러나 유월절은 언제나 3월 말에서 4월말 사이의 이른 봄에 있다. 그 절기는 8일간 계속된다.

유월절은 유대교의 가장 즐거운 축제의 하나다. 그리고 이것은 떨어져 있던 가족들이 서둘러 집으로 돌아가 그 축일을 지키게 된다. 물론 유월절에도 회당 예배가 있지만 유월절을 지키는 주된 장소는 가정이다. 그것은 유월절이 같은 날 모든 곳에서 지키는 수백만의 가정 기념일로 탈중심화되었음을 의미한다. 많은 유대인 가정에서는 한 가정의 3세대, 때로는 4세대가 유월절을 축하하기 위해서 모인다.

두 개의 또 다른 유대 축일인 'Rosh Hashanah'(새해)와 'Yom Kippur'(속죄일)는 매년 가을에 있다. 그리고 유월절처럼 그 둘은 히브리 성경에 그 기원을 두고 있다. 그렇지만 Rosh Hashanah와 Yom Kippur는 개인의 인격적 윤리와 행동에 초점을 두며, 유월절은 공동체적이고 국가적인 축제로 출애굽을 생생하게 이야기하고, 유대인에게 그들의 노예로서의 비천한 시작과 하나님의 해방시키는 힘을 상기시킨다.

몇 가지 요소가 그 축제의 의식에 함께 섞여 있다. 출애굽은 유월절의 중심점이다. 그렇지 않으면, 하나님으로 인도하심으로 예속에서 자유로, 억압의 어둠에서 옮겨간 그 큰 의미를 부여하기가 어려웠을 것이다. 그러나 유월절에 관통하는 또 다른 두 가지 주제가 있다. 어둠의 겨울이 지나고 봄날의 대지의 재생과 보편적 유월절을 향한 불타는 희망, 즉 전 인류 가족을 위한 보편적 자유다. 이 세 가지 요소 모두가 하나로 긴밀하게 엮여 있다.

사실 유월절에 해당하는 서로 다른 네 가지 이름이 있다. Hag ha-Pesach(유월절), Hag ha-Matzot(무교절), Hag ha-Herut(해방절), Hag ha-Aviv(봄의 축제)다.

제1성전과 제2성전이 예루살렘에 세워져 있을 동안, 순례자로서의 유대인들은 그들의 봄 축제의 예물을 농장에서, 포도밭에서 그리고 과수원에서 그 성전으로 가지고 와서 그들의 조상들을 애굽의 예속에서 구해내신 하나님께 감사의 예물로 드렸다.

유월절 절기는 유대인의 정체성을 형성하는 데 두 가지 중요한 역할을 해왔다. 출애굽은 유대인의 종교 생활의 기본 구성 요소이며, 유월절은 집합적 공동체의 사건으로 거행된다.

한 가지 독특한 특징은, 모든 세대의 유대인들과 기꺼이 또는 주저하며 고대 애굽에서 모세를 따랐던 히브리 노예들 사이에 인격적 연결이 있다는 것이다. 단순한 역사적 에피소드에 불과할 수도 있었던 것이 유대인의 정체성의 영속적인 주요 부분으로 전환된 것이다.

첫째, 역사에서 활동하시는 하나님의 힘이 출애굽 서사에서 가장 중요하다. 사실, 모세가 아니라 하나님이 주인공이다. 하나님은 역사에서 노예의 속박으로부터 개인은 물론 민족 전체를 구속하시는 일을 하신다.

둘째, 출애굽은, 그것이 감동을 준 그대로, 이야기의 끝이 아니었다. 노예로부터 육체적 탈출은, 하나님이 토라를 시내 산에서 계시하시기 전에 그리고 하나님과 유대 백성들이 역시 시내 산에서 영구한 언약에 들어가기 전에 필수 불가결한 전제조건이었다. 그 언약은 노예와는 맺을 수 없는 것이었으며, 새롭게 자유민이 된 사람들과 체결할 수 있는 것이었다.

셋째, 출애굽 이야기는 과거에 살았거나 현재 살고 있는 유대인들이 있는 곳이면 어디에서나 공명하고 있다. 탈출, 귀환, 억압, 갱신, 예속, 자유, 야만적인 정치 지도자들에 대항한 반역 등, 모든 사람들은 인간 경험의 이러한 영원한 주제들과 쉽게 동일시할 수 있다.

넷째, 가족이 한자리에 모이고 풍성한 세데르는 모든 유대인들, 모든 유대인 가정들이 활발하게 그리고 개인적으로 출애굽에 관한 이야기에 해마다 참여하도록 세밀하게 제정되었다. 그 사건이 지배 계급이나 고대 제사장들의 독점적 재산이 되게 허용하지 않았다. 세데르는 모든 사람들이 유월절 의례에 동등하게 참여하는 아주 극적인 식사다.

마지막으로, 유월절은 한 해의 봄에 있다. 그리고 그것은 유대인들에게 희망의 전형적 절기로 남아 있다. 자연의 재탄생, 고대 노예민들의 갱생 그리고 오늘날 개인과 민족의 갱생이다.

유월절 세데르는 고조된 분위기 속에서 다음과 같은 히브리 말과 함께 끝이 난다. "La shana Ha ba-ah birushalayim." (내년에 예루살렘에서!) 이 문맥에서 '예루살렘'은 유대교의 종교적 중심과 이스라엘 국가의 수도만이 아니다. 예루살렘은 보편적 유월절, 모든 민족들이 자유를 얻고 그들이 그들의 예루살렘에 이르게 되는 날에 대한 소망도 나타낸다.

세계에서 가장 오래된 명절은 무엇일까? 단연 유대인의 유월절이다. 무려 3500년이나 된 명절이다. 그렇다면 유대인의 명절 중 가장 큰 명절은 무엇일까? 역시 유월절이다. 유월절은 이스라엘 백성이 출애굽한 사건을 기념하는 유대인 최대의 명절이다.

유월절은 유대력으로 니산 월 15일에 시작되며, 7일 동안을 명절로 지킨다. 첫째 날과 마지막 날을 '욤 토브'(좋은 날)라 부르며 이날은 일을 못하도록 규정하고 있다. 이날은 온 공휴일이다. 중간의 5일 간은 '홀 하모에드'(중간의 날들)라 부르며 이날엔 일하는 것이 허용된다. 이날들은 반 공휴일이다. 대부분의 경우 이날은 정상 근무한다. 그러나 디아스포라 유대인들은 8일간을 명절로 지킨다. 이들은 8일 중의 처음의 이틀과 마지막의 이틀을 포함한 4일간을 '욤 토브'로 지킨다. 보통은 부활절과 비슷한 시기에 겹치는데, 이는 예수님께서 유월절이 끝나는 안식 후 첫날에 부활하셨기 때문이다.

유월절이 가까워지면 예루살렘에선 양, 소, 향료 등의 거래가 활발하였다. 양이나 소는 이스라엘 내에서 공급되었으나 향료는 멀리 메소포타미아 지방으로부터 수입되었다. 향료를 실은 낙타의 대열이 메소포타미아에서 출발하여 예루살렘으로 도착하는 모습을 흔히 볼 수 있었다.

유월절이 가까워져 예루살렘이 인파로 북적거리면 로마의 병사들도 바빠졌다. 지중해 해변의 가이사랴에 주둔하고 있던 로마의 총독은 유월절이 되면 가이사랴 본부로부터 군인들을 파병하여 예루살렘 지대와 합류시켜 유대인들의 동태를 주시하게 하였다. 연중 가장 많은 사람들이 성전에 모여드는 이때야말로 민란이 일어날 가능성이 가장 높았기 때문이다. 당시 헤롯 궁 옆에 있던 로마 군대의 요새는 성전 안을 들여다볼 수 있는 위치에 높게 건축되어 있었다. 로마 군인들은 높은 요새 위에서 성전 안에서 이루어지는 일을 쉽게 관찰할 수 있었다. 오늘날도 예루살렘에 가면 옛 성의 욥바 문과 다윗의 탑 사이에 위치한 당시 로마 요새의 기초가 남아 있는 것을 발견할 수 있다.

예수님 당시 이스라엘의 제사장들과 레위인들은 24반열로 조직되어 돌아가며 한 반열씩 성전의 일을 돕도록 조직되어 있었다. 레위인들은 고향에 머무르며 가사에 종사하다가 자기 차례가 되면 성전에 나가서 봉사하였다. 평소엔 한 반열만 성전에서 봉사하고 나머지 23반열은 고향에 머무르며 가사에 종사하였다. 그러나 유월절이 되면 24반열 모두가 성전에 나가 봉사하였다. 따라서 유월절이 되면 수천 명의 제사장들과 레위인들이 성전의 일을 도왔다.

1. 유월절 전날

전통에 따라 유월절 하루 전에 유대인들은 자기 집에 남아 있는 모든 빵과 빵 반죽을 없애야 했다. 유월절엔 절대로 누룩이 허용되지 않았기 때문이다. 유월절 전야가 되면 모든 유대인들은 올리브 램프에 불을 켜고 혹 빵 부스러기라도 집안에 남아 있지는 않은지 샅샅이 뒤졌다. 찾아낸 빵이나 빵 부스러기, 반죽 등은 한곳에 모아 놓고 성전에서 보내는 신호를 기다렸다. 모든 사람이 동시에 유교병(누룩이 들어 있는 모든 빵이나 반죽)을 불에 태워 없애야 했기 때문이다.

신호는 감사제물로 바쳤던 유교병 두 덩어리로 하였다. 유월절 전날 제사장은 더 이상 사용할 수 없게 된 화목제의 감사 예물로 드렸던 빵(유교병) 두 덩어리를 성전 바깥 회랑 꼭대기에 올려놓았다. 빵(유교병) 두 덩어리가 회랑 꼭대기에 보이는 동안엔 유교병을 먹는 것이 허락되었다. 그러나 제사장이 한 덩어리의 빵을 치워 한 덩어리의 빵만 보이면 그 시간부터 유교병(빵)을 먹는 것이 금지되었다. 제사장이 두 번째 빵마저 치워버리면 그와 동시에 모든 사람들은 유교병을 불에 태우기 시작했다.

그러나 이것만 가지고는 예루살렘 온 시가지에 정확한 시각을 알릴 수 없었다. 성전이 잘 보이지 않는 지역에 사는 사람들도 있었기 때문이다. 따라서 다른 보조 수단이 강구되었다. 제사장들은 감람산 꼭대기에 두 마리의 암소를 데려다가 쟁기질하게 하였다. 두 마리 다 쟁

기질하고 있으면 아직은 유교병을 먹을 수 있다는 표시였고, 한 마리만 쟁기질하고 있으면 그 시간부터 유교병을 먹을 수 없다는 표시였다. 나머지 한 마리마저 보이지 않으면 즉시 유교병을 불에 태워 없애라는 표시였다. 시계가 없던 예수님 당시의 유대인들은 이런 방법으로 다같이 동시에 유교병을 없앨 수 있었다.

2. 유월절 첫째 날

유월절 첫날 점심 무렵이 되면 모든 유대인들은 양이나 염소를 어깨에 메고 성전으로 나아갔다. 오후가 되면 평소보다 한 시간 이른 오후 3시경에 제사가 시작되었다. 제사는 세 차례 반복되었다. 첫 번째 들어온 예배자들이 성전 뜰을 가득 채우면 레위인들은 성전 문을 닫았다. 성전 문이 닫히면 쇼파르(양각나팔)를 불어 희생제사가 시작됨을 알렸다. 양이 도살되는 동안 레위인들은 주악에 맞추어 감사찬송을 불렀다.

첫 번째 예배자들의 희생제사가 끝나면 다음 예배자들이 자기들의 희생제물을 가지고 성전에 들어왔다.

두 번째가 끝나면 세 번째 예배자들이 성전에 들어온다. 당시 세 번째 예배자들은 '게으름뱅이들'이라고 불리웠다. 힐렐 시대에 한 번은 너무나 많은 사람이 한꺼번에 몰려들어 늙은이 한 사람이 사람들에게 깔려 죽은 일이 발생하였다. 그러나 그 이후 크게 각성한 유대인들은 유월절 희생제사를 엄숙하고도 질서 있게 진행하였고, 그 결과 예수님 당시엔 두 시간 정도에 모든 유월절 희생 제사를 질서 있게 마칠 수 있었다.

희생 제사를 끝낸 유대인들은 각각 자기의 희생 제물을 어깨에 메고 성전에서 나와 자기의 처소로 돌아가 유월절의 절정이라 말할 수 있는 유월절의 첫날밤인 '구속의 밤'을 준비하였다. 예루살렘에 땅거미가 지기 시작하면 여기저기서 양과 염소를 나무 꼬치에 꿰어 굽는 냄새가 퍼지기 시작하였다. 화로는 흙으로 만든 것을 사용하였는데, 손으로 들고 다닐 수 있는 것이었다. 따라서 만일 비가 오면 집 안으로 들여올 수 있었다. 사람들은 여기저기 무리 지어 함께 양고기를 먹으며 유월절의 첫날 밤을 축하하였다.

이날 밤 모든 사람들은 흰색 옷을 입었다. 친척, 친구, 노인, 아이, 가난한 사람, 부자 할 것 없이 모두들 하나가 되는 시간이었다. 가난한 사람들은 부잣집에 초대받아 마음껏 먹을 수 있는 밤이기도 하였다. 이날밤 유대인들은 애굽에서 노예로 있었던 시절을 회상하며, 그들을 애굽에서 불러내신 하나님께서 행하신 일들을 함께 나누었다. 온 예루살렘은 밤새도록 하나님 앞에서 음식을 먹으며 하나님의 기적을 노래하는 거대한 축제를 즐겼다.

3. 예수님의 죽음과 유월절

예수님은 최후의 유월절 식사를 제자들과 나누셨다. 그들에게 빵과 포도주를 나누어 주시며 그것을 자신의 살과 피라고 가르치셨다. 이것이 유명한 최후의 만찬이다. 당신 자신을 유월절에 바쳐질 희생양으로 인식하신 것이다.

이스라엘이 애굽에서 양을 잡아 그 피를 문설주에 발랐을 때에 하나님의 신이 그들을 넘어가셔서(유월, pass over) 이스라엘이 죽음을 면하였던 것처럼, 예수의 피를 갖는 자마다 생명을 얻을 것을 가르치셨다. 유월절마다 수많은 양들이 이스라엘을 위하여 희생되듯이, 예수님께서 온 인류를 위하여 희생되실 것을 그가 제자들과 나눈 최후의 유월절 식사를 통하여 가르치신 것이다. 신약성서 기자들은 예수님을 유월절의 양으로 묘사하고 있다. 예수님은 니산 월 14일 즉 유월절 바로 전날에 처형되었다. 이날은 유월절 양이 도살되는 날과 일치한다.

4. 후기

사마리아 그리심 산에서 본 사마리아 유대인들의 유월절 행사는 너무나 충격적이었다. 예루살렘으로 돌아가기 위해 차에 오르자, 도살되는 양의 모습, 불에 타는 양의 내장, 불에 그을리는 양 고기 등으로부터 한시라도 빨리 떠나고 싶었다. 차창 밖을 내다보니 사마리아의 구릉 지대가 빽빽한 올리브 나무와 함께 아름다웠다. 문득 도살된 양을 장대에 꿰어 높이 세워 놓은 모습이 생각나며, 십자가에 달려 피 흘리는 예수님의 모습이 그 위로 오버래핑된다. 예수님이야말로 인류를 살리신 유월절 희생양이시다.

제1장 유월절

(출 12:1-57)

1. 신본주의 절기

유월절은 하나님의 소명을 받은 모세가 애굽에 들어가 바로 앞에서 속박과 고난 가운데 있는 이스라엘을 구원하는 데서 그 기원을 가진다. 그러므로 유월절은 신약에서 그리스도의 수난과 죽음에 대한 예언이며, 그 그림자다. 또 신약의 예수 그리스도의 십자가는 구약의 유월절의 실체요 완성인 것이다. 유월절의 역사는 안식일보다 짧으나, 귀중하고 아름다운 의미를 가진 절기다.

2. 여호와의 절기

유월절은 '넘어간다'(to passover), '뛰어넘는다'(to leap)로 되어 있다. 재앙과 죽음을 넘어감으로 그것을 면하고, 결박과 멸망의 자리에서 '유월절의 어린 양'을 잡아먹음으로 자유와 구원을 받은 날을 기념하고 지키는 명절도 된다.

유월절은 위의 서론에서 언급한 바와 같이 애굽에서 시작되었다. 이스라엘이 애굽에서 400년간의 포로 생활을 청산하고, 떠나오기 전날 밤에 기원이 되었다.
그러므로 출애굽하는 그해를 이스라엘의 기원년으로 삼고, 그 달이 정월이 되게 하였다.

유월절은 그 절기의 절정이 1월 14일 저녁이다. 물론 유월절은 14일만이 아니다. 흠 없고, 1년 된 숫양을 택하는 그때부터 양을 잡아 피를 문설주에 바르고, 고기를 구워 먹고, 애굽에서 나오는 그때까지인 것이다. 그 기간은 양을 택하는 1월 10일부터(출 1:3) 14일까지이다.

이 절기는 하나님께서 애굽 백성에게 재앙을 내리는 시간이다. 그들은 하나님의 말씀에 불순종하고 하나님을 대적하고 우상을 숭배할 뿐 아니라 가증한 죄를 범한 데 대한 형벌을 재앙으로 받았다. 그러나 이스라엘 백성은 하나님께서 애굽에 내린 재앙에서 사면받고, 애굽에서 구원을 받았다. 즉 이스라엘 백성에게는 자유와 해방의 기간이다.

그 방법은 전 이스라엘 백성이 하나님의 말씀에 따라 각각 자기들을 위하여 양을 택하고, 양을 잡아 그 피를 문설주에 바르고 그 고기를 구워 먹음으로 하나님의 사자가 시행하는 재앙과 형벌을 면한 것이다. 그러므로 이 유월절은 애굽에서 나오기 전에 재앙을 면하고, 애굽에서 자유를 얻기 위하여 양을 잡는 것으로부터 유래되고 진행된 것이다.

유월절을 지키는 방법은 1월 10일에 매인이 어린 양을 취하되 각각 가족들이 먹을 수 있을 정도로 택하고, 그것을 잡게 되어 있다(출 12:34, 12:12). 그 어린 양은 흠 없는 것이라야 한다(출 12:5; 레 22:19-25; 신 17:1).

여기의 흠 없는 것은 병들거나 눈멀거나 또는 다리가 절거나 아니면 신낭이 상하거나 하지 않은 온전한 것이요, 또 살찌고 좋은 것을 뜻한다. 즉 극상품을 의미한다. 그것은 1년 된 것이다(출 12:5). 1년 된 것은 성숙한 것이요, 또 아직 무슨 일에도 사용되지 않은 순결한 것이요, 가장 살이 잘 찌고, 그 고기 맛이 연하고 좋은 것이다. 이것은 극상품에 정성과 심혈을 기울여서 하나님께 우선적으로 드림이다. 그리고 수컷으로 하라고 하였다(출 12:5). 양과 염소를 사용하되 오직 수컷이다. 이 수컷은 종자다. 양 떼나 소 떼에 암컷은 많으나 수컷은 많지 않다. 그러므로 이 수컷은 귀중하고 종자가 되는, 즉 소득의 근원이 되는 것이었다.

14일 될 때까지 제물을 간직하여 두게 되어 있다.

이것은 제물을 택하여 별거시킨 것이다. 다른 양과 같이 어울려 더럽히지 않을 뿐 아니라, 홀로 두어 고통과 괴로움을 더하여 주는 것이다(레 23:5; 민 9:3, 28:16; 수 5:10). 이것은 사람에게는 나실인의 규례도 된다. 그 양의 고기는 그날 밤에 불에 구워 먹되 무교병과 쓴나물과 같이 먹게 되어 있다.

여기에서 몇 가지 주의할 것이 있다. 그 양의 고기를 먹되, 날로 먹으면 안 된다. 물에 삶아 먹어도 안 된다. 아침까지 남겨서는 안 된다. 오직 그날 밤으로 처치해야 한다. 단 남은 것은 불에 태운다.

뼈를 꺾어서는 안 된다. 머리뿐 아니라 정강이와 내장도 남김없이 다 구워 먹게 되어 있다(출 12:8-10).

그것을 먹을 때 자세는 허리에 띠를 띠고, 발에 신을 신고, 손에 지팡이를 잡고 급히 먹으라고 했다(출 12:11).

그리고 그 밤에 자기 집 문 밖에 나가지 말아야 한다(출 12:22). 하나님이 애굽에 재앙을 내리고, 하나님의 사자가 애굽을 두루 다니기 때문이다.

유월절은 하나님께서 택하신 백성을 예수 그리스도의 희생으로 말미암아 구속됨을 보여 준다. 즉 유월절 양은 예수 그리스도이고, 유월절의 희생은 예수 그리스도 대속의 죽음이며, 또 유월절 양의 피와 고기로 인하여 구속과 자유를 얻음은 예수 그리스도 십자가의 공로로 속죄와 구속과 영생을 얻음을 의미하고 있다.

제2장 무교절

(출 23:12-19)

1. 유월절의 연속

무교절은 유월절의 계속이라고 할 수 있다. 무교절은 유월절 다음날부터 시작된다. 그래서 성경에는 유월절과 무교절을 합하여 한 이름, 즉 무교절로 호칭한 곳이 있다(출 23:12-19, 34:18).

2. 유래

무교절의 유래는 무교절의 요소가 되는 무교병을 사용한 때가 몇 곳에 기록되어 있다.

그 첫째가 창세기 19장 3절이다. 소돔과 고모라가 죄악으로 망하기 전날 밤 롯의 집에 찾아간 하나님의 사자들과 롯이 나눈 떡이다. 그 예식 후에 천사들에 의하여 롯의 식구들이 구원되어 죽음과 멸망을 면하고 생명을 얻었다.

둘째는 출애굽기 12장 8절이다. 이스라엘 백성이 애굽에서 나오기 전날 밤에 양을 잡아 피를 문설주에 바르고 그 고기를 구워 먹는 그 밤에 무교병을 먹었다. 즉 애굽인에게는 하나님의 재앙인 죽음이 임했으나, 이스라엘에게는 재앙이 면해지고 대적에게서 생명과 자유를 얻는, 고귀한 시간적·공간적인 절정에 사용된 떡이다.

양자가 다 하나님의 진노와 재앙으로 인하여 하나님의 천사가 죄인들을 죽이는 가운데서 그 선택받은 자들을 하나님의 사랑과 은혜로 말미암아 생명을 얻고 그 자리에서 구원과 자유를 얻는 절정인 것이다. 그러기 때문에 이스라엘은 이것을 대대로 기념하기 위하여 정한 것이 무교절이다.

3. 지키는 방법

이 무교절은 1월 15일부터 시작된다. 그 절기는 시간적·공간적으로 유월절의 계속이라고 할 수 있다. 유월절은 정월 14일 저녁으로 끝이 나, 그 다음 정월 15일부터는 무교절이 시작되기 때문이다.

이 무교절은 한 주간 계속된다(레 23:6; 출 12:19). 무교절을 지키는 이 기간에 없게 할 것과 있게 할 것이 있다.

없게 할 것은, 첫째로 누룩을 자기 집에 없게 하는 것이다(출 12:19). 여기에서 한 가지 분명한 것은, 누룩이 좋은 의미로 사용되지 않았다는 사실이다. 누룩을 괴악한 것, 악독한 것이라 하여 죄악에 대한 모형으로서 누룩이 사용되었음을 볼 수 있다. 그러므로 이 기간 내에 이스라엘은 누룩을 넣지 않는 음식인 무교병을 먹게 한 것이다.

무교절이 당도하면 이스라엘 백성들은 정신없이 집안에서 누룩을 제거한다. 누룩이 눈에 띄면 그들은 큰일이라고 생각해서, 할 수 있는 한 누룩을 땅속 깊은 곳이나 보이지 않는 장 속에 철저하게 감추고 묻었다. 그런 다음 누룩이 없는 절기 무교절을 하나님 앞에서 축하했다.

둘째는, 노동이 없어야 한다. 노동이 없는 날은 제한되어 있는데, 무교절 첫날과 제7일이다(출 12:16; 레 23:78; 민 28:18, 25). 거룩한 날의 처음과 끝이 되고, 또 거룩한 성회가 있기 때문이다. 이 거룩한 성회에서 전심 전력하고, 오직 하나님과만 교제하게 하기 위함이다.

4. 뜻

유월절의 영적인 뜻은 예수 그리스도의 십자가 대속의 고난과 죽음으로 인하여 죄인들이 그 공로로 속죄와 구원을 받게 됨을 의미한다. 죄인들을 위해서 죽어 주신 예수 그리스도의 복음은 죽으심 거기에서 끝난 것이 아니다. 예수 그리스도는 내 죄를 짊어지고 보이지 않는 장소로 아주 가셨다. 그러므로 그 유월절의 계속인 무교절 역시 예수 그리스도의 사역과 관계가 있는 것이다. 무교절은 바로 이 사실을 가르치고 있다.

무교절의 핵심 교훈은 예수 그리스도와 장사 지내심이다.

제3장 초실절

(레 23:9-14)

초실절은 첫 열매를 드리는 절기다. 여기서 말하는 첫 열매란 모든 곡식의 첫 열매가 아니다. 1년 중 가장 먼저 드려지는 곡물의 첫 열매다. 1년 중 제일 먼저 추수하는 곡식은 보리다. 따라서 초실절은 보리의 첫 열매를 하나님께 드리는 절기다.

이스라엘 백성들은 대대로 초실절을 철저히 지켜 왔다. 첫 열매인 보리가 익을 때 주인은 첫 열매를 하나님께 드리기 위하여 밭으로 나갈 준비를 한다. 그리고 첫 열매를 드릴 밭이 없는 사람은 자기가 알고 있는 사람 가운데 아무 사람의 보리 밭으로 같이 나간다.

초실절은 무교절 속에 들어 있는 안식일 다음날이다. 간단하게 말하면 무교절 속에 들어 있는 주일이다. 주일에 초실을 가지고 성막으로 가야 한다.

절기들은 예수 그리스도의 지상의 생애에서 일어날 사건들을 계시하여 준다. 즉 그 사건들은 하나님의 섭리에 따라 이루어졌고, 그 사건으로 인하여 죄인들이 구속된 것이다. 다시 말하면 도성인신하신 그리스도께서 죄인들을 속죄하고 구속하기 위하여 십자가에 죽으시고 부활하시어 하나님의 보좌 우편에 계실 뿐만 아니라, 지상의 성도들에게 성령의 충만을 주셔서 주의 피로 사신 교회를 세우고, 택한 자들을 불러 모아 주의 일을 하며 하나님께 영광을 돌리며, 경배할 뿐 아니라 장차 재림하시는 그리스도와 더불어 천국의 영광을 영원히 누릴 것을 계시한다.

안식일은 첫째, 그 근원이 하나님이시다. 즉 하나님께서 이날을 시작하셨다. 하나님께서 6일간에 하늘과 땅과 그 가운데 모든 만물을 창조하시고, 제7일에 쉬셨다(창 2:1).

둘째, 하나님이 복을 주시는 날이다. 인간만이 아니라 만물에게 복 주시는 날이다.

셋째, 거룩한 날이다. 그 이유는 택한 하나님의 자녀가 하나님과 영적으로 교제하고, 하나님께 경배하고 감사하며, 하늘로부터 주어지는 신령한 양식과 영력을 받는 날이기 때문이다.

끝으로 하나님은 안식일에 쉬심으로 인간에게 모범을 보여주셨다. 또 쉴 것을 명령하셨다.

안식일의 근원은 하나님이시다. 하나님께서 친히 이날을 제정하시고, 친히 쉬셨고, 하나님께서 그날을 엄수케 하심으로 하나님과 깊은 교제를 허락하신다. 그 깊은 교제 가운데 하나님의 은혜와 축복을 받게 된다.

첫째, 하나님께서 안식하신 날이다. 즉 하나님께서 제정하시고, 하나님께서 모범을 보여주시고, 또 인간을 위한 축복으로 장식하신 날이다. 법은 제정자와 받은 자가 다 지키는 것이 근본 원리다.

둘째, 하나님과 그의 백성이 교제하는 날이다. 하나님은 창조자이시고 인간은 피조물이다. 하나님은 그를 하나님의 형상으로 창조하셨다. 하나님은 인격자이시고 그의 창조물인 인간도 인격자다. 그러므로 하나님이 이날을 주시어 지키게 하신 것은 인격의 하나님이 인격자인 인간과 인격적인 교제를 원하신 까닭이다.

셋째, 거룩하고 복된 날이다. 안식일은 하나님께서 거룩하게 하신 날이다. 하나님이 거룩하시므로 그 하나님의 날이니 거룩하다. 구약에 보면 거룩한 제물에 접촉된 것이 거룩하다고 했다. 그렇다면 그보다 더 거룩한 거룩의 근원이신 하나님과 관계를 가진 그날이야말로 더욱 거룩하지 않겠는가! 또 하나님께서 쉬신 날이요, 하나님께서 인간에게 정해 주신 날이요, 하나님과 인간이 만나는 약속된 날, 즉 성별된 날이니 거룩하다.

넷째, 장래 일의 그림자다. 이것은 타락한 인간 중에 택하신 선민에게 주신 장래의 계시요 예언이다. 즉 하나님께서 인간에게 오시고, 인간이 하나님께 나아가 만나는 귀중한 시점인 것이다. 그러므로 "안식할 때가 하나님의 백성에게 남아 있도다"(히 4:9) 함은 영원한 안식의 예표다. 그보다 예수 그리스도로 인한 지상 인간의 안식도 된다. 즉 하나님께서 그의 백성들을 성결케 하고 주님이 되심을 의미하는 것이다. 즉 예수 그리스도의 초림과 주 되심을 의미한다.

안식일에 대한 영적인 의미는, 예수 그리스도의 초림으로 죄인들에게 주어지는 영적인 안위와 평화다. 그것은 신약의 이 한 말씀으로 알 수 있다. 즉 예수님께서 말씀하시기를 "안식일이 사람을 위하여 있는 것이요 사람이 안식일을 위하여 있는 것이 아니니"라고 하셨다 (막 2:27-28).

다시 말하면 하나님께서 안식일을 제정하시고, 거룩하고 복되게 하여 인간에게 주시고, 하나님과 인간이 영교하게 하신 것은 인간을 위하여 주신 것이다.

안식일을 지키는 내용은 하나님과 영적 교제요, 하나님과 사귀어 영적 가족이 됨에 있다. 인간 본연의 모습으로 영적 가족이 되고 영적 교제를 하는 것은 불가능하며, 도저히 있을 수 없는 일이다. 먼저 인간의 죄 문제를 해결하는 것이 가장 필요하다. 그 죄와 악을 청산하고, 진노와 형벌에서 면제되어야 한다. 그러므로 안식일은 죄인들로 죄악을 사유함 받고, 진노와 형벌에서 벗어나는 데 그 목적이 있다.

그러므로 안식일은 예수 그리스도를 중보자로 하여 인간이 하나님께 나아가 교제하고, 하나님께서 예수 그리스도 안에서 인간에게 오시어 영적으로 교제하며 예배를 받으시는 거룩한 날이요 복된 날이다.

그리고 하나님께 번제와 소제로 드려야 한다. 안식일에는 일을 할 수 없다. 안식일이 지나야 일을 할 수 있다. 그래서 안식일 해가 질 때쯤 되어 모두 모인다. 물론 보리밭이 있는 집에 모이게 된다. 그리고 해가 지자마자 이제 일을 할 수 있으므로 밭으로 나간다. 사람들은 밭을 둘러싼다. 주인이 낫을 들고 첫 이삭을 베러 밭으로 들어가야 한다. 주인은 첫 이삭을 취한다. 하나님께 드릴 예물이다. 주인은 첫 예물을 들고 성전으로 향한다. 그 후에 모든 사람들도 뒤따르며 같이 노래한다. 성막으로 와서 이삭을 털어 알곡을 분리시킨다. 그리고 가루로 만든다. 가루로 만들어지지 않을 때에는 볶아야 한다. 그 가루를 번제와 함께 하나님께 드린다. 번제단에 불태우는 것이다. 이렇게 첫 이삭을 먼저 하나님께 드린 후에 나머지 곡식을 먹게 된다.

초실절에 들어 있는 의미는 무엇일까?

제1특성은 부활이다.

초실절은 부활절이다. 해마다 부활주일 날짜가 달라지는 것은 이유가 있다. 이스라엘의 초실절이 달라지기 때문이다. 이스라엘 초실절이 바로 우리의 부활주일이다. 예수님은 첫 열매이시다. 부활의 첫 열매다.

그러나 이제 그리스도께서 죽은 자 가운데서 다시 살아나사 잠자는 자들의 첫 열매가 되셨도다(고전 15:20).

예수님은 초실절에 부활하셨다. 이스라엘 백성들이 초실을 하나님께 드리는 그날에 초실 되신 예수님께 첫 열매가 되신 것은 놀라운 일치다. 그렇기에 초실절은 '여호와의 절기'이다. 이스라엘의 절기가 아니다.

제2특성은 하나님 제일주의다.

하나님께 첫 이삭을 드리기 전에는 아무리 그 곡물이 자기의 것이라 할지라도 결코 먹을 수 없다. 그의 나라와 그의 의를 먼저 구해야 한다.

그 소제로는 기름 섞은 고운 가루 십분의 이 에바를 여호와께 드려 화제로 삼아 향기로운 냄새가 되게 하고 전제로는 포도주 사 분의 일 힌을 쓸 것이며 너희는 너희 하나님께 예물을 가져오는 그날까지 떡이든지 볶은 곡식이든지 생 이삭이든지 먹지 말지니 이는 너희가 거주하는 각처에서 대대로 지킬 영원한 규례니라(레 23:13-14).

제4장 오순절
(출 23:15-22)

　오순절은 초실절, 즉 맥추절의 신약적인 명칭이다. 이 절기는 이스라엘 자손의 7대 절기 중의 하나다. 이 절기는 이스라엘 자손이 형성되어 애굽에서 속박을 받아 멸망 직전에 자유와 구원을 받아 약속의 땅 가나안에 환향함으로 시작되었다. 이 절기에 대한 하나님의 명령은 모세에게 내렸는데, 모세는 하나님의 뜻에 따라서 이스라엘 자손에게 전하였다. "맥추절을 지키라 이는 네가 수고하여 밭에 뿌린 것의 첫 열매를 거둠이니라"(출 23:16)고 했다. 즉 이는 이미 곡식을 파종하고 그것을 거두어들이게 되어서 명령한 것이 아니라, 미래에 가나안에 들어가서 파종 소득할 것을 예상하고 명한 것이다. 그 증거는 출애굽기 34장 22절에 "칠칠절 곧 맥추의 초실절을 지키고 세말에는 수장절을 지키라"고 한 것으로 알 수 있다(민 28:26; 신 16:9-11).
　이 명령은 이스라엘이 가나안에 들어갔을 때에 그 가나안에서 실천되었다(렘 48:33).

　신약에 와서 오순절로 된 곳도(행 2장)있다. 구약의 맥추절이 신약의 오순절로 개명되기까지는 1500년의 역사가 흘러갔으나, 그 기간 중 주전 400년까지는 이 맥추절이 오순절로 된 증거가 없다. 그러므로 그 이전에는 개명된 것이 아닌 것 같다.
　그러나 그 이후 시대는 성경의 역사를 벗어난 '중간사' 시대다. 이 시대에 대하여 신약과 구약은 침묵을 지키는 암흑 시대다. 이 시대에 맥추절이 오순절로 개명된 것이 아닌지 모르겠다. 위의 중간사 시대에 마카비 시대와 로마의 통치 시기가 있었는데, 이때에 이스라엘 백성들이 이 절기를 '오순절'이라 개명한 것 같다. 그것이 신약 시대에 전승이 되어 구약 시대에 없던 용어들이 신약 시대에 돌변적으로 나타난 것이다. 비단 그 명칭만 아니라 여러 증거가 있다. 구약 고고학과 신약 고고학을 살펴보면 이를 알 수 있다. 특별히 한 가지 예를 들면 사해 사본과 그 수도원이다. 그것들이 신약에 미친 영향이 얼마나 컸는가?

신약의 오순절은 구약의 맥추절에 근거한 것이다. 그것이 개칭되기는 중간사 시대인 것 같다. 그 오순절이 영적인 면에서 성취되기는 사도행전 2장 1절이다. 즉 초대 교회에 성령 강림으로 완성되었다. 그것이 후대 교회에 유명해지기는, 그 성령 강림으로 초대 성도들이 변화되고 능력을 받아 세계에 복음을 전하고 교회를 세운 결과다. 그러므로 오순절은 성령 강림절이다.

오순절은 무교절이 지난 후에 50일 만에 맞이하는 귀한 절기이다. 다시 말하면 오순절은 무교절 후 안식일이 지나서 일곱 안식일(7주간)이 지난 날이다. 이 절기는 유대인들에게 잘 알려진 절기로 신약 예수님 당시만 아니라 초대 교회 시대와 현 우리 시대에도 지키는 귀한 절기다.

구약의 맥추절(추수절)이 첫 곡식을 거두는 절기이나, 신약의 오순절도 절기로 보아서 첫 곡식을 거두어들이는 때이다. 영적으로는 신령한 첫 곡식을 수확하여 들이는 때다. 즉 예수 그리스도의 구속과 성령의 역사로 천국의 곡식을 거두어 지상의 교회에 들이는 절기다.

오순절은 맥추 추수를 했을 때 지키게 되어 있다(출 34:22) 추수에는 여러 날이 걸린다.

그리고 이스라엘에게 속한 자는 이 절기를 '택한 곳'에서 지킨다. "여호와 앞에서 즐거워할지니라"(신 16:11)고 했다. 여호와께서 그 이름을 두려고 택한 곳은 성소다. 이스라엘이 가나안에 들어갔을 때는 성막이었다. 왕정 시대에는 그 성막이 성전이 되었다. 이 성막이나 성전은 하나님께 제사를 드리며, 성도들이 모여 교제하며 성업을 하는 곳이다. 그런 곳에 그 예물을 가지고 가서 지키라는 것이다.

새 소제물을 여호와께 드리게 되었다. 그 소제물은 에바 2/10로 만든 떡 두 개를 가져다가 흔들어 드렸다.

번제는 소제물에 기록한 떡과 함께 1년 되고 흠 없는 어린 양 일곱과 젊은 수소 하나와 숫양 둘을 드린 것은 전제다.

속죄제는 숫염소 하나로 드리게 되어 있다(레 23:19).

화목제는 소제 다음에 드릴 제사다. 화목제는 1년 된 어린 숫양을 드리게 되었다.

요제는 첫 이삭의 떡(소제)과 두 어린 양을 여호와 앞에 흔들어 드렸다. 그 후에 요제물은 제사장에게 돌려 제사장이 먹게 되었다(레 23:20).

그러므로 오순절에는 소제, 번제, 속죄제, 화목제 그리고 요제, 즉 다섯 가지 제사를 드렸다. 주의할 것은, 이날은 성회를 공포하고 아무 노동도 하지 않게 되어 있었다는 것이다. 오직 하나님과 교제하고 그 은총만 사모하며, 받아 기리는 날이다(레 23:21).

"오순절은 애굽에서 나온 지 50일째 되는 날이었으며, 그날에 율법을 주심으로 하나님께서 그 백성을 완전히 조직하여 주신 것같이 오순절에 성령을 주심으로 예수 안에서 교회를 조직하셨다"고 데오도르(Theodoret)는 말했다.

그러나 우리가 기억할 것은 첫 열매를 드리는 날(민 28:26)이 이날이라는 사실이다. 예수 그리스도의 공로로 속죄를 받고, 구원받고, 성령으로 중생한 영적인 열매를 주어 창고인 교회에 끌어들이는 첫 추수기였다고 하겠다. 오순절에 시행된 5대 제사를 보면, 첫 곡식을 소제로 드린 것은, 주님으로 인하여 부름받은 초대 성도다. 그들이 예수 그리스도를 믿고 따르다가 그가 십자가에 못 박혀 돌아가시고 부활하신 연후에 한곳에 모여 기도에 힘썼다(다락방에 모임). 그들이 모인 것은 예수 그리스도를 믿는 신앙과 속죄와 구원에 대한 확신 때문이다(속죄제). 그때 하나님께서 약속하신 성령을 그들에게 주셨다(화목제). 성령을 받은 그들은 변화되었고, 능력과 진리와 성령의 사람이 되어 많은 영혼을 구원하여 선민이 되게 했고, 그리스도에게 이끌어들였다(요제).

이 모든 일은 우연하게 된 것이 아니라 떡 두덩이가 되는 구약과 신약 말씀에 근거한 것이다. 즉 하나님의 약속과 주의 명령에 의한 것이다. 그러므로 오순절은 성령의 강림으로 초대 예루살렘 교인들이 변화되고 성령이 충만하여 복음을 전함으로 교회가 탄생한 탄생일이 되지만, 더욱 귀한 것은 신약과 구약의 말씀 진리가 완성이 되고, 그 진리의 기둥이 세워진 입주절이라고 하겠다. 사도 바울도 귀한 성일을 지켰다(행 20:16; 고전 16:8).

교부 시대 이후로 부활절부터 오순절까지의 기간은 신자에게 세례를 주는 시기로 되었으니, 곡식을 추수함같이 교회 중에 산 영혼을 추수한 것이다. 오늘도 이 의미로 오순절, 즉 성령강림절을 지키는 것이다.

우리는 주의할 것이 있다. 이 오순절을 너무나 지나치게 억지로 해석하고 인위적으로 뜻어 맞추는 일을 피해야 한다. 세대주의자들은 이런 과오를 많이 범하는 것 같다.

그러면 우리는 성령에 나타난 오순절, 즉 성령 강림절을 살펴보자! 구약에는 요엘서 2장 28-32절에 잘 기록되어 있다. 요엘의 예언은 신약 시대에 와서 성취되었다. 사도행전 2장 1-4절을 보면 성령 강림은 초대 예루살렘 교회를 낳았다. 그러기 때문에 그 성령 강림은 초대 예루살렘 교회의 산모요 요소였다(행 2:37-47).

위의 성령 강림은 예루살렘 교회에 제한되지 않고, 가이사랴 고넬료의 집에도 임했고, 또 에베소에도 임했다(행 10장). 또 갑자기 예루살렘 교회에 불어닥친 핍박의 바람은 복음의 씨를 간직한 성도들을 사방으로 흩어서 많은 영혼을 구원하고, 그 영적 알곡을 영혼의 창고인 교회를 세워 그 영혼들을 거두어 들이게 된 것이다.

그러므로 이 모든 것을 종합해 보면 오순절은 '영적 초실절'이라 하겠다. 이 절기는 또 영적 감사절을 예표해 준다. 즉 앞으로 다가올 가을에 거둬들이는 마지막 추수, 즉 그리스도의 재림으로 인해 이루어질 심판도 교훈하고 있다.

제5장 나팔절

(레 23:24)

이 절기에는 나팔을 사용하여 이스라엘을 모으고, 절기일에 나팔을 불어 지켰다. 그렇다고 이 절기에 나팔만 사용한 것은 아니고 여러가지 제사들도 드렸다. 그렇다면 '나팔절'이라 한 이유가 무엇인가? 그 이유는 다른 절기에서 볼 수 없는 특징으로 나팔을 사용했기 때문이다.

나팔절을 지키는 방법으로 레위기 23장 24절에 의하면, 나팔절은 유대교 일력(日曆)으로 7월 1일로 되어 있다. 이날은 안식일이다. 유대교 일력 7월 1일인 이 안식일은 민력으로 신년 정초였다.

이 절기 7월 1일에 안식일로 지켰으며, 성회로 모이고, 아무 노동도 하지 않았다. 그 이유는 안식일이기 때문이다.

이 절기를 지키는 방법을 살펴보자.

① 안식: 성회로 모이고, 아무 노동도 하지 않는 것이다. 그 이유는 안식일이기 때문이다.

② 나팔을 붊: 이 절기의 특징은 나팔을 부는 것이다. 나팔을 부는 것은 이날뿐 아니라 유대인 행사에 매우 귀중한 의식이다.

③ 화제를 드리는 것: 화제는 민수기 29장 2-6절에 나타나 있다.

화제의 내용은 향기로운 번제, 소제, 속죄제 등이다.

민수기 27장 2-6절과 28장 3-8절을 보면 번제는 상번제이고, 기타 두 제사인 소제와 속죄제는 그 규례에 따라 향기로운 화제를 드리게 되어 있다.

제사를 드릴 때 백성의 자세는 느헤미야 8장에 나타나 있는데, 광장에 모이고, 율법책을 낭독하고, 하나님께 경배하며, 식물을 나누어 먹으며, 크게 즐거워했다(민 29:1; 대상 15:24). 7일 동안 절기를 지킨다. 이 때에 꼭 빠지지 않는 일은 나팔을 부는 것이었다.

1. 나팔절의 영적 의미

위에서 나팔절의 시일은, 유대 교회력으로 7월 1일이고 민력으로는 정월 초하루라고 하였다. 이것은 우리에게 귀중한 교훈을 보여준다. 즉 이것은 하나님의 구원사에 있어서는 하나님의 계속적인 시간이나 인간의 역사에 있어서는 새로운 기원이 수립되는 때다. 과거는 지나가고, 새 역사가 시작되는 출발점인 것이다. 즉 그리스도의 구속 사업은 하나님의 계획과 섭리 속에서는 계속이나, 지상의 인간 역사는 끝나고 새역사, 곧 신천신지가 시작되는 그 정점이 이 나팔절의 영적 의미다. 이 절기가 그런 의미를 가지는 것은, 나팔은 하나님께 제사드릴 때와 전쟁에 나갈 때와 전쟁에서 승리하여 승전 귀국할 때에 사용했기 때문이다.

그러므로 영적으로는 그리스도의 구속 역사로 인하여 구속받은 성도들이 그리스도를 대장으로 하여 영적 전쟁에서 마귀와 그의 종자들을 정복하여 완전 승리하고, 천국의 나팔을 불고, 천국 승전가를 부르며, 천국에 들어가는 통쾌한 역사의 전환점인 것이다. 그 장소는 초지역적이다. 어느 한곳에 제한되어 있지 않고 어느 곳에서나 이루어지는 승리의 절정인 것이다. 이 승리의 절정은 학자들에 의하여 두 가지로 나뉜다.

첫째, 나팔을 부는 것은 하나님의 음성을 들려주는 것이므로, 이것은 복음을 선포하는 것을 나타낸다고 주장하는 자들이다. 김응조 목사는 "나팔은 신령한 의미에서 복음의 나팔을 상징함이니, 신년 첫날부터 복음을 전하므로 그리스도의 피로 구속함을 얻은 성도들이 마땅히 지킬 의무라고 생각하는 바다"라고 했다.

둘째, 그리스도의 재림으로 보는 것이다. 이것은 성경에 근거한 이론이다. 성경에 나팔은 복음 선포도 의미하지만, 그보다는 그리스도의 재림과 깊은 관계를 가진다. 즉 복음 선포를 비유한 것보다는 오히려 그리스도의 재림 때에 있을 것을 나타낸 것이 더욱 많다. 신약에 나타난 성구는 마태복음 24장 31절, 고린도전서 14장 8절 15장 52절, 데살로니가전서 4장 16절, 히브리서 12장 19절, 요한계시록 1장 10절 등이다. 위의 성구는 그리스도의 재림의 직접적인 기록이다. 그러므로 나팔절은 그리스도 재림 사건으로 보는 것이 온당한 것 같다.

셋째, 위에 기록한 두 이론의 절충을 취하는 것이다. 즉 복음 선포와 그리스도의 재림을 나타낸다고 보는 것이다. 이것은 구약의 '여호와의 날' 과 같이 보며 이 '여호와의 날' 은 '말세' 다. 신약은 이 말세를 구분하여 보여준다. 즉 그리스도의 초림, 복음 선포 사역, 그의 수난, 그의 부활, 그의 승천 그리고 그의 재림과 심판 등이다. 그러나 그것은 그리스도의 하나의 구속사다. 박윤선 목사는 이것을 "어떤 과거의 역사적인 사건을 기념하는 뜻이 아니고, 미래의 기쁜 일을 내다보며 기억한다는 뜻이다. 곧 그리스도의 복음 전파에서 그의 재림의 시대를 내다봄이다"(A. Bonar)라고 하였다. 이 견해는 복음적이고, 보수적인 학설이다.

끝으로 기타 학설이다.

유대인 랍비들은 세계 창조의 기념이라고 한다.

필로와 기타 유대교와 기독교의 어떤 학자들은 율법 반포의 기념이라고 한다.

유대인 공회는 이를 하나님에게 족장들의 공로와 그들과 하나님의 언약을 기념함이라고 한다.

이스라엘 자신의 존재를 하나님께 기억시켜 신약에 의한 은혜를 간구함이라고 했다.

이 학설들은 우리에게 참고가 될 뿐이다. 우리가 취할 입장은 위의 둘째와 셋째의 학설이다. 즉 그리스도의 재림이나 복음 선포에서 그리스도의 재림 시기까지로 보는 것이다. 그러나 성경에 의하면 큰 비중을 둘째 학설에 두게 된다. 즉 이 나팔절은 그리스도의 공로에 의하여 구속함을 받은 성도들이 주를 중심한 생활을 하며, 주님의 맡기신 사명에 충성하며 헌신하며, 주님의 재림을 기다리다가 그리스도가 천사장의 나팔소리와 함께 천사들과 함께 재림할 때에 그를 맞아 환희와 영광을 누리는 상태, 즉 영적 전쟁에서 최후의 승리와 개선을 의미한다는 것이다.

이 절기의 특징은 나팔을 부는 것이다. 나팔을 부는 것은 이날뿐 아니라, 유대인 행사에 매우 귀중한 의식이다. 나팔 소리에는 대단히 많은 의미가 있지만, 특별히 구약성경이 뚜렷하게 보여주는 두 가지 의미가 있다.

첫째 의미는 '소집'을 알리는 것이었다. 나팔소리가 나면 이스라엘 백성들은 다 소집되어 한자리에 모였다.

둘째 의미는 '전쟁을 알리는 것' 이었다. 나팔 소리는 곧 출전 준비 신호였다. 그런데 예수 그리스도의 재림과 함께 나팔소리가 울린다.

그 이유는 첫째, 구원받은 하나님의 백성들을 소집하는 신호이기 때문이다. 그리스도 예수 안에서 구원받은 모든 성도들은 그날 예수 그리스도 안에서 영광스러운 만남을 갖게 될 것이다.

그리고 둘째로는 사탄과 주님의 군사들과의 전쟁이 시작되는 신호이기 때문이다.

이때에는 화제를 드린다. 그 화제는 민수기 29장 2-6절에 나타나 있다. 화제의 내용은 향기로운 번제, 소제, 속죄제 등이다. 번제는 지난해의 잘못을 생각하며, 이제는 죄에서 떠나 하나님을 경외하고 감사하며 생명과 몸을 드려 살기로 결심하고 새로운 해를 시작하는 것이고, 속죄제는 한 해를 새로 맞으며 과거의 잘못을 살펴보고 대속죄제를 통하여 용서를 받고 영혼을 씻음으로써 한 해를 시작하는 것이며, 소제는 한 해를 시작하며 과거에 베풀어 주신 하나님의 자비를 회상하고 그 인자하심에 대하여 감사드리고 새해를 맞이하는 것이다.

제사를 드릴 때 백성의 자세에 대해서는 느헤미야 8장에 잘 나타나 있다. 광장에 모이고, 율법책을 낭독하고, 하나님께 경배하며, 식물을 나누어 먹으며, 크게 즐거워한다(민 29:1; 대상 15:24). 7일 동안 절기를 지킨다. 이때에 꼭 빠지지 않는 것은 나팔을 부는 것이다. 이는 하나님의 새로운 날이 도래했다는 것을 알리고 또한 기쁨으로 새 달을 맞을 것을 선포하기 위함이었다.

나팔절의 영적인 의미는 그리스도의 구속의 역사로 인하여 구속받은 성도들이 그리스도를 대장으로 하여 영적 전쟁에서 마귀와 그의 종자들을 정복하여, 완전 승리하고, 천국의 나팔을 불고, 천국 승전가를 부르며, 천국에 들어가는 통쾌한 역사의 전환점이라는 것이다. 그 장소는 초지역적이다. 어느 한곳에 제한되어 있지 않고 어느 곳에서나 이루어지는 승리의 절정인 것이다. 이렇게 하나님의 백성들을 주님 앞에서 만나게 하는, 그리고 영원한 세계를 자녀들에게 베풀어 주시기 위한 하나님의 영광스러운 역사의 전개가 나팔절에 담긴 의미다.

제6장 속죄절

(레 23:27)

속죄일에 대하여 주의할 것이 있다. 그것은 이 속죄일과 속죄제와의 관계이다. 속죄일과 속죄제를 같은 것으로 생각하거나, 하나로 보아서는 안 된다. 그 이유는 속죄일은 '속죄의 날'을 의미하기 때문이다. 즉 죄를 속함을 받고 하나님 앞에 의인이 되는 시간이요, 하나님께서 죄인을 의인으로 여기시는 때를 의미한다. 그러나 속죄제는 죄를 속하는 방법과 그 죄를 속하는 요소를 의미한다.

다시 말하면 세상에 의인은 없나니 하나도 없는데, 그들이 어떻게 속죄함을 받으며 하나님 앞에 의롭다 함을 얻은 성도가 되어 하나님과 함께 교제할 수 있는가? 그것은 속죄제사다. 구약의 속죄제사는 오실 그리스도를 예표하며 그를 믿는 가운데 양을 드렸고, 신약 시대는 그가 오시어 하나님의 어린 양으로 십자가에서 대신 죽어 속죄하신 그리스도를 믿고 그 공로를 힘입어 속함을 의미한다. 즉 하나님 앞에 의인이 되고, 하나님 앞에 의인으로 서는 날이다.

1년에 한 번씩 대제사장이 피를 가지고 지성소에 들어가 전 국민의 죄를 속하는 날이다. 그러므로 속죄일은 최대 최종의 속죄와 구원을 주는 날로, 장차 세상 끝에 그리스도의 재림으로 완성되는 그날을 뜻한다고 할 수 있다.

속죄일을 지키는 방법으로, 레위기 16장 29절 이하를 보면 "너희는 영원히 이 규례를 지킬지니라"고 하면서 속죄일에 방법을 지시하고 있다. 그 방법에 의하면 시일은 7월 10일에 지키게 되어 있다. 이날은 안식일인데, 성회로 모이고 스스로 괴롭게 하며 아무 일도 하지 말라고 했다(레 16:31).

속죄일의 대상자는 몇 종류가 있다.

첫째, 이스라엘 백성이다. 이들은 본토인으로 '너희 동족'이라고 했다(레 18:26, 19:34; 출 12:39). 이스라엘은 선민이요 아브라함의 자손인 고로 그들은 의무적으로 지키게 되었다(레 16:29).

둘째, '너희 중에 우거하는 객'이라고 했다. 이 객은 본국인이 아니고 타국인이다.

이들을 위한 속죄의 목적은 이들을 속죄하여 정결케 하는 것이다. 즉 여호와 앞에서 모든 죄에서 정결함을 받는 것이다(레 16:30). 속죄일의 집행자는 아론이다. 아론은 대제사장으로(레 16:34) 1년에 1차씩, 즉 신년 정초에 지성소에 들어갔다. 그때에 그는 피를 가지고 들어갔다(출 3:10). 그 피는 수송아지와 숫양의 피였다(민 29:7-8).

아론은 몸을 깨끗이 씻고, 거룩한 세마포 옷을 입고, 세마포 겉옷과 에봇을 입고, 띠를 띠고, 흉패를 붙이고, 관을 쓰고, 지성소에 들어가게 된다. 지성소 안에 들어가면 법궤가 있으며, 죄를 용서받는 장소는 속죄소다. 그러므로 속죄일의 핵심은 짐승의 피를 속죄소 안 법궤 위 속죄소(시은소) 위와 앞에 뿌리는 것이다. 속죄일 중에 가장 중요한 것은 속죄소에서 피를 통해 죄를 용서받는 것이다.

구약에 짐승의 피로 반복적인 속죄를 하였지만, 신약에 예수 그리스도의 십자가 피로 영원한 속죄를 이루셨다. 속죄일의 핵심은 바로 피다. 수송아지 피, 염소 피, 양 피를 드린다. 피가 없이는 속죄일을 지낼 수가 없었다.

그 피를 속죄소 동편에 속죄소 위와 앞에 뿌리고, 그다음에 법궤 위 시은소에 올려놓았다. 이 피는 이스라엘 백성들의 죄로 인함이었고 속죄를 위하여 드려진 것이다. 구약 시대에는 짐승의 피가 이스라엘 백성들의 죄를 사함 받는 데 사용되었다. 제사는 많은 복잡한 과정과 방법을 거쳐야 했다. 그러나 오늘날 우리는 예수 그리스도의 피의 속죄로 단번에 죄 용서함을 받게 되었다.

속죄일은 모든 죄를 청산하고 주 앞에 서는 그날이다.

속죄 사역이 이 속죄일에 중복될 수는 없다. 예수 그리스도의 속죄는 '단번 속죄'이기 때문이다. 그 속죄는 지상에서의 속죄다. 그러나 그 속죄가 완성되는 날이 있는데 바로 성도들이 영화롭게 되는 날이다. 그날은 소위 성도가 그리스도와 더불어 천국에 들어가는 날이다. 즉 성도들이 부활해서 천국에 입성하는 날이다. 그러므로 이날은 속죄를 완전케 하고, 성취시키는 날인 것이다.

그리스도와 속죄와 구원이 성도에게 완전하게 완성되는 날이다. 이날에 여러 제사들(번제, 소제, 그리고 속죄제)이 거행된 것은 완성과 성취를 의미하며, 모든 것을 끝내는 의미다. 우리가 그리스도의 속죄와 구원이 완성되고 그치는 날이 있는 줄을 아는데, 그날은 세상이 끝나고 그리스도와 더불어 하나님 아버지의 나라에 들어가는 날이다. 영적으로는 세상 끝날에 예수 그리스도의 공로로 인하여 택함을 받은 모든 성도가 영화를 얻는 날이다.

제7장 초막절
(레 23:29)

초막절 또는 장막절은 그 역사적 기점을 광야 생활에 둔다고 하겠다. 이스라엘이 애굽에서 나와서 광야 생활 40년간 이 장막에서 살았다. 초막절은 7월 15일부터 지켰다. 그때는 추수를 다 마친 때다(레 23:39). 그 추수를 마친 후에 8일 동안 지키게 되어 있다. 첫날부터 7일 동안 성회로 모이고, 아무 노동도 하지 말고, 매일 화제를 드리라고 하였다.

첫째는, 하나님께서 낮에는 구름기둥으로 밤에는 불기둥으로 인도하셨다. 그러나 광야 즉, 사막의 낮의 더위와 밤의 추위는 가시지 않았을 것이다. 그것을 덜고 피하는 데 장막 지붕에 나뭇가지로 가리우는 것과, 둘째로, 광야에 거주하는 원수들에게 그들의 거처를 은폐하는 위장의 목적이 있었을 수도 있다. 셋째로, 그들은 그들의 예식대로 감람나무 가지와 종려나무 가지를 꺾어 들고, 또 그것이 없을 때 각종 나뭇가지를 꺾어들고 흔들며, 개선가를 부르며, 돌아와서 승리를 기리기 위하여 그 가지들로 장막을 장식하기도 하였다(레 23:40).

그러나 위의 학자들의 학설은 이론뿐이요 확증이 없다. 광야 생활이 무덥고, 추운 생활이었을 것이기 때문이다. 또 은폐나 적에게서 승리한 기념이 있을 수 있다. 그러나 그보다는 하나님의 명령이었다(레 23:33). 그리고 그들은 그 명령에 따라서 행했다. 즉 하나님의 사람 모세의 지시에 순종한 것뿐이다(레 23:33). 그들은 그 명에 따라서 계속적으로 지켰다(스 3:4).

그때에 그들은 누구의 명령에 의하여 소집되거나 지킨 것이 아니라 전례에 따라서 지킨 것으로 나타나 있다(스 3:1-2).

그러므로 이것으로 보아 다음과 같은 사실을 알 수 있다.

① 포로 시대 이전부터 지켜왔다(겔 45:25; 호 12:9; 슥 14:14).

② 포로 후 시대에도 지켰다. 우리는 포로 시대에 이 절기를 지켰는지 안 지켰는지 알 수 없으나, 분명한 것은 포로에서 귀환하여 그들은 이 초막절을 지켰다는 것이다.
③ 그 후에 느헤미야의 지도 아래 다시 지켰다(느 8:14).
④ 그뿐만 아니라 신약 시대에 초막절이 있었음을 알 수 있다. 사도 요한은 그의 서신에서 '초막절'이란 용어를 사용했고, 초막절의 실행을 암시했다(요 7:2).

그러므로 이 모든 것을 보아 초막절은 중단되지 않고 계속하여 지켜온 것을 알 수 있다. 이 절기는 전통적인 절기다.

1. 초막절을 지키는 방법

초막절은 7월 15일부터 지켰다. 그때는 추수를 다 마친 때다(레 23:39). 추수를 마친 후에 8일 동안 지키게 되어 있다.

첫날부터 7일 동안 성회로 모이고, 아무 노동도 하지 말고 매일 화제를 드리라고 하였다.

2. 화제의 방법

매일 드리는 화제는 레위기 23장 37절 이하를 보면 나타나 있는데, 번제, 소제, 희생과 전제를 드리게 되어 있다. 민수기 29장 12-40절을 보면 일주간 매일의 행사법이 잘 기록되어 있다.

첫째 날에는 번제로 수송아지 13마리, 숫양 2마리, 1년 된 숫양 14마리를 드리고, 소제로 고운 가루에 기름을 섞어서 수송아지 13마리에 각기 에바 3/10, 숫양 2마리에 각기 에바 2/10, 어린 양 14마리에 에바 1/10을(그리스도의 속죄 희생과 영 육의 은혜와 축복에 감사하는 감사제), 속죄제로 숫염소 1마리를 드렸다. 이상은 번제와 소제와 전제 외에 드리는 것이다(민 29:13-16).

둘째 날에는 번제로 수송아지 12마리, 숫양 2마리, 어린 양 14마리, 소제와 전제는 수송아지와 숫양과 어린 양의 수효를 따라서 규례대로 할 것이고, 속죄제로 숫염소 1마리를 드렸다. 그 이상은 첫날과 같다(민 29:17-19).

셋째 날에는 번제로 수송아지 11마리, 숫양 2마리, 어린 양 14마리, 소제와 전제는 위 짐승들의 수효에 따라서 규례대로 드리는 것이다. 속제제로 숫염소 1마리, 이상의 네 번제, 소제와 전제 외에니라(민 29:20-22).

넷째 날도 번제에 쓰는 수송아지는 10마리요, 다른 짐승은 다른 날과 같고, 그 짐승에 따라 소제와 전제를 드리게 되었고, 속죄제로 숫염소 하나를 드리는 것도 같다(민 29:23-25).

다섯째 날도 번제와 쓰는 수송아지가 9마리이고, 다른 것은 넷째 날의 규례와 같다(민 29:26-28).

여섯째 날에 번제의 수송아지는 7마리이고, 다른 규례는 전날과 같다(민 29:31).

일곱째 날에 번제의 수송아지는 7마리이고, 다른 규례는 위와 같다(민 29:32-34).

제8일은 '거룩한 대회'로 모이는데 아무 노동도 하지 말고 화제를 여호와께 드리게 되었다(레 23:3639).

이때의 화제는 민수기 39장 35절 이하에 의하면 아래와 같다.

번제에 수송아지 1마리, 숫양 1마리, 1년 된 어린 흠없는 숫양 7마리, 소제와 전제는 수송아지와 숫양과 어린 숫양의 수효에 따라서 규례대로 드리게 되었다. 속죄제는 숫염소 1마리다.

이상의 것을 보면 8일간 번제에 쓰는 수송아지의 수효가 매일 다르다. 또 그 수송아지의 수효에 따라 소제와 전제가 다른 것이며, 속죄제는 같다.

3. 초막절의 실행 대상자

초막절을 지킬 수 있는 사람은 신명기 13장 16절에 잘 나타나 있다. 그 성구에 의하면 이하의 사람은 절대로 공수로 여호와께 나와서는 안 된다. 여호와 하나님께서 복을 주신 데 따라 힘써 물건을 드리게 되어 있다.

이스라엘 백성 자신들, 이스라엘 백성의 자녀, 이스라엘 백성의 노비, 이스라엘의 성 중에 거하는 레위인, 이스라엘의 손님(이스라엘 백성과 이방인)과 고아와 과부가 함께 즐거워하며 잔치하면서 지키는 것이다.

하나님께서 모세를 통하여 이스라엘 백성에게 명하신 것이다. 이 명령에 따라 1천여 년 동안 실천하여 지켜 내려왔다. 주전 450년경 느헤미야의 지도하에 포로에서 돌아온 이스라엘 백성들이 지킨 초막절은 산에 가서 감람나무 가지와 돌 감람나무 가지와 화석류나무 가지와 종려나무 가지와 기타 무성한 나뭇가지를 취하여 지붕 위에, 뜰 안에, 하나님의 전 뜰에, 수문 광장에, 에브라임 문 광장에 초막을 짓고 그 안에 살면서 애굽에서 나온 것과 광야의 생활을 기념하면서 크게 즐거워하는 것이었다. 즉 과거 하나님의 구원과 그의 인도와 그의 축복과 아울러 조상들의 고난과 그 누린 덕을 기리면서 자신들의 받은 은혜와 축복을 감사하면서 즐겼던 것이다.

4. 초막절의 영적 의미

초막절은 7월 15일에 지켰다. 이때는 농산물의 최종 수확기다. 이때에 절기를 지켰다는 것은 의미가 매우 크다. 레위기 23장 40절 이하를 보아도 이스라엘은 아름다운 과실을 가지고 가서 초막절을 지킨 것이다. 그러므로 초막절은 추수기와 관계를 가지고 있고, 또 아름다운 열매와도 관계를 가진다.

신약성경을 찾아 보면, 예수님은 추수의 열매와 성도의 관계를 말씀하셨다. "추수할 것은 많다. 일꾼이 적으니 추수하는 주인에게 청하여 추수할 일꾼을 보내 주소서 하라"고 하셨다(마 9:37; 눅 10:2). 이것은 복음 선포와 교회 형성을 말씀하신 것 같다. 또 "너희는 넉 달이 지나야 추수할 때가 이르겠다 하지 아니하느냐 그러나 나는 너희에게 이르노니 너희 눈을 들어 밭을 보라 희어져 추수하게 되었도다. 거두는 자가 이미 삯도 받고 영생에 이르는 열매를 모으나니"(요 4:35-36)라고 하셨다. 이것은 복음 선포와 영혼을 수확하여 주의 창고인 교회에 저장하는 것과 같다.

초막절은 지상의 교회에 영적 곡식이 수장되는 것뿐 아니라, 마지막 날에 예수 그리스도로 인하여 구속받고 성령 안에서 중생하고 주의 일에 충성하던 성도들이 예비했다가 영원한 집 천국에 들어가 영생복락을 누리는 것이다.

그때에 우리의 기쁨은 말할 수 없이 기쁘고 행복할 것이다. 주님을 따르는 무리들이 주님이 나귀를 타시고 예루살렘에 들어가실 때 주님 앞에 옷을 펴고 나뭇가지를 꺾어 들고 "호산나 다윗의 자손이여 찬송하리로다 주의 이름으로 오시는 왕이여 가장 높은 곳에서 호산나 하리로다"(마 21:1-9)라고 했다. 이것은 장차 주님과 성도들의 천국 입성의 예언이며, 이스라엘 백성이 초막절을 지킬 때에 즐거워하며 초막절에 열매를 놓고 여러 나뭇가지들을 꺾어 마당과 지붕과 장막 옆에 세우고 즐긴 것은 그리스도와 성도들의 천국에서 누릴 환희와 영화를 예표한 것이다.

"저 뵈는 본향 집에 날마다 가까워 내 갈길 멀지 않으니 전보다 가깝다……내 주의 집에는 거할 곳이 많도다 그 보좌 있는 곳으로 가까이 갑니다"(찬송가 239장 1, 2절).

이스라엘 백성은 초막절을 지키는 첫날에 아름다운 나무의 과실을 초막에 두고, 종려나무 가지와 무성한 나무의 가지와 시내버들의 가지를 취하여 지붕 위에와 주위에 장식하게 되어 있다.

초막절은 그해에 수확한 곡식과 과일을 거두어들이는 수확기로 여호와 앞에서 즐거워하면서 추수에 대한 감사와 함께 지켰다. 이것은 이 세상 마지막 날에 성도들이 누릴 기쁨과 평안을 예시해 주는 것이다.

즉, 이 세상 마지막 때인 추수기에 베풀어질 하늘나라의 잔치를 예시하고 있다. 이 절기가 진행되는 7일 동안에 하나님께 드린 수송아지 수는 모두 70마리였다. 첫날에는 수송아지 13마리, 둘째 날에는 12마리, 이렇게 하여 마지막 날에는 7마리로 줄었다. 이것은 초막절이 그 해의 마지막 절기로 제사 제도가 폐하게 됨을 예시한다. 아울러 예수 그리스도께서 율법의 완성자이심을 나타내 주고 있다.

부록

솔로몬 성전과 예수님의 생애관 전시전
노아 방주와 유물관

솔로몬 성전

1. 성전 건축 터

솔로몬이 성전을 세운 터는 어떤 곳일까? 성경은 이에 대하여 밝히 전해 주고 있다.

솔로몬이 예루살렘 모리아 산에 여호와의 전 건축하기를 시작하니 그곳은 전에 여호와께서 그의 아버지 다윗에게 나타나신 곳이요 여부스 사람 오르난의 타작마당에 다윗이 정한 곳이라(대하 3:1).

2. 성전 건축헌금

(1) 성전 건축헌금을 드리는 자세

이스라엘 백성들은 많은 물질을 가지고 출애굽하여 하나님께서 시내 산에서 성막을 만들라고 하실 때, 모세가 그만 가지고 오라고 광고할 정도로 즐겁게 그리고 만족하게, 충분하게 하나님께 드렸다. 이스라엘 백성들은 성전 건축을 할 때에도 즐겁게 자원하여 하나님께 예물을 드렸다.

(2) 건축헌금자

1) 다윗의 헌금(대상 22:1-5)

사유재산으로 드린 헌금
금 3,000달란트
철 7,000달란트

전쟁 중에 전리품으로 드린 헌금
금 100,000달란트
은 1,000,000달란트

2) 지도자들의 헌금

모든 족장과 천부장과 백부장
금 5,000달란트
금다릭 10,000달란트
은 10,000달란트
놋 18,000달란트
철 100,000달란트

3) 솔로몬의 헌금

밀 20,000석
보리 20,000석
포도주 20,000말
기름 20,000말

이 모든 헌금은 하나님을 사랑하는 마음의 표시였다. 이 모든 것은 금, 은, 놋, 철 그리고 보석, 돌 그리고 재목으로 바뀌어 성전건축이 7년간 잘 진행되게 되었다.

3. 성전의 구조

(1) 고린디안 문

두 번째 담에 있는 하나의 문을 고린디안 문이라고 한다. 이 문은 정말 아름다운 문이었다. 바로 이 문에서 40년 된 앉은뱅이가 일어났다. 이 문을 우리는 '성전 미문'이라고 부르기도 한다. 이곳에서 기적이 일어났고, 5천 명이나 되는 사람들이 예수님을 영접하는 대사건이 일어났다.

(2) 여인의 뜰

고린디안 문을 들어서면 바로 여인의 뜰이 전개된다. 이 여인의 뜰에서 발생한 사건들이 있다. 잊을 수 없는 사건은 간음한 여인을 살린 이야기다.

여인의 뜰은 135×135규빗의 정방형 마당이다. 5규빗 두께의 담으로 둘러싸여 있고, 동서남북에 각각 한 개씩의 문이 있어서 모두 네 개의 문으로 통하게 되어 있다. 그리고 네 구석에 각각 방이 하나씩 있다.

(3) 나실인의 방

크기는 40×40규빗이라는 설도 있고, 40×30규빗이라는 주장도 있다. 들어서서 왼편에 있는 방이 나실인의 방이다.

나실인의 서원이 끝나면 세 가지 제사 즉 번제, 속죄제 그리고 화목제를 드려야 한다. 특별히 화목제를 드리려는 요리는 이 나실인의 방에서 만들어졌다. 나실인이 사용하는 방이라 나실인의 방이라 부른다.

(4) 나무광

여인의 뜰을 들어서서 오른편에 있는 방이 나무광이다. 여인의 뜰에 있는 네 방은 모두 지붕이 없는 것이 특징이다. 번제단에서 사용하는 나무는 이곳에서 골랐다. 은퇴한 노인 제사장이나 아직 제사장 자격이 없는 어린 제사장 후보들이 이곳에 모여 번제단에 쓸 나무들을 정돈하였다. 번제단에는 썩은 나무를 사용하면 안 된다. 그리고 벌레 먹은 나무나 더러운 나무도 사용하면 안 되기 때문이다.

(5) 문둥병자실

여인의 뜰 북서쪽에 있는 방은 문둥병자실이다. 문둥병자는 살아 있는 송장이기에 문둥병에 걸리면 성 밖으로 내쫓겨야 했다. 다수를 보호하기 위한 불가피한 조치였다. 당시 문둥병은 불치병이었기에 문둥병에 걸리면 미리 장례식을 지내 밖으로 내쫓았다. 그러나 하나님의 은총으로 문둥병에서 고침받은 사람들은 이곳에 와서 정결예식을 준비하였다. 축복받은 문둥병자들이 모이는 자리였다.

(6) 기름 창고

여인의 뜰의 남서쪽에 있는 방은 기름실이다. 이 방에는 제사에 필요한 기름, 포도주 그리고 밀가루들이 보관되어 있었다.

제사를 드리려는 사람은 성전 밖에서 짐승을 구입하였다. 그래서 성전으로 가는 길은 온통 이런 장사꾼들로 범벅이 되어 있었다. 그러나 소제를 드리기 원하는 사람들은 필요한 것들을 성전 안에서 구입하였다.

(7) 니카놀 문

여인의 뜰을 지나 남자들의 뜰로 들어가기 위하여 중간에 나 있는 문을 니카놀 문이라고 부른다. 반원으로 되어 있고 15개의 계단이 있다. 이 문으로는 남자들만 통과할 수 있다. 이 문의 크기는 20×5규빗으로, 이 문에는 정교하게 그림이 그려져 있다.

성전의 모든 문들은 금으로 입혀져 있다. 그러나 이 니카놀 문은 놋으로 되어 있다. 그런데 이 놋문은 정말 금처럼 빛나고 있었다. 이 문을 열기 위해서는 20명의 장정이 필요하였다. 니카놀 문은 특별한 때만 열렸고, 언제나 닫혀 있었다. 즉 안식일, 축제일 그리고 왕이 성전에 나타날 때만 열렸다.

4. 성전 치수

솔로몬 왕이 여호와를 위하여 건축한 성전은 길이가 육십 규빗이요 너비가 이십 규빗이요 높이가 삼십 규빗이며(왕상 6:2).

(1) 성소

성소의 길이는 40규빗, 넓이가 20규빗, 높이가 30규빗이다. 그러므로 성소는 24,000입방 규빗이다. 24는 하나님의 질서의 수다. 하늘 나라 하나님의 보좌에는 24장로가 앉아 있다.

모든 제사장을 제비뽑아 24반열로 나누어 24시간 동안 일하였다. 문지기도 24반열, 성가대도 24반열, 제사장도 24반열로 나누었다.

(2) 지성소

지성소는 가로, 세로, 높이가 20규빗씩이다. 성막 지성소보다 정확하게 두 배다.

(3) 성전 뜰

성전 뜰의 크기는 하나님께서 지정해 주지 않으셨다. 다만 성소와 지성소는 가로, 세로, 높이를 정확하게 제시해 주셨다.

(4) 번제단

> 솔로몬이 또 놋으로 제단을 만들었으니 길이가 이십 규빗이요 너비가 이십 규빗이요 높이 십 규빗이며(대하 4:1).

성막의 번제단과 비교하여 약 50배가 크다.

(5) 물두멍

1) 10물두멍

10은 율법수요 질서의 수이다. 죄를 전가시킨 제물을 닦는 곳이다. 율법의 저주를 닦아내는 곳이다.

2) 받침

> 놋으로 받침 수레 열을 만들었으니 매 받침 수레의 길이가 네 규빗이요 너비가 네 규빗이요 높이가 세 규빗이라(왕상 7:27).

열 개의 물두멍은 모두 같았다. 하나님의 의도에 모두가 정확하게 맞아야 한다. 틀리면 물두멍이 아니다.
우리는 모두 그리스도의 규격에 맞아야 한다. 그렇지 않으면 그리스도인이 아니다. 누구든지 그리스도의 영이 없으면 그리스도인이 아니다.

3) 바퀴

물두멍에는 각각 네 바퀴씩이 달려 있다. 놋바퀴의 높이는 1규빗 반이다. 바퀴는 이동을 의미한다. 그래서 물두멍은 뜰에서 이리저리 이동할 수 있다. 이는 복음의 전파를 의미한다.

(6) 바다

높이는 5규빗, 직경은 10규빗, 둘레는 30규빗이다. 바다는 둥글었다. 그리고 손바닥 넓이의 두께였다.

1) 열두 마리의 소

열두 마리는 예수님의 열두 제자다. 열두 마리 소가 바다를 받치고 있듯이 열두 명의 제자들이 예수님의 사역을 담당하고 있다.

예수님은 열두 명의 제자들에게 모든 사역을 맡기시고 승천하셨다. 대신에 그들에게 능력을 주시려고 성령을 보내주셨다. 바다의 물은 말씀과 성령을 의미한다.

(7) 두 놋기둥

1) 높이

높이는 18규빗이다. 18은 9의 배수다. 9는 '마지막 수'다.
기둥은 뜰 사역의 마지막이다. 마지막 수는 '성취의 수'라는 의미다.
두 기둥은 그리스도의 사역을 성취하고 들어가는 입구다.

2) 이름

우편 기둥 이름이 야긴이고, 좌편 기둥이 보아스다.
야긴은 '그가 세우실 것이다'라는 뜻이고, 보아스는 '그에게 능력이 있다'라는 뜻이다.

예수님의 생애관 전시전

1. 동방박사들의 아기 예수 경배

천사의 예언대로 예수 그리스도께서 탄생하시자, 동방으로부터 수천 킬로미터를 여행해 온 박사들이 '유대인의 왕으로 나신' 아기 예수님을 찾아가서 경배를 한다. 동방박사들의 방문과 경배는 예수 그리스도께서 이방인들에 의해서까지 '왕'으로 메시아이심을 보여주고 있다.

메시아의 탄생에 경배한 자들은 율법에 정통한 자들이 아닌, 이방인과 비천한 신분의 목자들이었다. 이렇듯 예수 그리스도의 초림 때와 마찬가지로 주님의 재림 역시 영적으로 근신하여 깨어 있는 자만이 기쁨으로 맞이할 수 있다(마 24:42, 25:13; 살전 5:6).

예수 그리스도는 악의 세력들에게 있어서 두려움과 배척의 대상이지만 하나님의 택하심을 받은 자들에게 있어서는 기쁨과 경배의 대상이시다.

동방 박사들은 당시 최고의 경배 대상에게 바치던 황금과 유향과 몰약을 예수님께 드렸다. 여기서 황금은 영원히 불변하실 예수의 왕적 권위, 유향은 예수의 거룩하심과 제사장적 권위, 몰약은 예수의 수난과 죽음을 상징한다. 이는 결국 예수는 우리의 왕이요, 제사장이요, 구세주이심을 보여준다.

1. The Worship of Baby Jesus by the Magi from the East

After hearing the angels' prophecy, Magi from the East traveled thousand of kilometers to worship the baby Jesus, 'the one who has been born king of the Jews.' The visit and worship of the Magi from the East shows that Jesus Christ is the Messiah and a 'King' even to Gentiles.

Worshippers at the Messiah's nativity were lowly shepherds and Gentiles. This signifies that, as in Jesus' first advent to the world, only those who are spiritually awakened can greet Him joyfully upon His second coming(Matthew 24:42, 25:13; 1Thessalonians 5:6).

To those who are evil, Jesus Christ is a fearful object to be rejected, but for those who are chosen by God, He is a subject of joy to be praised.

The magis offered gold, frankincense, and myrrh to Jesus, gifts which at that time were only offered to the most revered. Gold symbolizes the everlasting kingship of Jesus, frankincense symbolizes Jesus' holiness and priestly authority, while myrrh symbolizes the pain and death of Jesus. Together, they signify that Jesus is our King, Priest, and Savior.

1. 東方の博士たちがイエスを拝む(マタイ二・1-12)

天使から言われた通りイエス・キリストがお生まれになると東方から数千kmも旅をして来た博士たちはユダヤの王としてお生まれになったイエス様にお目にかかり拝んだ。東方の博士たちの訪問と礼拝はイエス・キリストが異邦人にまでも王であり、キリストであることを表している。

イエス・キリストのご誕生に礼拝をささげた人々は律法に精通した者でなく、異邦人と同じ卑しい身分の羊飼いたちであった。イエス・キリストが来られたのと同じようにイエス様の再臨の時も目を覚ましている者だけが喜びと感謝のうちに主を迎えることが出来る。(マタイ二四・42、二五・13、第一テサロニケ五・6) イエス・キリストは悪魔にとっては恐れと排斥の相手であるが、クリスチャンは神とイエス様に礼拝をささげる者なのである。

東方の博士たちは、みどり子である主イエス様に最高の贈り物として黄金、乳香、没薬を差し上げた。黄金は永遠に変わらないイエス様の権威、乳香はイエス様の聖さと祭司の権威、没薬はイエス様の苦難と死を象徴している。つまりイエス様は私たちの王であり、祭司であり、救い主であることを表している。

2. 예수 탄생

　박사들이 정성들여 갖고 온 각각의 예물은 신·구약성경에 나타난 바 한 가지 이상의 용도로 사용되었다. 그 예물에 상징적인 의미가 깃들어 있음을 주목해야 한다. '황금'은 모세 당시에 성막과 그 기구들(출 25-31, 35-40장)을 만드는 데 널리 사용되었으며, 또한 솔로몬 당시에 성전과 그 내용물들(왕상 5-7장; 대하 2-5장)을 만드는 데 널리 사용되었다. 그러므로 구약 성경에 익숙한 사람이라면 누구나 황금은 곧 그리스도의 영원한 왕권을 암시해 주고 있음을 알 수 있다.

　또한 '유향'(문자적으로는 순수한 향)은 소제(레 2:1, 2, 15, 16)와 결혼행렬(아 3:6)에 관련하여 사용되고 있는데, 대부분의 구약성경에서는 여호와께 예배하는 것과 하나님의 거룩하심과 관련이 있다(대상 9:29). 이런 사실로 보아 유향의 예물은 그리스도의 신성을 상징한다고 보아도 무방할 것이다.

　그리고 '몰약'은 침상(잠 7:17) 혹은 옷을 향긋하게 하기 위하여 사용되었다. 몰약은 그리스도의 수난과 죽음을 나타낸다고 볼 수 있다.

2. The Birth of Jesus Christ

Each offering given by the Magis to Jesus had more than two usages, according to both the Old and New Testaments. We should focus on the symbolic meaning of each offering. 'Gold' was widely used to make the tabernacle and the implements in it during the time of Moses (Exodus 25-31, 35-40), as well as Solomon's temple and its contents (1 Kings 5-7; 2 Chronicles 2-5), Thus, for those who are familiar with the Old Testament, it is not difficult to understand that gold implies the eternal kingdom of Jesus. In addition, frankincense (literally meaning 'pure incense') was used for anointing(Leviticus 2:1, 2, 15, 16) and in the wedding procession (Song of Solomon 3:6), which are both events related to the holiness of God and the worship of the Lord in the Old Testament(1Chronicles 9:29). This also suggests that frankincense symbolizes the divinity of Jesus Christ. Myrrh, meanwhile, was used to imbue a pleasant fragrance to clothes or bedding(Proverbs 7:17), but also was used as an embalming ointment by the Israelites. Thus, it can be said that myrrh represents the suffering and death of the Christ.

2. イエス様のご誕生(マタイ二・1-12)

東方の博士たちが心を尽くして持ってきた物をイエス様に贈り物としてささげた。この贈り物にはいろいろな象徴的な意味が含まれていることに注目しなければならない。

1) 黄金はモーセが神から命じられて幕屋のいろいろな物を作る時、使われた(出エジプト記二五-三一章、三五-四十章)。そして、ソロモンの時にも神殿のいろいろな物を作る時、黄金がよく使われた(列王記Ⅰ五-七章、歴代誌Ⅱ二-五章)。旧約聖書に精通している人であるなら、黄金はキリストが永遠の王として権威をもっておられるお方であることを表している。

2) 乳香は(文字的には純粋な香)穀物のささげ物(レビ記二・1、2、15、16)と結婚のことと(雅歌三・6)関連して使われているが、旧約聖書には、主に礼拝をささげることと神の聖さとつながっている(歴代誌Ⅰ九・29)。結局、乳香の贈り物はイエス・キリストの神性を表している。

3. 예수의 나사렛 귀향

나사렛은 갈릴리 북방을 담당하던 로마의 부대가 주둔하였던 지역이다. 따라서 대부분의 유대인들은 그 마을과 별다른 연관이 없었다. 때문에 나사렛에서 살던 유대인들은 원수인 로마인들과 어울려 다니는 회색분자들로 취급당했으며, '나사렛 사람'이라고 부르는 것은 당시 경멸의 표현이었다. 그래서 요셉과 그 가정이 나사렛에 정착한 이래로 메시아는 이스라엘의 수많은 사람들에게 멸시와 모독을 받으셨다(요 1:10-11). 그뿐 아니라 '나사렛'이란 말은 예수와 그를 따르는 많은 사람들에게 여전히 경멸과 무시의 의미로 적용되었다(마 21:11; 막 14:67; 요 18:7).

실제 나사렛 사람들은 일반적으로 멸시와 경멸의 대상이었다(요 1:46, 7:52). 따라서 '나사렛 출신' 혹은 '나사렛 사람'이란 말은 동시에 별다르게 내세울 것이 없는 천한 신분의 사람이란 뜻과 일맥상통한다. 이것은 곧 이사야가 말한 "마른 땅에서 나온 뿌리 같아서 고운 모양도 없고 풍채도 없은즉"(사 53:2)이라는 말과 연결될 수 있다. 이것은 물론 다른 여러 선지자들의 메시아에 대한 예언에 있어서도 마찬가지다. 따라서 마태가 여러 선지자들의 예언이 이루어졌다고 표현한 것은 예수께서 낮고 천한 모습으로 삶을 살며 끝내 버림받으실 것이라는 여러 선지자들의 예언이 지금 '나사렛 사람'이 되심 속에서 온전히 이루어졌음을 의미하는 것이다(빌 2:8).

3. Jesus' return to Nazareth

Nazareth is the region where the Roman troops occupying Northern Galilee were stationed. Therefore, most Israelites had no particular association with the village. Israelites who lived in Nazareth were treated as fence sitters who fraternized with the Roman enemy of the Jews, and the word 'Nazarene' subsequently became a derogatory expression. This was the reason why the Messiah was despised and scorned by so many Israelites, since Mary and Joseph settled in Nazareth(John1).Furthermore, the word 'Nazarene' was applied with a connotation of ignorance and contempt to both Jesus and His followers(Matthew 21:11; Mark 14:67; John 18:7).

The people of Nazareth were the objects of scorn and contempt(John 1:46, 7:52). Therefore, the terms 'people of Nazareth' or 'Nazarenes' consistently was interpreted to suggest that they were unremarkable people with humble origins. This can be connected to the verse in Isaiah 53:2: "He grew up before him like a tender shoot, and like a root out of dry ground. He had no beauty or majesty to attract us to him, nothing in his appearance that we should desire him." This is true of the prophecies by other prophets of the Messiah's coming. as well. What Matthew means it that all the prophecies came true, and that Jesus being a Nazarene in itself fulfills the prophecies of the prophets that Jesus would come from a very humble birth and would ultimately be forsaken(Philippians 2:8).

3. イエスの里帰り、ナザレへ(マタイ二・19-23)

救い主であるイエスがお生まれになると、ヘロデ王はイエスを殺す計画を立てた。この時、神は幼子イエスをエジプトに避難させ、ヘロデ王が死んだ後にイエスをナザレに行くようにされた。

ナザレは田舎であり、賑やかなところではない。聖書にはナザレについて下記のように書かれている。

「そして、ナザレという町に行って住んだ。これは予言者たちを通してこの方はナザレ人と呼ばれる。と言われることが成就するためであった。」(マタイ二・23)。

ナザレはガリラヤの中南部地域にあり、ローマ軍が駐留していた。

当時、ユダヤ人たちは、ローマについて嫌悪感が強かったのでナザレまで嫌がっており、ナザレを悪く思っていた。ナザレの人たちはナザレに住むこと自体、悪く思われナザレ人と呼ぶのは彼らを軽蔑する表現であった。

この時ヨセフの家族はナザレに住んでいたので、イエス・キリストはイスラエルの多くの人々から軽蔑された。

「ナタナエルは彼に言った。ナザレから何の良いものが出るだろう。」(ヨハネ一・46)。

そればかりではなく、イエスはユダヤ人たちからも軽蔑された(マタイ二一・11、マルコ一四・67、ヨハネ 一八・7)。

聖書の予言は必ず成就するということである。(イザヤ五三・2、ピリピ二・8)。

4. 어린 시절 회당에서 토론

　인자(人子)로서의 메시아의 모습을 강조하기 위해 예수가 여느 인간들과 같은 성장 과정을 거쳤음을 기록한 것으로 여겨진다.
　한편 본문에 나타난 예수님의 두 가지 모습을 통하여 이미 예수가 메시아로서 자각하고 있다는 사실을 보여준다.
　첫째는 예수님의 부모가 예수를 찾으러 예루살렘 성전으로 돌아왔을 때 선생들과 토론하는 모습에서 나타난다. 예수님의 지혜는 당대 뛰어난 학자들을 놀라게 할 정도로 뛰어났는데, 이것은 인간의 선천적인 지혜가 아니라 하나님에게서 온 신적(神的)인 능력이다. 이런 신적인 지혜와 능력은 그리스도의 공생애 중에 나타난 말씀 선포나 해석을 볼 때에 더욱 확실히 나타난다.
　둘째는 모친이 왜 찾도록 만들었느냐고 책망할 때에 '아버지의 집'에 있는 것이 당연하다는 예수님의 대답에서 나타난다(48, 49절). 예수님께서 하나님을 '아버지'라고 지칭한 것은 자신이 하나님의 아들이며 메시아임을 이미 자각하고 있음을 보여주는 최초의 언급이다 (마 11:25; 막 14:36; 눅 22:29; 23:46; 요 5:17).

4. The Boy Jesus at the Temple

This was recorded to emphasize that Jesus went through a growing process of human development just like other people. On the other hand, it can be seen that Jesus was already self-aware that He was the Messiah through two of His acts.

The first act was when Jesus was holding a discussion with the teachers in the temple of Jerusalem when His parents came to look for Him. Jesus' wisdom was so remarkable that the famous scholars were all amazed, and this was not born of merely human intelligence but came from the divine source of God's power. The divinity of Jesus appears more clearly through His teachings during public life.

The second act was Jesus' response to His mother's question about being at the temple without telling her. Jesus answered that naturally he was in the house of His father (Luke 2:48-49). It was the first time that Jesus referred to God as the 'Father,' indicating His self-awareness that He was the son of God and the Messiah(Matthew 11:25; Mark 14:36; Luke 22:29, 23:46; John 5:17).

4. イエス様が子供の時、会堂での討論(ルカ二・41-52)

人の子として生まれたイエス様こそキリスト（救い主）であることを表している場面である。一方、本文に書いてある二つのことを通してイエス様は自分ご自身がキリストであることを認知しておられた。

第一、「イエスと両親は過ぎ越しの祭りの時にエルサレムに行って祭りの期間を過ごしてから、帰路についたが、少年イエスはエルサレムにとどまっておられた。両親はそれに気づかなかった。」（ルカ二・43）。

「イエスが宮で教師たちの真ん中に座って、話を聞いたり質問したりしておられるのを見つけた。聞いた人々はみな、イエスの知恵と答えに驚いていた。」（ルカ二・46、47）。これこそ、神の力である。

第二、「両親は彼を見て驚き、母は言った。まあ、あなたはなぜ私たちにこんなことをしたのです。見なさい、父上も私も、心配してあなたを捜し回っていたのです。すると、イエスは両親に言われた。どうして、わたしをお捜しになったのですか。わたしが必ず自分の父の家にいることをご存じなかったのですか。」（ルカ二・48、49）。

イエス様が父だと言われたのは自分が神の子であり、キリストであることを表していたの

である。
(マタイ一一・25、マルコ一四・36、ルカ二二・29、二三・46、ヨハネ五・17)
イエス様はキリスであり、かつ完全な人間であられた。また両親にも従順に仕えられた。
(ルカ二・51)
「イエスはますます知恵が進み、背丈も大きくなり、神と人とに愛された」(ルカ二・52)。

5. 세례를 받으신 예수

예수의 세례 받으심은 그의 사생활을 끝내고 공생애를 시작하는 표식이었다. 즉 요한의 세례가 일반 사람들에게는 죄인된 과거를 청산하는 것을 상징하는 바, 예수께서는 세례를 받으심으로 그의 이전까지의 사적 생활을 청산하고 구속 사역을 수행할 메시아의 공적 생애가 시작되었음을 알리신 것이다.

다시 말해서 예수님께서 회개의 상징인 물 세례를 받으신 것은, 그 자신이 죄성(罪性)을 지닌 존재였기 때문이 아니라 세상 죄를 지고 가는 하나님의 어린 양으로서(요 1:29) 온 인류의 죄악을 친히 담당하실 존재였기 때문이다.

한편 예수께서 요한으로부터 세례를 받으시고 물에서 올라오시자 하나님의 성령이 비둘기같이 내려와 그 위에 임했다(마 3:16). 뿐만 아니라 하늘로부터 "이는 내 사랑하는 아들이요 내 기뻐하는 자라"(마 3:17)는 소리가 들려왔다. 이는 하나님께서 예수를 메시아로 직접 인정하셨음을 의미한다. 이처럼 예수는 물 세례와 성령 세례를 동시에 받으심으로 사람과 하나님으로부터 동시에 메시아로서 인정을 받으셨으며, 그의 공생애를 시작할 1단계 준비를 마치셨다.

5. The Baptism of Jesus

The baptism of Jesus signals the beginning of His public life and the end of His private life. In other words, unlike the general meaning of the baptism of ordinary people, which is to wash away past sins, the baptism of Jesus by John the Baptist symbolized the washing away of His private life and the beginning of the Messiah's public life of practicing the work of Redemption.

That is to say, the reason for the symbolic repentance of Jesus' baptism is not because He had sinned, but because he was the Lamb of God who would be sacrificed for humanity(John 1:29).

As soon as Jesus came out of the water after being baptized by John the Baptist, the Holy Spirit of God descended on Jesus in the form of a dove(Matthew 3:16). Also, avoicecamedown from heaven saying, "This is my beloved son with whom I am well pleased" (Matthew 3:17). This means that God acknowledged Jesus as the Messiah. Jesus completed the first stage of preparing for His public life by simultaneously receiving baptisms of both water and spirit.

5. バプテスマを受けたイエス(マタイ三・1-6、13-17)

ユダヤ人たちがバプテスマのヨハネからバプテスマを受けたのは、神の御前に自分の罪を告白したとの意味である。

しかし、イエス様がバプテスマを受けたのは、今までの私的な生活を終えて、キリスト（救い主）として贖いの働きを成し遂げるために公的生涯が始まったことを意味している。

イエス様が悔い改めの象徴であるバプテスマを受けたのは自分が罪を犯したとの意味ではない。

「見よ、世の罪を取り除く神の小羊。」（ヨハネ一・29）として、全人類の罪を担わなければならなかったからである。

「こうして、イエスがバプテスマを受けて、すぐに水から上がられた。すると、天が開け、神の御霊が鳩のように下って、自分の上に来られるのをご覧になった。」（マタイ三・16）

「また、天からこう告げる声が聞こえた。これは、わたしの愛する子、わたしはこれを喜ぶ。」（マタイ三・17）。

これは、神がイエスをキリスト(救い主)として認められたということである。
このようにイエス様は神からキリストとして明確に認められ、公生涯の第一段階の準備が整ったことを意味する。

6. 사탄의 시험과 예수의 승리

공생애 사역에 필요한 마지막 준비 단계로, 광야로 가셔서 40일 동안 금식하시고 마귀로부터 시험을 받으셨다. 그런데 예수님께 대한 마귀의 시험은 세 차례에 걸쳐서 행해졌다.

첫째 시험은 돌로 떡덩이를 만들어 금식으로 인한 굶주림을 면하라는 것이었고(마 4:3), 둘째 시험은 하나님의 아들이어든 성전 꼭대기에서 뛰어내려 보라는 것이었으며(마 4:5-6), 셋째 시험은 천하만국과 그 영광을 줄 테니 마귀 자신에게 경배하라(마 4:8-9)는 것이었다.

이러한 시험을 분석해 보면, 첫 번째 시험은 인간의 육신의 약점을 교묘히 이용한 시험이었고, 두 번째 시험은 명예를 자극하는 정신적인 약점을 이용한 시험이었다. 그리고 세 번째 시험은 메시아의 사역과 밀접한 연관이 있는 종교적·영적인 약점을 이용한 시험이다.

예수님께서는 그 어떤 시험에도 굴복하지 않으시고 하나님의 말씀을 무기로 삼아 마귀를 물리치셨는데, 바로 이러한 예수님의 승리는 단 한 차례의 시험에 그만 맥없이 마귀에게 굴복한 인류의 조상 아담의 실패와 너무나 대조적이다. 따라서 본 배경은 첫째 아담의 실패로 말미암아 온 인류에게 전가된 죄와 죽음의 문제를 둘째 아담이신 예수 그리스도(고전 15:45)께서 완전히 해결하고 온 인류로 하여금 구원과 영생의 축복을 누리도록 하실 것이라는 사실을 보여주고 있다(롬 5:12-21).

6. The Temptations of Satan and the Triumph of Jesus

As the final stage of preparation before this public life, Jesus went into desert and fasted for 40 days, where he was tested by Satan. Jesus underwent three temptations. The first was to fill his empty stomach by making stones into bread (Matthew 4:3). The second was to leap from the pinnacle of the temple, if He was the real son of God(Matthew 4:5-6). The third was to bow down and worship Satan in exchange for the glory of all the nations(Matthew 4:8-9). The first temptation was a test exploiting physical weakness, while the second trial exploited spiritual weakness for honor. The third temptation was closely related to the Messiah's ministry, exploiting religious and spiritual weaknesses.

6. 悪魔の試みとイエスから離れた悪魔(マタイ四・1-11)

「イエスは悪魔の試みを受けるため、御霊に導かれて荒野に上って行かれた。そして、四十日四十夜断食したあとで、空腹を覚えられた。」(マタイ四・1、2)。この時、試みる者(サタン)が近づいて来て三回試みにあわれた。

第一、試みる者が近づいて来て言った。「あなたが神の子なら、この石がパンになるように命じなさい。」(マタイ四・3)。

第二、「悪魔はイエスを聖なる都に連れて行き、神殿の頂きに立たせて、あなたが神の子なら、下に身を投げて見なさい。」(マタイ四・5、6)。

第三、「イエスを非常に高い山に連れて行き、この世のすべての国々とその栄華を見せて、言った。もしひれ伏して私を拝むなら、これを全部あなたに差し上げましょう。」(マタイ四・8、9)。この三回の試みを考えると、

第一は、人の体の弱いところ(空腹)を突いて試みた。

第二は、神のみ言葉を使って試みた。

第三は、人間の名誉と富の誘惑をもって試みたのである。

イエス様はこう言う試みを受けたが、神のみ言葉を使って悪魔を撃退された。

これは最初の人、アダムの違反によって多くの人が死んだとすれば、最後のアダムであるイエス・キリストは生かす御霊となって全人類に救いと永遠の命を得させる祝福である事を表している。(第一コリント一五・45、ローマ五・12-21)。

7. 병 고치시는 예수님

예수님의 갈릴리 초기 사역의 핵심은 가르치는 사역과 전파하시는 사역 그리고 고치시는 사역이었음을 알 수 있는데, 이러한 사역들은 모두 하나님의 나라가 이 땅에 역동적으로 임하였음을 증거하는 것들이었다. 특별히 여기서 '고치시는 사역'이 강조되고 있는데, 본 배경에 소개되는 치유의 이적들은 결국 예수님께서 죄와 사망의 그늘에서 고통받는 인류를 구원하여 새로운 피조물로 변화시키실 메시아라는 것을 직접적으로 보여주고 있다(마 11:2-5; 고후 5.17). 예수의 3대 사역은 제자들에게도 위임된 것으로(마 10:1, 7:28, 20), 오늘날 예수를 머리로 하는 신앙 공동체인 교회의 3대 사명, 즉 교육(디다스칼리아), 전도(케뤼그마), 봉사(디아코니아)를 실천하신 것이라 하겠다.

7. Jesus Heals the Sick

In the early stage of Jesus' ministry by the Sea of Galilee, He performed a ministry centering on teaching and spreading the Word. It is also known that He performed a ministry of healing. These ministries are all evidence that the kingdom of God had indeed arrived. The healing ministry is particularly emphasized here, and these miracles directly imply that Jesus is the one who will transform humanity, suffering in the shadow of sin and death, changing them into a new creation of God(Matthew 11:2-5; 2 Corinthians 5:17). Jesus also mandated these three ministries to His disciples(Matthew 10:1, 7:28, 20) and these became the mission of the church, which is to practice teaching(Didache), proclamation(Kerygma), and service(Diakonia).

7. 病気を癒されたイエス(マタイ四・23-25)

「イエスはガリラヤ全土を巡って、会堂で教え、み国の福音をのべ伝え、民の中のあらゆる病気、あらゆる煩いを直された。」(マタイ四・23)。

これは神の国がこの世に近づいたという事を証明（立証）することである。

特別に癒しの働きが強調されているが、これから、イエスは罪と死の陰で苦痛する人間を救い出して、新しい被造物に変えさせるキリストである事を表している。(マタイ一一・2-5、第二コリント 五・17)。

イエスの三つの働きは弟子たちに委せられた。(マタイ十・1、7。マタイ二八・20)。

今日の信仰の共同体である教会の三つの使命、すなわち、教育「テタスカリア」、伝道「ケルクマ」、奉仕「テアコニア」、を実践されたのである。

8. 예수와 열두 제자

예수님께서 친히 천국 복음을 전파하시면서 동시에 제자들을 선택하셔서 하나님 나라의 일꾼으로 훈련시키신 것은, 자신의 지상 사역 이후를 대비하기 위해서였다. 즉 예수님의 부활과 승천 이후에 예루살렘과 온 유대와 사마리아와 땅 끝까지 이르러 복음의 증인이 되도록 하기 위해 미리 제자들을 택하셔서 3년간의 훈련 기간을 거치게 하신 것이다(행 1:8).

하나님께서는 세상적으로 아무것도 부러울 것이 없는 자들을 자신의 일꾼으로 세우시는 것이 아니라 지극히 부족하고 천한 자들을 택하여 하나님 나라를 위해 충성하도록 하신다(고전 1:26-28). 예수 그리스도의 제자로 부름받은 성도들에게 맡겨진 사명은 복음을 전파하여 다른 사람의 영혼을 구원하는 것이다. 하나님의 부르심을 받은 자들에게 요구되는 자세는 즉각적인 순종과 헌신이다. 베드로와 안드레 그리고 야고보와 요한은 예수님께서 그들을 제자로 부르셨을 때 그물과 배와 부친을 버려두고 즉시 예수님의 뒤를 좇았다. 만약 여전히 세상의 모든 것을 버리지 않고 하나님께 헌신하려는 자가 있다면, 그는 결코 하나님 나라에 합당한 자로 인정받지 못한다(수 24:14-16; 눅 14:33, 16:13, 18:28-37).

8. Jesus and the Twelve Disciples

The reason Jesus trained the disciples to become the ministers of God's Kingdom, even as He was directly spreading the gospel himself, was to prepare for the time following His death and resurrection. For three years, He chose and trained disciples to be witnesses to the gospel and spread the good news to the people of Jerusalem, the whole of Judea and Samaria, and to the ends of the earth(Acts 1:8).

The Lord said that for this mission He would not use those who were influential and lacked nothing in this world, but rather those who were extremely deficient, weak, and of humble origins, so that they would be faithful to the Kingdom of God (1 Corinthians 1:26-28). The mission of all those who were called to be disciples of Jesus Christ is to spread the good news and save the souls of others. For those who received God's call, immediate obedience and devotion were required.

8. イエスの十二弟子(マタイ四・18-22)

イエスは12人を選んで呼び出して私について来なさい。と言われた。

イエスが12人を弟子として選ばれたのはイエスが死んで復活し昇天されてから、「エルサレム、ユダヤとサマリヤの全土、および地の果てにまで、わたしの証人となります。」(使徒の働き一・8)。

イエスは三年間にわたって弟子たちを訓練された。立派な人たちを呼び出して弟子にしたのではなく、「この世の取るに足りない者や見下されている者を、神は選ばれました。」(第一コリント一・26-28)。

それは、神の国のために忠誠に仕えるように神から呼び出されたのである。

弟子たちの使命は福音を宣べ伝えて、霊魂を救い出すことである。呼び出された者たちには従順と献身が必要である。ペテロ、アンデレ、ヤコブ、ヨハネはイエス様が私について来なさい、と言われた時、網、船を捨て、父親からも離れて、イエスについて行った。この世のすべての事を捨てることなく主について行こうとする者は、決して神の国にふさわしくない(ヨシュア二四・14-16、ルカ一四・33、一六・13、一八・28-30)。

9. 산상 설교

　팔복은 현세에 국한되거나 물질적인 것들이 아니라 종말론적인 성격을 지닌 것들로서, 행복의 일부가 아닌 행복 그 자체를 다룬 것으로 영적이며 영원한 가치를 지닌 것이다. 그러나 동시에 이러한 복들은 예수 그리스도를 진정 자신의 왕으로 모시려 하는 자들이 맛보며 누릴 수 있는 복이기도 하다. 즉 천국은 아직 완성되지 않은 종말론적인 성격을 가졌음에도 불구하고 예수 그리스도의 성육신(成肉身)으로 말미암아 이미 이 땅에 도래하였듯이, 예수 그리스도 안에서 천국 시민 된 자들은 이미 이러한 복을 누리고 있는 것이다. 성도들은 매일매일의 삶 속에서 예수 그리스도를 왕으로 섬기며 그분의 통치에 순종하는 자세를 지녀야 한다.

　성도들은 물질적이고 현세적인 축복에 집착하기보다 영원하고 참된 하나님 나라의 축복을 사모해야 한다. 인생의 진정한 행복이란 결코 풍족한 물질과 편안한 외부 환경에서 비롯되는 것이 아니라 영적인 풍요로움과 내적인 평안에서 비롯되는 것이다.

9. Sermon on the Mount

The eight Beatitudes, or blessings, are not limited to the material plane, but also to things of an eschatological nature. It is not just a portion of happiness but happiness itself which implies its spirituality and eternal value. In addition, these are blessings for those who are willing to serve Jesus Christ as the king of their life. As the advent of the kingdom of Heaven on this earth began with the divine incarnation of Jesus Christ, despite its as-yet unfulfilled eschatological nature, as citizens of heaven in Jesus Christ, we already have these blessings in this world. As Christians, we have to serve Jesus Christ as our king in everyday life and maintain an attitude of obedience towards his sovereignty.

9. 山上の垂訓(マタイ五・1−12)

八福(八つの幸福)は今の時代に限られたものではなく、また一部分の幸せでも無い。幸福とは何かを教えて下さったのである。幸せは、霊であり、永遠に価値あるものなのだ。

こういう幸せをもたらせる事はイエス・キリストを自分の主(王)として受け入れる者が味あう幸せである。

すなわち、天の御国は、人間となってこの世に来られたイエス・キリストを信じた人、天の国籍を有した者だけが、この幸せを実感するのである。

聖徒たちは毎日の生活の中で、イエス・キリストを主(王)として仕える喜びを学び教えられ、主イエス様に常に従順すべきことである。

クリスチャンは失せ行く物質や、この世の生き方を見習うのでなく、永遠に存続する天の御国の幸せと祝福を慕うべきである。

人生の真の幸せは豊かな富や平安な生活を求めるのでなく、主イエス様から与えられる平安こそが本当の平安であり幸せである。

10. 물 위를 걸으신 예수

　예수님의 메시아로서의 초자연적인 권능의 모습이 잘 나타나 있다. 예수께서 자연을 다스리는 권세를 지니신 만왕의 왕이라는 사실이다. 예수께서 갈릴리 바다의 풍랑을 잔잔케 만드셨을 때에, 그저 기이히 여기며 "이이가 어떠한 사람이기에 바람과 바다도 순종하는가"(마 8:27)라는 말을 했던 제자들이, 이제 예수께서 갈릴리 바다 위를 걸어가시는 이적을 행하자 모두 그 앞에 절하며 "진실로 하나님의 아들이로소이다"(마 14:33)라는 신앙 고백을 하고 있음을 대조적으로 보여주고 있다. 따라서 본문을 통하여 예수 그리스도께서는 자신이 천지만물의 창조주이시며 통치자로서 죄악에 빠진 모든 인류를 건져 내시는 구원자이심을 다시 한 번 친히 드러내신다.

　성도들은 언제 어떤 상황 가운데 처하게 될지라도 예수 그리스도께서 우리와 동행해 주시고, 또한 그가 능히 우리를 도와주신다는 사실을 잊지 말아야 한다.

　성도들은 오직 예수 그리스도만 바라보며 앞을 향해 나아가는 자세를 지녀야 한다(히 12:2). 베드로는 예수님의 말씀을 의지하고 예수님만을 바라보며 나아갈 때 물 위를 걸을 수 있었다. 그러나 그는 눈을 들어 풍랑을 쳐다보았을 때 두려움을 갖게 되었고 그만 물속으로 빠지고 말았다. 그러므로 성도들은 푯대를 향해 달려가는 운동선수처럼, 그 어떤 세상 풍파도 두려워하지 말고 오직 예수 그리스도만 바라보며 믿음의 경주(競走)에 임하는 자들이 되어야 한다(고전 9:24, 26; 빌 3:12-14; 히 12:1).

10. Jesus Walking on the Water

In this chapter, we can see Jesus' supernatural power as the Messiah. Jesus is the King of Kings who rules over nature. When Jesus calmed the storm, the disciples just wondered in amazement, "What kind of man is this? Even the winds and the waves obey him"(Matthew 8:27), but when he walked on the water, they bowed down to him, saying, "Truly you are the Son of God"(Matthew 14:33). Thus, through this passage, Jesus once again reveals himself as the ruler of Heaven and earth, a Savior who will deliver humankind from sin, and the Creator of all creation.

10. 湖の上を歩かれたイエス(マタイ八・23-27。マタイ一四・22-33)

イエスは神であり、キリスト(救い主)、王の王、主の主である。
ガリラヤ湖で大暴風が起こって、舟は大波をかぶった。その時、イエス様は風と湖をしかりつけると、大なぎになった。
これを見た弟子達は風や湖までが言うことをきくとは、一体この方はどういう方なのだろうと…(マタイ八・23-27)。
その後、イエスが湖の上を歩かれるのを見て「舟の中にいた者たちは、イエスを拝んで、確かにあなたは神の子です。」(マタイ一四・33)。と、信仰の告白をした。
ペテロは湖を歩かれるイエス様を見て、湖の上を歩く事が出来た。けれども、彼は風を見て怖くなり、沈みかけた。この事実はイエス・キリストは万物の創造者であり、すべてを統治される神であることと、罪を犯した人間を救われる御方である事を明らかにしておられる。
クリスチャンたちは、どういう事があるとしても、キリストは私たちと共にいて、助けて下さる御方である事を忘れてはならない。
聖書は「弱った手と衰えたひざとをまっすぐにしなさい。」(ヘブル一二・2)。
競技場で走る人たちは、みな走っても、賞を受けるのはただひとりだ、ということを知っているでしょう。ですから、あなたがたも、賞を受けられるように走りなさい。

「また闘技をする者は、あらゆることについて自制します。彼らは朽ちる冠を受けるためにそうするのですが、私たちは朽ちない冠を受けるためにそうするのです。」（第一コリント　九・24、25)

クリスチャンはこの世で困難があっても、ひたすらイエスを見て、最後まで与えられた信仰の馳せ場を走りぬこうではないか(第一コリント九・24-26。ピリピ三・12-14。ヘブル一二・1)。

11. 나사로를 다시 살리신 예수

나사로 소생 사건은 여러 가지 이적을 뛰어넘는 최대 이적이다. 그런데 이러한 이적의 목적은, 예수께서 행하신 다른 이적들과 마찬가지로 목격한 자들에게 예수께 대한 믿음을 갖게 하기 위한 것이고 또한 예수의 신적 자기 증거를 뒷받침하기 위한 것이었다.

이와 같은 예수님의 이적은 이미 나사로가 죽은 지 4일이나 되어 시체에서 냄새가 날 정도였던 때에 행해졌다(요 11:31-39). 실로 예수님의 이적은 그 어떤 의학적 치료 행위나 주술적 방법도 동원하지 않고, 오로지 성부 하나님께 간절히 기도하신 후에 주님 자신의 신적 권능에 입각하여 나사로의 시체를 향해 명령하심으로써 이루어진 초자연적인 성격의 것이었다. 즉 이는 생명의 창조주로서 삶과 죽음을 다스리는 권세를 지니신 예수님의 능력을 단적으로 보여주신 사건이었다.

한편 간과해서는 안 될 사실이 있는데, 나사로가 다시 살아나긴 했으나, 아직 그의 몸은 영생 불사의 몸이 아니라 다시 죽음을 맛보는 제한적인 부활체였다는 사실이다. 그러나 이 사건은 장차 있을 그리스도의 십자가 죽음과 부활을 예시하고 있고, 예수님을 믿는 자들은 일시적인 생명을 얻는 것이 아니라 영원한 생명 곧 '영생'을 소유하리라는 사실을 시사해 준다. 즉 장차 예수님께서는 나사로를 죽은 지 4일 만에 다시 살려내신 것보다 훨씬 큰 이적을 행하시게 될 것인데, 재림의 순간에 성도들을 모두 부활시켜 하나님 나라의 지극한 영광을 누리도록 하시는 것이다.

11. Jesus Raising Lazarus from the Dead

Among many miraculous events, the resuscitation of Lazarus is the most powerful instance. However, another purpose of this incident was to make the witnesses believe in His divinity and to prove that He is the Son of God.

We have to focus on the fact that Jesus raised Lazarus from the dead four days after his death, at the point when an odor of death was even coming from the tomb (John 11:31-39). The witnesses received more clear evidence that Jesus didn't use any medical treatment to bring back Lazarus, but achieved it only through his divine power after praying earnestly to God the Father of Jesus. This event illustrates Jesus' power, which rules life and death, as the Creator of life.

11. ラザロを蘇らせたイエス(ヨハネ一一・1-44)

ラザロは死んでから四日たっていた。「もう臭くなっておりましょう。」(ヨハネ一一・39)。イエスは墓の前に立った「そして、イエスはそう言われると、大声で叫ばれた。ラザロよ、出て来なさい。すると、死んでいた人が、手と足を長い布で巻かれたままで出てきた。彼の顔は布切れで包まれていた。イエスは彼らに言われた。ほどいてやって、帰らせなさい。」(ヨハネ一一・43-44)。

死んだ者を生きかえさせたことは、イエス様が神であることを人々に実証された。

イエス様の最後は十字架の処刑であったが、パウロは次のように述べている。

「私があなたがたに最も大切なこととして伝えたのは、私も受けたことであって、次のことです。キリストは、聖書の示すとおりに、私たちの罪のために死なれたこと、また、葬られたこと、また、聖書に従って三日目によみがえられたこと。」(第一コリント 一五・3、4)

キリストの復活は、イエス様を救い主と信じる者たちに罪の赦しと永遠のいのちが与えられることの保証である。

イエス様が再臨される時、ラザロが生き返ったように、クリスチャンは復活し、神のみ国で永遠に生きることが約束されている。

12. 뽕나무에 올라간 삭개오

본 배경의 중심 주제인 예수 그리스도의 소외된 자에 대한 지극한 관심을 보여준다. 즉 소경이며 거지였던 한 가난한 사람과 동족으로부터 죄인 취급을 받던 세리장인 한 부자에 대한 예수 그리스도의 관심과 사랑이 잘 드러나 있다.

세리장이요 부자였던 삭개오는 그의 근본적인 문제 해결을 위해 예수님 보기를 간절히 원했다. 당시 세리는 세금을 징수하는 직업으로 그들은 백성을 착취하여 많은 세금을 거두어들여 일부는 로마에 바치고 나머지는 자신이 소유하여 대체로 부유한 생활을 했다. 삭개오도 세리장으로서 그런 착취 행위로 부유하게 된 것이다(눅 19:8). 그래서 그는 마음에 만족이 없이 항상 불안과 죄책감을 안고 살았을 것이다. 그런 와중에 삭개오는 예수님에 대한 소문을 듣고 예수님을 보고자 했던 것이다. 그러나 그는 사회적·신체적 장애에 부딪쳐 잠시 좌절되었지만 이를 극복하고 뽕나무에 올라가 예수님을 만났으며, 구원의 은혜를 입는 기쁨을 누리게 되었다.

12. Zacchaeus in the Mulberry Tree

The main topic of this passage is to illustrate Jesus' concern for the disadvantaged. Jesus shows love and concern towards a poor, blind beggar as well as a rich tax collector who was regarded as a sinner and wrongdoer.

Zacchaeus the tax collector desperately wanted to see Jesus to solve his fundamental problems. Tax collectors at the time collected a great deal of money and lived an affluent life even after giving the portion of tax required to be sent to Rome. Zacchaeus was such a man who had become rich by exploiting others(Luke 19:8). Such a life made him feel guilty, unhappy, and dissatisfied with himself, and that is why he wanted to see this Jesus of whom he had heard stories. It was difficult for him to see Jesus because of social and physical obstacles he faced, but he was finally able to feel the joy of salvation and grace as he over came those obstacles by climbing up the mulberry tree to see Jesus from above the crowd.

12. いちじく桑の木に登ったザアカイ(ルカ一九・1–10)

イエスは弱い立場の人々に常に深い関心をもっておられた。バルテマイと言う名の盲人のこじきや、心身の病に苦しむ人々を憐れんで下さった。
収税人のかしらでザアカイと言う人がいた。彼は金持ちであったが、心には平安はなく、どうしたらよいか不安な日々を過ごしていた。
ルカ19章に下記のことが記されている
「それからイエスは、エリコにはいって、町をお通りになった。ここには、ザアカイという人がいたが、彼は取税人のかしらで、金持ちであった。
彼は、イエスがどんな方か見ようとしたが、背が低かったので、群衆のために見ることができなかった。それで、イエスを見るために、前方に走り出て、いちじく桑の木に登った。ちょうどイエスがそこを通り過ぎようとしておられたからである。
イエスは、ちょうど、そこに来られて、上を見上げて彼に言われた。「ザアカイ。急いで降りて来なさい。きょうは、あなたの家に泊まることにしてあるから」ザアカイは、急いで降りて来て、そして大喜びでイエスを迎えた。
これを見て、みなは、「あの方は罪人のところに行って客となられた」と言ってつぶやいた。
ところがザアカイは立って、主に言った。「主よ。ご覧ください。私の財産の半分を貧

ところがザアカイは立って、主に言った。「主よ。ご覧ください。私の財産の半分を貧しい人たちに施します。また、だれからでも、私がだまし取った物は、四倍にして返します」イエスは、彼に言われた。「きょう、救いがこの家に来ました。この人もアブラハムの子なのですから。人の子（イエス・キリスト）は、失われた人を捜して救うために来たのです。」（ルカ一九・1〜10）イエス様は今あなたのそば近くに来ておられるのです

13. 향유를 부은 죄 많은 여인

　예수께 대한 여인의 도유는 예수의 임박한 십자가 죽음을 예비하기 위한 여인의 예언적 행위로, 예수님의 머리에 향유를 부은 여인의 헌신적인 행위(마 26:7)는 아직도 주님께서 당하실 수난의 의미를 깨닫지 못하고 물욕에만 사로잡혀 유다의 선동에 휩싸인 제자들의 모습(마 26:9)과 비교할 때 정말 칭찬받아 마땅했으며(마 26:10-13). 더욱이 가룟 유다의 탐욕과 배신과 비교되어 더욱 아름답게 비쳐지고 있다.

　진정으로 주님을 사랑하는 자는 자신이 가장 아끼는 것을 주님에게 아낌없이 바친다. 주님께 대한 성도의 헌신과 충성은 때때로 주위 사람들의 반대와 조롱에 직면한다. 예수께 대한 이 여인의 헌신적인 행위는 즉각 제자들의 반발에 부딪쳤다. 하지만 성도들은 주위 사람들로부터 좋은 이야기를 듣기 위해 애쓰기보다 주님께 칭찬을 받기 위해 애쓰는 자들이 되어야 하기 때문에, 그 어떤 멸시와 비난에도 불구하고 온전한 충성과 헌신을 주님께 바쳐야 한다.

13. The Woman with Sin Who Poured the Perfume

The woman's act of anointing Jesus with perfumed oil was a prophetic act in preparation for Jesus' impending crucifixion on the cross, and is praiseworthy compared to the behavior of the disciples, who were still obsessed with materialistic desires and did not realize the true meaning of the suffering that Jesus would go through(Matthew 26:9). Her act shines all the more beautifully in light of the greed and betrayal of Judas Iscariot.

One who truly loves Jesus can, without hesitation, offer that which is the most precious to oneself. Devotion and loyalty to Jesus can sometime bring Christians face to face with opposition and scorn. This woman also had to face the mockery of the disciples. However, Christian followers should continue to be loyal and devoted to Jesus regardless of the contempt or condemnation we might face, since we should put our efforts into being praiseworthy to Jesus rather than having the people around us speak well of us.

13. 香油を注いだ罪深い女(マタイ二六・6–13)

さて、イエスがベタニヤで、らい病人シモンの家におられると、ひとりの女がたいへん高価な香油のはいった石膏のつぼを持ってみもとに来て、食卓に着いておられたイエスの頭に香油を注いだ。
弟子たちはこれを見て、憤慨して言った。「何のために、こんな無駄なことをするのか。この香油なら、高く売れて、貧乏な人達に施しが出来たのに」するとイエスはこれを知って、彼らに言われた。「なぜこの女を困らせるのです。わたしに対してりっぱな事をしてくれたのです。貧しい人たちは、いつもあなたがたといっしょにいます。しかし、わたしは、いつもあなたがたといっしょにいるわけではありません。この女が、この香油をわたしのからだに注いだのは、私の埋葬の用意をしてくれたのです。まことに、あなたがたに告げます。世界中のどこででも、この福音がのべ伝えられる所なら、この人のしたことも語られて、この人の記念となるでしよう。」(マタイ二六・6–13)。
この女は高価な香油をイエス様に捧げた時、称賛された。主を心から愛する者は自分のすべてを捧げられる。時々主に忠誠、献身するとき、回りの人達から非難される時もある。でも、キリスト者たちは回りの人達のことは気にしないで、忠誠と献身することによって神から称賛される者になる。

14. 예루살렘 입성

나귀 새끼를 타고 예루살렘에 입성하시는 예수님의 모습을 소개하고 있는데, 고난 주간 중 첫째 날에 일어난 사건으로, 진정 예수님이야말로 구약성경(슥 9:9)에 예언된 메시아이심을 증거해 준다. 정녕 메시아이자 왕이신 예수께서는 새끼 나귀를 타고 예루살렘에 입성하심으로써, 자신의 신분을 공개적으로 드러내심과 아울러서 자신의 지상 생애에 있어서 남은 마지막 한 주간이 고난의 연속이 될 것이라는 사실을 미리 나타내고 계신 것이다.

성도들은 예수님의 겸손과 온유를 본받아 배우는 자들이 되어야 한다. 배경에 소개되는 예수님의 예루살렘 입성 모습은 지상의 메시아 왕국에서 더 높은 지위를 차지하려고 암투를 벌이던 제자들의 모습(마 20:20-28)과 너무나 대조적이다. 때때로 성도가 마음의 평안과 영적인 기쁨을 잃어버리는 것은 지나치게 세상적인 욕심과 야망에 사로잡히기 때문인데, 그럴 때마다 우리는 새끼 나귀를 타고 예루살렘에 입성하신 예수님의 겸손과 온유를 다시 한 번 기억하고 본받으며 배우려는 자세를 지녀야 한다(마 11:28-30; 빌 2:3,5).

14. Entry into Jerusalem

The event of Jesus' entry into Jerusalem on a donkey took place on the first day of Holy Week, and shows that Jesus is the Messiah prophesied in the Old Testament (Zechariah 9:9). Here vealed himself publicly as the Messiah that people had been waiting for, and there mainderof His life would be full of suffering and pain.

Christian followers should learn to emulate the humility and gentleness of Jesus. The scene of Jesus entering Jerusalem on a donkey stands in sharp contrast to the behavior of the disciples as they vied to be promised a higher position in the kingdom of Heaven (Matthew 20:20-28). The reason spiritual joy and peace of the mind may slip away from Christians is that we are holding on to worldly desires too tightly. Whenever this occurs, we should remember Jesus entering Jerusalem riding a donkey, and learn to adopt such a mild and humble attitude (Matthew11:28-30; Philippians 2:3, 5).

14. エルサレムに入られたイエス(マタイ二一・1-11)

イスラエルの祭りである＜過ぎ越しの祭り＞が近づいた。イエスは聖書に予言された通り過ぎ越しの羊としてこの世に来られた。「シオンの娘に伝えなさい。見よ。あなたの王が。あなたのところにお見えになる。柔和で、ろばの背に乗って、それも、荷物を運ぶろばの子に乗って。」(ゼカリヤ九・9)。

イエスがろばに乗られてエルサレムに入られたのは彼は王の王であり、キリスト（救い主）であることの証である。

キリストが苦難の道を歩かれたのは、全人類の罪を赦すためである。「人の子が来たのが、仕えられるためではなく、かえって仕えるためであり、また、多くの人のための、贖いの代価として、自分の命を与えるためであるのと同じです。」(マタイ二十・28)。

イエス様がされたことと、当時の宗教指導者たちがしたことは比べることはできない。(マタイ二十・20-28)。

キリスト者たちが心に平安と喜びがないとすれば、この世のことで心が奪われているからだ。そのような時には、ろばの子に乗ってエルサレムに入られたイエス様のことを覚えてイエス様の謙遜と柔和を見習うべきだと思う(マタイ一一・28-30、ピリピ二・3、5)。

15. 제자들의 발을 씻기신 예수

유대인의 풍속에는 보통 식사 전에 손님의 발을 씻겨 주는데, 이때에는 식사 도중에 그 일을 행하였다. '겉옷'은 저고리가 아니라 그 위에 입는 옷을 가리킨다. "수건을 허리에 두르시고." 이러한 차림은 종이 취하는 것이었다. 예수는 이렇게 종의 자리로 내려가셔서 일할 준비를 하신 것이다. 이것은 예수의 겸손의 극치(極致)다.

예수가 최종의 행동 교훈으로 식사 도중에 이런 일을 하신 것은 의미심장하다. 그것은 예수의 별세 후에 제자들이 언제나 지켜야 할 겸덕을 고조하신 것이다. 하나님의 지극한 사랑은 계급을 초월하시고, 영광의 주님을 사랑의 발 씻는 종으로 삼으셨다.

예수님의 이와 같은 봉사는 두 가지 의미를 가진다. 첫째, 제자들에게 본을 보이시고 서로 낮아지기를 힘써야 한다고 본을 보이신 셈이다. 둘째, 그의 백성을 사랑하셔서 속죄하시는 중보(中保)의 역사를 비유로 가르치시는, 지극히 크신 사랑의 행동이시다. 예수가 피를 흘려서 그의 백성의 죄를 씻으신 일도 지극한 사랑이면서 역시 지극한 겸손을 나타낸다. 주님께서 제자들의 발을 씻기신 것은, 그의 몇 제자들에게만 그의 친절과 겸손의 모본을 보이시려는 것이 아니었다. 예수는 이 행위로 온 세계를 찾으시는 그의 속죄의 역사를 비유하신 것이라고 하였다.

15. Jesus Washing the Disciples' Feet

It is an old Jewish tradition to wash the feet of visitors before a meal, but Jesus did it during the meal. "Outer clothing" does not refer to a jacket but to the garment worn on top of this. The act of "wrapping a towel around his waist" was the act of a servant. He was preparing to lower himself to a servile position. This is the culmination of Jesus' humility. It is significant that the final act of teaching was to wash their feet during the meal. He was emphasizing to his disciples the importance of having humility, something that they must always keep, even after Jesus' death. God's love for us transcends rank and class, and Jesus was glorified by the Lord for becoming servile and washing the feet. This service of Jesus has two meanings: 1) to be a role model to the disciples and ask them to strive to be as low as possible; and 2) to show a very great act of love that is a parable for the Lord's deed of atonement and forgiveness of His beloved people. Jesus died on the cross to wash people's sins away, and this act itself is the utmost humility of Jesus. Washing the disciples' feet signifies not merely an example of kindness and humility presented to the disciples, but also serves as a model for the miraculous event of his atonement for the world.

15. 弟子たちの足を洗ったイエス(ヨハネ一三・1-15)

ユダヤ人は、よごれた者（旅人）の足を洗う習慣があった。

主イエスは「夕食の席から立ち上がって、上着を抜ぎ、手ぬぐいを取って腰にまとわれた。それから、たらいに水を入れ、弟子たちの足を洗って、腰にまとっておられる手ぬぐいで、ふき始められた。」（ヨハネ一三・4、5）。

足を洗ってあげる仕事はしもべたちがすることであった。しかし、イエスはしもべのように弟子たちの足を洗われた。

これは、クリスチャン同士がイエス様のように謙遜な者になって、互いに足を洗いながら仕えることを教えている。

「主であり師であるこのわたしが、あなたがたの足を洗ったのですから、あなたがたもまた互いに足を洗い合うべきです。わたしがあなたがたにした通りに、あなたがたもするように、わたしがあなたがたに模範を示したのです。」（ヨハネ一三・14、15）。

イエスがこのようになさったことには、二つの意味がある。
第一、私たちに模範を見せてお互いに自分を低くするようにと。
第二、人間を愛しご自分のいのちを賭して、贖いの役割を果たされたことを教えている。私たちの罪を贖うためにイエスご自身の血が流された。すなわちイエス・キリストのいのちが、私たちの罪の代償として支払われたことにより、全人類の罪が赦されたのである。このことを真摯に受け入れるべきである。

16. 최후의 만찬

　최후의 만찬이자 첫 성만찬이 된 주의 이 유월절 만찬은, 사실은 본래의 관습보다 하루 앞당겨 먹은 것이었다. 즉 주님은 유월절의 공식 개시일인 다음날 저녁이 되기 전에 십자가 수난을 당하실 것을 아시고 유월절 만찬을 하루 앞당겨 먹은 것이었다. 물론 예수께서 이처럼 날짜까지 당기시면서까지 유월절 만찬을 드신 데에는 그만한 목적이 있다.

　유월절이란 다름 아니라 유월절 어린 양의 피를 통하여 구약 이스라엘 백성들이 애굽에서 구원되어 해방된 날을 기념하는 날이었다(출 1:1-14). 그러나 유월절은 그것으로 끝나는 것이 아니라 장차 영원한 유월절 어린 양 되신 주께서 오셔서 선택한 백성을 죄악된 이 세상에서 구원해 주실 것을 예표하는 것이었다. 이에 주님께서는 그 유월절 양이 예표했던 실체로서 이제 십자가 수난을 통해 그리고 구약 이스라엘이 애굽에서 해방되어 가나안으로 입성한 유월절 사건이 예표한 실체인 만민의 천국 구원이 이루어지기 직전에, 이제 예표에 불과했던 구약의 유월절 기념의 법을 그 실체인 자신의 십자가 구속 수난을 기념하는 성만찬 법으로 바꾸기 위하여, 굳이 날짜까지 하루 앞당겨 유월절 최후의 만찬을 드시고 이에 즈음하여 성만찬 법을 주셨던 것이다. 주님이 바로 구약의 유월절 어린 양의 실체인 신약의 영원한 어린 양이심을 암시해 준다.

16. The Last Supper

The Last Supper and the first Eucharist occurred one day earlier than was common practice for Passover supper. Jesus knew that he would be arrested and crucified before the official beginning of Passover. Naturally Jesus wished to have the Passover meal, to the point of arranging to have the supper in advance. The meaning of Passover is to commemorate the day when the people of Israel were saved by the blood of the lamb(Exodus12:1-14). However, Passover was not the end in itself, but foreshadowed the blood of Jesus Christ being sacrificed for the salvation of people in a world full of sins. Jesus changed the Old Testament tradition of remembering Passover day to the day Jesus died on the cross to cleanse us of our sins and to bring salvation from death, which is the Eucharist. Jesus is the real entity that was symbolized as the blood of the lamb in the Old Testament period.

16. 最後のパン裂き(ルカ二二・14-20)

イスラエルの民がエジプトで奴隷であった時、人々は神に救い出して下さいと祈った。神はイスラエルの人々をエジプトから救い出し、奴隷から解放されたことを記念するのが、過ぎ越しの祭りである。(出エジプト一二・1-14)

「さて時間になって、イエスは食卓に着かれ、使徒たちもイエスといっしょに席に着いた。イエスは言われた。「わたしは、苦しみを受ける前に、あなたがたといっしょに、この過越の食事をすることをどんなに望んでいたことか。」(ルカ 二二・14、15)
まもなく十字架につけられることを知りながら、最後の食事(パン裂き)をされたことは深い意味がある。

過ぎ越しの祭りには犠牲(いけにえ)として羊がほふられた。人類が罪を犯しその報いである永遠の地獄から救い出すために、ご自身が小羊となって十字架にかかられることを意味していた。この十字架の時が近づいたのである。

「それから、パンを取り、感謝をささげてから、裂いて、弟子たちに与えて言われた。
「これは、あなたがたのために与える、わたしのからだです。わたしを覚えてこれを行ないなさい」

食事の後、杯も同じようにして言われた。「この杯は、あなたがたのために流されるわたしの血による新しい契約です。」（ルカ 二二・19、20）
旧約の時代には動物をほふって過ぎ越しの祭りを行ったが、イエスは自らいけにえの小羊となって、すべての人間の罪のために死なれたことによって贖いが完成した。

17. 재판받는 예수

유다의 배반으로 체포당하신 예수(마 26:47-56)께서는 대적들에 의해 당시 대제사장이었던 가야바의 집으로 끌려가셨다. 그런데 그곳에는 이미 유대의 최고 법정인 산헤드린 공회가 소집되어 있었다(마 26:57). 유대 종교 지도자들은 거짓 증인을 내세워 예수님께 사형을 선고하려 했으나 정작 예수께서는 침묵으로 일관하시면서 결코 자신을 변호하지 않으셨다(마 26:59-62). 위선적인 종교 지도자들과 거짓 증인들 앞에서 만왕의 왕이신 예수께서는 아무런 답변도 하실 필요를 느끼지 못하셨다.

성도들은 선을 행하다가 고난을 겪게 되더라도 결코 낙심치 말고, 그리스도의 고난을 생각하며 인내해야 한다(벧전 2:19-7). 성도들은 비록 자신이 어떤 멸시와 수치를 당하든지 오직 예수 그리스도의 이름을 증거하기 위해 애쓰는 자들이 되어야 한다(빌 1:20). 예수님께서는 산헤드린 공회에서 자신에게 씌워지는 거짓 죄목에 대해서는 침묵하셨지만, 자신이 '하나님의 아들 그리스도'라는 사실에 대해서는 결코 침묵하지 않으시고 생명을 건 답변을 하셨다(마 26:63-64). 이처럼 어떤 위협이 닥치더라도 예수 그리스도의 이름을 세상 사람들 앞에서 부인하지 않는 자가 장차 하나님의 보좌 앞에서 인정을 받게 된다(마 10:32-33).

17. Jesus on Trial

Jesus was captured because of the betrayal of Judas(Matthew 26:47-56) and dragged before the high priest Caiaphas, where a Jewish council of judicial scholars and elders had assembled in what was known as the Sanhedrin(Matthew 26:57). Many elders and religious leaders were brought forward to bear false witness in order to sentence Jesus to death, but Jesus remained silent and did not defend himself(Matthew 26:59-62). Jesus, the King of Kings didn't feel the necessity to respond before false accusations and hypocritical religious leadership.

From the passion of the Christ, Christians should remember to be patient and overcome hardships they experience by practicing good(1 Peter 2:1-7). Christians should try hard to bear witness to the name of Jesus Christ no matter what kind of contempt or shame we face(Philippians 1:20). Even though Jesus remained silent at the Sanhedrin Trial before those who falsely accused Him, He did not remain silent when questioned about being the 'Son of God,' and answered with his life (Matthew 26:63-64). Just as Jesus did, only those who never deny the name of Jesus Christ in the world can be recognized in front of the throne of God (Matthew 10:32-33).

17. 裁かれたイエス（ルカ二三・1-25）

イエスはユダヤ教の指導者たちとローマの兵士たちによって逮捕された。

「そのとき、イエスは群衆に言われた。「まるで強盗にでも向かうように、剣や棒を持ってわたしをつかまえに来たのですか。わたしは毎日、宮ですわって教えていたのに、あなたがたは、わたしを捕えなかったのです。」（マタイ二六・55）

「イエスをつかまえた人たちは、イエスを大祭司カヤパのところへ連れて行った。そこには、律法学者、長老たちが集まっていた。」（マタイ 二六・57）

さて、祭司長たちと全議会は、イエスを死刑にするために、イエスを訴える偽証を求めていた。偽証者がたくさん出て来たが、証拠はつかめなかった。しかし、最後にふたりの者が進み出て、言った。「この人は、『わたしは神の神殿をこわして、それを三日のうちに建て直せる』と言いました」

そこで、大祭司は立ち上がってイエスに言った。「何も答えないのですか。この人たち

が、あなたに不利な証言をしていますが、これはどうなのですか。」（マタイ　二六・59-65）「しかし、イエスは黙っておられた。それで、大祭司はイエスに言った。「私は、生ける神によって、あなたに命じます。あなたは神の子キリストなのか、どうか。その答えを言いなさい。」

イエスは彼に言われた。「あなたの言うとおりです。なお、あなたがたに言っておきますが、今からのち、人の子が、力ある方の右の座に着き、天の雲に乗って来るのを、あなたがたは見ることになります。」

すると、大祭司は、自分の衣を引き裂いて言った。「神への冒涜だ。これでもまだ、証人が必要でしょうか。あなたがたは、今、神をけがすことばを聞いたのです。」マタイ二六・63-65）イエスはこれにはなにも答えなかったが、イエスは神の子であることを表した。（マタイ二六・63-64）。

18. 골고다 언덕으로 오르신 예수

군인들은 자신들 마음대로 예수를 괴롭히고 조롱하는 데 더이상 흥이 없어지자, 십자가 처형을 위해서 조롱하기 위해 입혔던 자색 옷을 벗기고 원래 입던 옷을 입혔다. 예수의 등에는 피와 옷이 엉켜 붙어 있었을 터인데 이 과정에서 이 옷을 아무렇게나 벗김으로 예수는 또 한번 고통을 당해야 했을 것이다.

한편 당시에는 십자가 처형자가 옷을 벗은 채 십자가를 지고 형장으로 가며 또 이때 군인들은 죄수에게 채찍을 가하는 것이 일반적이었다. 그러나 예수께는 이미 많은 채찍질과 심문으로 피곤한 상태였으므로 십자가 처형 이전에 죽을 것을 염려하여 옷을 입혔던 것이다. 한편 이러한 모습은 이사야의 메시아 예언에 수록된 '도수장으로 끌려가는 어린 양(사 53:7)이라고 하는 예언을 성취시킨 것이다.

이처럼 예수께서 죄가 없으심에도 불구하고 부당한 대우, 즉 비인격적인 대우를 받으면서도 침묵을 지키신 것은 자신이 약속된 메시아임을 드러내는 일이었다. 그러나 피에 굶주린 그들의 눈으로는 이것을 미처 알아보지 못하고 예수를 십자가에 못 박고 말았다.

한편 예수께서는 빌라도의 관저에서 십자가 처형 장소인 골고다까지 끌려가시는데 이 길을 '고난의 길'(Via dolorossa, 비아 돌로로사)이라 부른다. 전승에 따르면 예수께서 이 길을 가시면서 14번 멈추셨는데 5번째 멈춘 곳에서 시몬이 십자가를 대신 지게 되었다고 한다.

18. Jesus Climbing Golgotha

Jesus underwent enormous suffering and pain as the Roman soldiers roughly stripped off the purple robe they had made Him wear to mock Him before crucifying Him on the cross, and then dressed him in his own clothes again. In the process, the bloody cloth that had attached to his flesh tore away bits of skin. Typically, prisoners carrying the cross do not wear clothes and are flogged with a whip as they progress; however, they made the exhausted Jesus put on his former clothing before putting him on the cross. This, too, was a fulfillment of the prophecy by Isaiah on Messiah(Isaiah 53:7), as he remained in silence even through the unjust treatment, revealing that he was the promised Messiah. Those who decided to kill him could not recognize that he was the Messiah because of their bloodthirsty eyes, and He was nailed to the Cross. The road where Jesus carried the cross, starting from the residence of Pilate up to Golgotha, is called the Via Dolorosa(the Way of Suffering). According to tradition, Jesus stopped 14 times along the way and at the fifth stop, Simon carried the cross for Him.

18. ゴルゴタへ行かれたイエス(マタイ二七・27-36)

イエスに残酷なむち打ちをしてから十字架につけるために連れ出した。ゴルゴタへ行く道で十字架をイエスに背負わせた。ゴルゴタへ行く道は激しい道だった。

「彼は痛めつけられた。彼は苦しんだが、口を開かない。ほふり場に引かれて行く小羊のように、毛を刈る者の前で黙っている雌羊のように、彼は口を開かない。」（イザヤ書 五三・7）

「こうして、イエスを十字架につけてから、彼らはくじを引いて、イエスの着物を分け、そこにすわって、イエスの見張りをした。」（マタイ 二七・35、36）彼らは罪のないイエス様を十字架刑に処した。

ピラトの官邸からゴルゴタまでは「苦難の道」（Via dolorossa）と呼ばれる。

言い伝えによるとイエスは、この道を歩きながら一四回休んだといわれる。五番目の

時、シモンというクレネ人を見つけたのでむりやりに十字架を背負わせた。イエスが十字架の苦難の道を歩かれたのは、私の罪のために身代わりとなり苦難（死）をお受けになられた。

19. 십자가에 달리신 예수

　로마 군병들에 의해 희롱 당하기를 다하신 예수(마 27:27-31)께서 드디어 골고다로 끌려가 십자가에 못 박히시는 장면이다. 예수께서는 강도들과 함께 십자가에 못 박히셨다(마 27:28). 즉 만왕의 왕이시요 하나님의 아들이신 예수께서는 오히려 강도요 불의한 자들의 손에 의해 강도와 같은 취급을 받으신 것이다. 예수께서는 오전 9시에 십자가에 못 박혀(막 15:25) 오후 3시까지 여섯 시간 동안 십자가에서 고통을 당하셔야만 했다(마 27:45). 뿐만 아니라 예수께서는 십자가 위에서 또다시 유대 종교 지도자들과 무리, 그리고 심지어는 그와 함께 십자가에 달렸던 강도에게조차 멸시와 조롱을 받으셨다(마 27:39-44). 실로 예수께서는 엄청난 육체적 고통과 더불어 정신적 고통까지 겪으셔야 했던 것이다.

　그러나 예수에게 가장 견디기 어려운 일은 인간들의 모욕이나 육체적 고통이 아니었다. 그것은 바로 십자가의 죽음으로 인해 잠시나마 성부 하나님과 단절될 수밖에 없다는 영적 고뇌였다(마 27:46). 하지만 온 인류를 위해 자신을 대속 제물로 바치시기로 결심하신 예수께서는 모든 고난을 친히 감수하시고 끝까지 하나님의 뜻에 순종하셨다.

19. Jesus on the Cross

After the cruel treatment by the Roman soldiers(Matthew 27:27-31), he was finally crucified on the cross at Golgotha. He was crucified alongside two thieves(Matthew 27:28). Jesus the Son of God, King of Kings ,was instead treated like a common criminal at the hands of the unjust. Jesus suffered in agony for 6 hours, from 9o'clock in the morning until 3 o'clock in the afternoon(Matthew 27:45). Jesus again was mocked, even by the thieves and religious leaders(Matthew 27:39-44). Jesus experienced a tremendous amount of both physical and mental anguish. However, the most unbearable pain he went through was neither bodily nor mental pain, but spiritual agony at having no choice but to be separated by death from God the Father for a certain period of time(Matthew 27:46). Nevertheless, Jesus obeyed God's will, which was the decision to sacrifice Him for the redemption of humankind.

19. 十字架につけられたイエス(マタイ二七・27-50)

「それから、いばらで冠を編み、頭にかぶらせ、右手に葦を持たせた。そして、彼らはイエスの前にひざまずいて、からかって言った。「ユダヤ人の王さま。ばんざい」「それから、いばらで冠を編み、頭にかぶらせ、右手に葦を持たせた。そして、彼らはイエスの前にひざまずいて、からかって言った。「ユダヤ人の王さま。ばんざい。」（マタイ　二七・29）

イエスがゴルゴタの十字架につけられた場面である。

「そのとき、イエスといっしょに、ふたりの強盗が、ひとりは右に、ひとりは左に、十字架につけられた。」（マタイ　二七・38）

神の子であり、王の王であるイエスが強盗と同じように罪人として十字架につけられた。

午前九時から(マルコ一五・25)午後三時まで六時間、十字架の上で苦しめられた(マタイ二七・45)。

そればかりではなくユダヤ教の指導者、多くの群衆、強盗からもからかわれた(マタイ二七・39-44)。

苦しみのうちで一番辛かったのはイエスが罪人となって父なる神から見捨てられたことである(マタイ二七・46)。

人類の救いのために、ご自分をいけにえとして神にささげなければならなかった。これこそイエス様がこの世に来られた目的であり、我らが救われるための唯一の方法であった。

20. 예수 그리스도의 빈 무덤

배경은 예수의 부활이라는 엄청난 기쁜 소식을 기록하고 있다. 예수께서는 그의 수난과 함께 부활에 대해서는 수차례 걸쳐 예언하셨다(마 16:21, 17:22, 20:19). 그 예언대로 예수께서는 이제 십자가의 죽음이라는 처절한 절망을 뚫고 부활하심으로 인류 역사에 새롭고 영원한 빛을 비추셨으며, 진정 자신이 하나님의 아들이시며, 메시아라는 사실을 확증하셨다.

따라서 이러한 예수의 부활은 기독교 신앙의 핵심이자 모든 성경의 중심이라 할 수 있다. 만약 예수 그리스도의 부활이 없다고 한다면 기독교처럼 기만적인 종교도 없을 것이요, 성경의 모든 기록은 허무맹랑한 신화에 불과할 것이며, 그리스도인처럼 이 세상에서 불쌍한 자도 없을 것이다(고전 15:14-19). 하지만 예수 그리스도의 부활은 분명한 사실이기에 기독교만이 참 생명의 종교다.

그리스도의 부활은 성도들을 죄와 두려움으로부터 해방시키고 구원의 기쁨을 줌은 물론이 세상의 고난 가운데에서도 위로가 된다. 반면 주를 대적하는 자들에게는 심판의 증거가 된다는 것이다. 부활의 기쁜 소식을 간직한 성도들은 그 사실을 속히 다른 사람들에게도 전하여 그들로 하여금 부활의 소망에 참여케 해야 한다.

20. Empty Tomb of Jesus Christ

The passage records the Resurrection of Jesus, which is great good news. Jesus himself prophesied His Passion and the Resurrection many times (Matthew 16:21, 17:22, 20:19). He fulfilled this prophecy by being resurrected from the despair of crucifixion and bringing a new eternal light to human history. He confirmed the fact that He is the Messiah and truly the Son of God.

Accordingly, the Resurrection of Jesus is at the core of Christian faith, and is the center of the Bible. There would be no more deceptive religion than Christianity if there had been no Resurrection of Jesus. All the records in the Bible would be ridiculous myths and there would be no humans in the world more pitiful than Christians (1 Corinthians 15:14-19). However, Christianity is the only true life religion because the Resurrection of Jesus Christ is clearly the truth.

The Resurrection of the Christ provides not only the joy of Christian salvation and deliverance from sin and fear, but gives evidence of judgment to those who oppose Christ and consolation in the midst of our suffering in this world.

20. イエス・キリストの墓(マタイ二八・1−10)

聖書にはイエス・キリストが復活された事実が明記されている。

「その時から、イエス・キリストは、ご自分がエルサレムに行って、長老、祭司長、律法学者たちから多くの苦しみを受け、殺され、そして三日目によみがえらなければならないことを弟子たちに示し始められた。」（マタイ一六・21）

イエスは言われた通りに十字架刑によって殺されたが、三日目に復活し、人類の歴史に永遠の光を照らした。

イエスこそ神の子であり、キリスト（救い主）であることが証明された。

イエスの復活はキリスト信仰の重要な真理である。

第一コリント 一五・14

　そして、キリストが復活されなかったのなら、私たちの宣教は実質のないものになり、あなたがたの信仰も実質のないものになるのです。

「そして、キリストが復活されなかったのなら、私たちの宣教は実質のない者になり、あなたがたの信仰も実質のない者になるのです。....もし、死者がよみがえらないのな

ら、キリストもよみがえらなかったでしょう。

　そして、もしキリストがよみがえらなかったのなら、あなたがたの信仰はむなしく、あなたがたは今もなお、自分の罪の中にいるのです。そうだったら、キリストにあって眠った者たちは、滅んでしまったのです。

もし、私たちがこの世にあってキリストに単なる希望を置いているだけなら、私たちは、すべての人の中で一番哀れな者です。」（第一コリント一五・14‥‥-19)

イエス・キリストがまさしく復活されたのだから、キリストを信じる信仰こそ、真のいのちを得る唯一の救いである。

キリストの復活は聖徒たちを罪と恐れから解放し、救われた喜び、慰めになった。復活の喜びを人々に伝道し、この喜びを分かち合うことが神の喜ばれることと信じる。

21. 부활 승천하신 예수

한편 예수를 십자가에 못 박고 주의 옷을 나누며 주를 조롱하던 자들의 행태는, 주의 죽음이 실제로 죄가 있거나 힘이 없어 이 수난을 당하시는 것이 아니라 바로 백성들의 구원을 위해서 당하시는 구속 수난임을 모르는 어리석은 행위인 동시에 무고한 죽음을 당하는 의인의 죽음을 조롱하는 악한 행위였다. 나아가 영적으로는 그 옛날 스스로 타락한 후 인간을 유혹하여 하나님과 인간 사이를 멀어지게 한 사탄(the Satan)이 이제는 아예 하나님의 아들 자체를 죽이려고 하는 범죄에 동참한 구속사적 범죄이기도 하였다.

이들의 이처럼 어리석고 악한 행동은 잠시 후 주님의 부활과 승천으로 그야말로 구속사적 범죄요 어리석은 도전에 불과했음이 드러나게 된다. 그리하여 사탄은 겨우 여자의 후손 곧 성육신하신 예수의 발뒤꿈치를 문 것에 불과했지만 예수는 궁극적으로 사탄의 머리를 쳐서 영원한 지옥 형벌에 처할 것이라던 태초의 예언(창 3:15)이 결정적으로 성취되었으며, 세상 끝날 마침내 최종 실현될 것이다.

한편 바로 지금 이 순간에도 그리스도의 구속 사역과 그 결과 도래할 천국 구원을 믿지 않으며 오히려 조롱하는 자가 있다. 그러나 이들도 그 옛날 예수를 못 박은 유대인들의 행동이 범죄요 어리석은 소행임이 곧 판명되었듯이 세상 끝날, 그 어리석음과 악함에 대하여 책임을 져야 할 것이다.

21. Resurrection and Ascension of Jesus

The actions of those who mocked Jesus and crucified Him on the cross were very foolish actions, as they were unaware that Jesus was not dying on the Cross because He was powerless, but rather in order to bring salvation to humanity and deliver them from death; it was also at the same time wicked behavior to ridicule the death of an innocent man. Moreover, they took part in killing the Son of God, joined by Satan, who had fallen of his own volition and put temptation in the path of human beings, driving a wedge between them and God. However, soon after the Resurrection and Ascension of Jesus were revealed, both Satan and those who participated in killing the Son of God must have realized that their malicious actions were a very foolish challenge and a redemptive historical crime. Therefore, the very first prophecy was decisively fulfilled(Genesis 3:15), in which evil in the form of a serpent only can strike at the heel of Eve's descendents, but Jesus would crush the head of Satan; this prophecy will culminate in the final Judgment Day. Meanwhile, there are still many who don't believe in salvation and the coming kingdom of Heaven promised by Christ's ministry. However, this can be identified as the same foolish deed of the Jews who crucified Jesus on the cross, and on Judgment Day they will be held responsible for their folly and wickedness.

21. 復活して昇天されたイエス(ヨハネ二十・1-31 使徒の働き一・6-11)

イエスをむち打ちし、十字架につけた人々がイエスの復活を見た。
使徒ペテロは次のように証言している

「キリストは罪を犯したことがなく、その口に何の偽りも見いだされませんでした。

ののしられても、ののしり返さず、苦しめられても、おどすことをせず、正しくさばかれる方にお任せになりました。

そして自分から十字架の上で、私たちの罪をその身に負われました。それは、私たちが罪を離れ、義のために生きるためです。キリストの打ち傷のゆえに、あなたがたは、いやされたのです。」（第一ペテロ 二・22-24）
サタンはエデンの園でアダムとエバを誘惑して罪を犯すようにした。
更にサタン(the satan)は、神の子イエスが贖いの働きが出来ないように

しようとした。

創世記3章に「わたしは、おまえと女との間に、また、おまえの子孫と女の子孫との間に、敵意を置く。彼は、おまえの頭を踏み砕き、おまえは、彼のかかとにかみつく。」(創世記三・15)。

主は十字架で死に、三日目に復活されて昇天された。これはサタンのすべての策略を踏み砕きサタンに勝利されたことである。

イエス・キリストの復活と昇天については確実な証拠があるにもかかわらず、主イエス様の救いを信じることをせず、不信の中にいる人々がいる。

イエスを十字架につけたユダヤ人の罪もさることながら、主の十字架は、私ども一人びとりが犯した罪の身代わりであったことを、はっきりと認識する必要がある。

神の御前に悔い改めて罪を赦して頂いて救われるようにお勧めする。昇天された主イエス・キリストは再び来ると約束された。遠くないうちにこの約束は実行される。キリスト者は再臨される日を心待ちしよう。

22. 오순절 성령 사건

큰 권능과 위엄을 갖추시고 시내 산에 강림하신 사건을 연상케 하는 장면이다(출 17:16-19). 그런데 이러한 오순절 성령 강림은 구약에도 이미 예언된 것이고, 예수께서도 열두 사도에게 수차례 약속하신 것으로(요 16:6; 행 1:4) 다음과 같은 중요한 의의를 지닌다.

첫째, 오순절 성령 강림 및 각 성도에 대한 성령의 내주는 신약에 이르러 주의 구속 사역의 성취로, 태초 아담의 범죄 이후 발생한 하나님과 인간 사이의 근본적인 관계 단절의 원인이 제거된 결과인 동시에 이는 훗날, 현재는 영적으로만 도래한 하나님 나라가 완전하게 도래할 때 성삼위 하나님과 인간이 온전한 교제를 나누게 될 것을 예시한다.

둘째, 성령 강림은 하나님의 새 언약의 공동체이자 그리스도의 몸인 신약 교회의 탄생을 알리는 순간이었다.

한편 이러한 성령 강림과 관련하여 열두 사도를 비롯한 120문도에게 특이한 현상이 일어났는데, 그것은 그들이 만국 방언을 말했다는 것이다. 그런데 성령 강림 사건에 동반한 제자들의 만국 방언 현상은 성령 강림시에만 일어난 단회적인 사건으로, 성령의 역사를 기반으로 한 교회의 복음 전파가 세상 끝날까지 세계 도처에 끊임없이 진행될 것임을 시사한다. 그리고 이는 비록 단회적 현상이지만 이후로 주를 구주로 영접하는 자에게 성령 충만한 은혜가 임하게 될 것을 보여준다(고전 12:13).

22. The Pentecost and the Advent of the Holy Spirit

This event is reminiscent of God's advent to Mount Sinai with great power and dignity(Exodus 17:16-19). However, the coming of the Holy Spirit on the Pentecost had been prophesied in the Old Testament, and Jesus had promised it to the twelve disciples many times(John16:6; Acts1:4); it has a very important meaning as follows.

First, as the fulfillment of Jesus' ministry of salvation and redemption in the New Testament, the Holy Spirit's anointment of each church member comes from eliminating the fundamental cause which originally separated God and human beings when Adam fell from grace, and is also a prophecy of full communion between God and humans in Heaven.

Second, the anointing of the Holy Spirit heralds the new covenant of the church community and the birth of the New Testament church, which is the body of the Christ.

22. 五旬節の聖霊の降臨(使徒の働き一・1-4)

「シナイ山は全山が煙っていた。それは主が火の中にあって、山の上に降りて来られたからである。その煙は、かまどの煙のように立ち上り、全山が激しく震えた。角笛の音が、いよいよ高くなった。モーセは語り、神は声を出して、彼に答えられた。」(出エジプト一九・18、19)。
旧約時代には聖霊のことは隠されていたが、イエスは弟子たちに聖霊がこの世に臨まれることを明言された。(ヨハネ一六・7、13, 使徒の働き一・4)。
イエスが言われた通り、聖霊は五旬節に降臨された。(使徒の働き二・4)。
これには重要な意味がある。
第一は五旬節の日、御霊が現れて信じる者に宿ることは、主の贖いの働きの完成を意味する。アダムが神のみ前に罪を犯した後、神との交わりが断ち切られたが、御霊が人々に宿ることによって、断ち切られた関係が回復された。今は御霊によって神とお交わりが出来る。さらに主イエス様の再臨は遠くないうちに実現のする。その時、天の御国で神と聖徒との完全な交わりが成就する。
第二は、御霊が降臨したことはイエス様の約束であり、共同体である教会の誕生を意味する。御霊が臨まれたことによって、使徒12名の他に、120名ほどが集まっていたが、全員聖

霊に満たされ、御霊が話させてくださる通りに、他国の言葉で話し出した。
このような異言は降臨の時起ったことだが、御霊の働きによって福音が地の果てにまでのべ伝えられることを示唆している。これは、今後ともイエス様を救い主として受け入れる者たちが、御霊に満たされることを表している(第一コリント一二・13)。

노아 방주

노아의 방주

하나님께서는 이 땅에 죄악이 가득하자, 당대에 의인이요 하나님과 동행하던 노아에게 방주를 만들라고 하셨다.
방주는 장이 300규빗(약 150m), 광이 50규빗(약 25m), 높이가 30규빗(약 15m)의 크기로 잣나무로 만들었다.
노아의 나이 600세 되던 해에 하늘의 창들이 열리고 큰 깊음의 샘들이 터지며 40주야를 비가 땅에 쏟아졌다.

Noah's Ark

Noah, who was a righteous man, was called blameless among the people of his time by God, and Noah walked with God to build the Ark. The Ark was made from nut pine. Its length was about 300cubits(157m) by 50cubits (26.2m) in width, 30cubits(15.7m) in height.

In the six hundredth year of Noah's life, all the springs of the great deep burst forth and the floodgates of the heavens were opened. Rain fell on the earth for forty days and forty nights.

Ark(Supplementary)

- Size: Height 15.7m, Length 157m, Width 26.2m
- Number of animals in the Ark: Total 17,600pairs
- Types of animals in the Ark
- Mammals still existing today: 3,500species
- Birds: 8,600species
- Reptiles and amphibians: 5,500species

There were a total of 35,200 animals in the Ark. The average animal size was the size of a lamb. In size, the Ark was capable of carrying 125,280 lambs.

테마1. 방주를 만들고 있는 모습

"노아의 때와 같이 인자의 임함도 그러하리라 홍수 전에 노아가 방주에 들어가던 날까지 사람들이 먹고 마시고 장가 들고 시집 가고 있으면서 홍수가 나서 저희를 다 멸하기까지 깨닫지 못하였으니 인자의 임함도 이와 같으리라"(마 24:37-39).

Theme 1. Noah Building the Ark

As it was in the days of Noah, so it will be at the coming of the Son of Man. For in the days before the flood, people were eating and drinking, marrying and giving in marriage, up to the day Noah entered the ark; and they knew nothing about what would happen until the flood came and took them all away. That is how it will be at the coming of the Son of Man(Matthew 24:37-39).

테마2.

노아가 방주를 완성한 후에 노아의 가족(노아와 처, 셈, 함, 야벳 세 아들과 자부 세 명) 여덟 명과 정결한 짐승은 암수 일곱씩, 부정한 짐승은 암수 둘씩 방주 안으로 들어갔더니 곧 방주의 문이 닫히고 7일 후에 홍수가 땅에 덮였다.

Theme 2.

After Noah completed building the Ark, Noah and his family, Noah's wife, Shem, Ham, Japheth and three daughters-in-law(8 members); seven pairs each for clean(kosher) animals and two pairs each for non-clean animals, which entered the ark two by two. God closed the door of the Ark for them. And after seven days, the flood waters came on the earth.

테마3.

물이 땅에 창일하며 천하에 높은 산이 다 덮였고 땅 위에 움직이는 생물, 즉 새와 육축과 들짐승과 땅에 기는 모든 것과 모든 사람들이 다 죽었다.

Theme 3.

The water rose and covered the mountains to a depth of more than twenty feet, and every living thing that moved on the earth perished: birds, livestock, and wild animals, all the creatures that swarm over the earth and all mankind.

테마4.

노아의 나이 601세 2월 27일에 땅이 마르자 방주에서 짐승들이 나오고, 노아의 가족은 정결한 짐승으로 하나님을 위하여 단을 쌓았다. 하나님께서는 이 향기를 흠향하시고 노아에게 복을 주시며 언약의 증거로 무지개를 주셨다.

Theme 4.

By the first day of the first month of Noah's six hundred and first year, the water dried up and all the animals came out from the Ark. Noah's family built an altar to the Lord, took some of all the clean(kosher) animals, and sacrificed a burnt offering on it. The Lord smelled the pleasing aroma and blessed Noah, showing a rainbow as a sign of his covenant to Noah.

유물관

사해(소금)

　면적 1,020㎢, 동서 길이 15㎞, 남북 길이 약 80㎞, 최대 길이 399m, 평균 깊이 146m 대함몰지구대에 있기 때문에, 호면은 해면보다 395m 낮아 지표상의 최저점을 기록한다. 이스라엘과 요르단에 걸쳐 있으며 북으로부터 요르단 강에 흘러들지만 호수의 유출구는 없다. 이 지방은 건조 기후이기 때문에 유입 수량과 거의 동량의 수분이 증발하여 염분 농도가 극히 높아 표면수에서 200‰(해수의 약 5배), 저층수에서는 300‰이다. 따라서 하구 근처 외에는 생물이 거의 살지 않으며, 사해라는 이름도 이에 연유한다.

　예로부터 높은 염분 때문에 사람 몸이 물에 쉽게 뜨는 것으로 유명하다. 또 이 해수에는 유용광물이 함유되어 있으며, 특히 브롬의 함유량이 많아 보통 해수의 100배나 된다. 주 보급원은 갈릴리 호(湖)의 바닥에 있는 지하온천일 것으로 생각되며, 이것이 요르단 강에 의해 사해로 운반된다고 한다. 또 브롬의 기원을 고대의 달팽이 퇴적과 관련 있는 것으로 보는 학자도 있다. 사해 주변은 고대 문명, 특히 초대 그리스도교가 발생·발전한 곳으로 유명하며, 구약성서에서도 사해가 '소금의 바다'(Yam ha-Melah) 등의 이름으로 종종 나온다. 서안(西岸)에는 1947년 이후 '사해사본'(死海寫本)이 발견된 쿰란 동굴과 로마군이 멸망시킨 유대인의 마사다 성채 유적 등이 있다. 칼리야와 남단의 소돔 등지에서는 호숫물의 염분에서 염분칼륨, 브롬 등을 생산하고 있다.

DeadSea(Salt)

The area is 1,020㎢. The width from east to west is about 15km and the length about 80km from north to south. Maximum depth is 399m and average depth 146m. Since it is located in the Great Rift Valley, the level of the lake is 395m lower than sea level, making it the lowest recorded level in the world.

Located in both Israel and Jordan, its origin is from the northern part of the Jordan River, but there is no outlet for the water that come sin. In addition to this fact, because of the dry climate in the region, water evaporates quickly, and it has extremely high salinity. 200‰(5 times higher than ordinary sea water) in the surface water and 300‰ in the bottom water. No living creature can survive in it except at the mouth of the sea, and the name derives from that fact.

Because of the high salinity, it has also been famous since ancient times for the ease with which humans can float in it. The water also contains usable minerals, as well as 100 times more bromine than other sea water. The main source of the water is an underground hot spring and water carried by the Jordan River. One scholar asserts that the high concentration of the bromine is related to sedimentation of ancient snails around the area. Ancient civilizations around the Dead Sea started in the early stages of Christianity, and the Old Testament also mentions the name of the Dead Sea as the 'Sea of the Salt (Yam ha-Melah).' Points of interest in the area include the settlement of Qumran, near the cave where the 'Dead Sea Scrolls' were found in 1947, and the ruins of the Israelite fortifications known as Masada, where Roman troops laid siege. The Palestine Potash Company used to have plants at Kalia and southern Sodom that produced salt and bromine from the lake water.

겨자(겨자씨)

쌍떡잎식물 이판화군 겨자과의 2년초 또는 한해살이풀

- 학명 - Brassica juncea
- 분류 - 쌍떡잎식물 이판화군 겨자과
- 원산지 - 중앙아시아
- 분포 지역 - 전세계
- 크기(높이) - 1~2m

주로 밭에서 재배한다. 뿌리잎은 깃 모양으로 갈라졌고 톱니가 있으나 줄기잎은 거의 톱니가 없다. 높이는 1~2m다. 봄에 십자 모양의 노란 꽃이 총상꽃차례(總狀花序)로 핀다. 열매는 원기둥 모양의 꼬투리로 짧은 자루가 있고 안에 갈색을 띤 노란색의 씨가 들어 있다.

겨자와 갓의 씨를 개자(芥子)라고 한다. 씨는 가루로 만들어 향신료로 쓰기도 하고 물에 개어 샐러드의 조미료로도 쓴다. 겨자가루를 개어서 류머티즘, 신경통, 폐렴 등에 사용하면 효과가 있다.

Mustard (Mustard Seed)

Dicotyledoneae Brassicaceae/ An annual or biennial plant.

- Scientific Name - Brassica juncea
- Group - Dicotyledoneae Mustard
- Origin - CentralAsia
- Area of distribution - Worldwide
- Height - 1~2m

Mainly cultivated in the field. The pinnate leaves from the roots have serrated teeth, however the leaves on the stem are not serrated. The length is about 1~2m. Yellow cross-shaped flower bloom in raceme formation in the spring. The fruit is a cylindrical pod, and there are brownish-yellow seeds in the small sack.

The seeds are made into flour and used as a spice or seasoning for salads with water. The mustard flour is effective in treating rheumatism, neuralgia, and pneumonia.

대추야자

야자나무과의 상록교목
- 학명 - Phoenix dactylis
- 분류 - 야자나무과
- 원산지 - 서부 아시아와 북아프리카
- 크기 - 높이 20~25m, 열매 길이 3~5㎝

서부 아시아와 북아프리카 원산으로 추측한다. 나무의 높이는 20~25m다. 끝에 회록색의 커다란 깃꼴겹잎이 뭉쳐나며 우산처럼 퍼진다. 사막지대의 물 근처에서는 자연생처럼 자란다. 성서의 종려나무는 바로 이 나무를 가리키며 고대인들을 먹여 살린 생명의 나무다.

꽃은 단성화로 5~10월에 피고 열매는 길이 3~5㎝의 원형 또는 긴 타원형이며 녹색에서 노란색을 거쳐 붉은색으로 익는다. 과육은 달며 영양분이 풍부하여 여행자에게는 중요한 식량자원이었으므로 유사 이전부터 이집트에서 재배하였다.

Date palm

Palm Seratonia Siliqua
- Scientific Name - Phoenixdactylis
- Group - Palm
- Origin - West Asia and NorthAfrica
- Size - Height 20~25m, Length of the fruit 3~5cm

Origin is western Asia and North Africa. The height of the tree is 20~25m. Pinnate compound leaves spread like an umbrella. It grows near water in the desert. Because of its fruit, the date palm in the Bible is known as the tree of the life to ancient people.

The flower is unisexual and blooms from May to October, and the length of the round fruit is 3~5cm. The color of the fruit turns from green to yellow to red. The flesh having abundant nutrients, it was a very important food resource to travelers, and was cultivated in Egypt from ancient times.

양각 나팔(Trumpets of ram's horns)

숫양의 뿔로 만든 만곡형 나팔을 말한다(수 6:4).

이 양각 나팔은 회중을 불러 모으거나 어떤 사람의 출현을 알리기 위한 경우(출 19:13)와 희년이 돌아왔다는 것을 알리기 위한 경우(레 25:9)에 주로 사용하였다.

여리고 전투에서 군사 행동을 알리는 표시로 양각 나팔을 사용한 사건을 두고 어떤 이들은 이방 세력에 대한 그리스도 복음의 승리를 예표하는 행위로 보기도 한다(수 6:4).

Trumpets of Ram's Horns

Trumpet made with the horn of the Ram(Joshua 6:4).

This was used to gather people in one place or announce a visit(Exodus 19:13), and to proclaim the year of jubilee(Leviticus 25:9).

When Israel's troops used trumpets of ram's horns at the battle with Jericho, this is considered to typify the victory of the good news of the Christ over the foreign forces(Joshua 6:4).

토라, 모세 5경, 율법

구약성서의 맨 앞에 있는 《창세기》《출애굽기》《레위기》《민수기》《신명기》 등 5종의 책. '모세 오서(五書)'라고도 한다. 또 유대교에서는 이를 율법, 토라, 펜타튜크 등으로 부르기도 한다. 본래 모세가 쓴 것으로 여겨 왔기 때문에 '모세 5경'이라고 불렀는데, 지금은 많은 자료를 바탕으로 몇 사람이 편집한 것임이 밝혀졌다. 그러나 그 주인공은 모세이며, 그 정신이 전체에 일관되어 있어 '모세 5경'이라는 호칭이 그 의미를 상실하는 것은 아니다. 거의 600년이라는 긴 역사의 흐름 속에서 단계적으로 이루어져 BC 400년경에야 결집이 완성된 것으로 보고 있다.

Torah, Five Books of Moses, Law of Moses

The first five books in the Old Testament: Genesis, Exodus, Leviticus, Numbers,

Deuteronomy.

Also called the 'Five Books of Moses,' the Torah or Pentateuch is considered Jewish law. It was called the 'Five Books of Moses because it was considered to have been written by Moses; however, ongoing study has found that it was compiled by many people. Nevertheless, the main character is Moses, and his spirit is connected with it, so the name 'Five Books of Moses' is still valid. It was recorded for 600 years and completed in 400 BCE.

포도주

포도의 즙을 발효하여 만든 술을 말한다. 포도주는 포도송이를 따서 포도주 틀에 넣어 발로 밟아 즙을 만든 후 가죽부대나 토기에 넣어 발효시키고, 발효가 되면 포도주를 오래 보관할 수 있는 다른 그릇으로 옮겨 보관하였다(사 1:8, 5:1-7; 렘 48:11-12; 마 21:1-16).

포도주는 성경에서 일상적인 음료수(욥 1:13)로 잔치 등에 사용되었으며(요 2:3), 사람의 마음을 기쁘게 하는 것이지만 많이 마시는 것은 금지되었고(잠 4:17, 23:29-35, 31:4-5), 제사장들과 나실인은 포도주를 마시는 것이 금지되었다(레 10:9; 민 6:3). 포도주는 약용으로도 쓰였으며, 몰약과 섞어 마취제로도 쓰였다. 신포도주는 물에 타서 노동자들이 마시는 음료로 쓰였다(룻 2:14).

포도주는 이스라엘 백성들이 전제를 드릴 때 사용되었으며(출 29:40) 예수님이 마지막 만찬을 베푸실 때도 사용되었다(막 14:24).

Wine

Alcohol made by the fermenting the juice of the grape. The juice was produced by tramping on the grapes in a big basket, and then fermented by placing the juice in a leather container or earthenware. When fermentation is complete, the wine is made and transferred to a vessel to preserve it well(Isaiah 1:85:1-7; Jeremiah 48:11-12; Matthew 21:1-16).

Wine was a very common drink in the Bible(Job 1:13) and was often present at feasts(John 2:3). Drinking it was pleasing to people, but to drink too much was forbidden(Proverbs 4:17, 23:29-35, 31:4-5). Priests and Nazirites were forbidden to drink wine(Leviticus 10:9; Numbers 6:3). Wine also was used as medicine and as an anesthetic when mixed with myrrh. Wine that had turned sour was given to laborers to drink(Ruth 2:14).

Wine was used as an offering by the Israelites(Exodus 29:40), and Jesus also had it at the last supper(Mark 14:24).

감람유

감람나무 열매의 기름으로 올리브유라고도 한다. 감람나무 열매는 주로 기름을 짜서 썼다. 기름은 움푹 들어간 돌에 넣고 찧거나(출 27:20) 밟아서 짰다. 대량으로 기름을 짜는 데는 연자맷돌을 사용했는데, 고고학자들에 의해 감람유를 짜는 틀 여러 개가 발굴되었다.

Olive oil

Oil extracted from the fruit of the olive tree and often called olive oil. Olive oil was the most popular form of its usage. Oil was extracted by pounding with stone(Exodus 27:20). Millstones were used for extracting large amounts of the oil, and \several millstone frames have been found by archeologists.

감람나무

성경 시대 팔레스타인 지방에서 흔히 볼 수 있었던 나무로 아주 유용했다(출 23:1, 27:20; 레 24:2; 신 6:11). 이 나무는 성장이 더딘 편이었으며, 열매를 맺게 하려면 10여 년 이상 잘 돌봐야 했다. 열매는 주로 11~12월경에 수확할 수 있었는데, 요리에 사용했고(출 29:23), 기름으로 짜서 머리에 발랐다(시 23:5; 마 6:17). 또한 상처에 바르는 약(눅 10:34)이나 등잔을 밝히는 데 쓰는 기름(민 4:9; 마 25:3), 목제품(왕상 6:23, 31:33) 등 여러 용도로 사용되었다. 외형적으로도 아름답고(호 14:6) 풍성한 열매를 맺었던 감람나무는 힘과 하나님의 축복, 번영을 상징했다(시 52:8). 성경에서 감람나무가 제일 먼저 언급된 곳은 창세기로, 홍수 후 노아가 방주 밖으로 내보냈던 비둘기가 물고 왔던 잎이 바로 감람나무 잎이었다(창 8:11). 한편 하박국 선지자는 "감람나무에 소출이 없더라도 하나님으로 인해 즐거워하겠다"(합 3:17)고 외쳤는데, 이는 소중한 감람나무 열매를 얻을 수 없는 흉년, 즉 시련을 겪는다 해도 하나님께서 구원하실 것을 확신하며 믿음으로 살겠다는 의미다.

Olive tree

In the Bible, this common and useful tree can be found in the Palestinian region(Exodus 23:1, 27:20; Leviticus 24:2; Deuteronomy 6:11). It grows very slowly, taking 10years to bear fruit, and requires great care. The fruit can be harvested around November and December and the oil extracted from it can be used in cooking(Exodus 29:23) or applied to the hair(Psalms 23:5; Matthew 6:17). It is also used for medicinal purposes(Luke 10:34), as lamp oil(Numbers 4:9; Matthew 25:3), wood products(1 Kings 6:23, 31:33), and other uses. The tree itself is also beautiful(Hosea 14:6), and the olive tree laden with many fruits was a symbol of the blessing, power, and prosperity of God(Psalms 52:8). Olive trees were first recorded in the book of Genesis in the Bible, and the dove brought a branch of the olive tree to Noah as evidence of the water drying(Genesis 8:11). Habakkuk shouted, "I will rejoice in the Lord even though the olive crop fails"(Habakkuk 3:17), which signifies he would live with firm faith in God's salvation, even if he suffers from hardship in his life.

촛대

초를 세워 놓는 기구다. 개역성경에서 촛대로 번역된 히브리어 '메노라'(menorah)와 헬라어 '뤼크니아'(lychnia)는 '등대'(출 25:31-40, 37:17-24; 대하 4:7; 슥 4:2; 히 9:2)와 '등경'(마 5:15; 막 4:21; 눅 8:16, 11:33)으로 번역되기도 했다.

성경에서 촛대로 번역된 것은 원어상 등대나 등경과 같은 의미로 그 위에는 불을 켜기 위한 등잔을 놓았다(출 25:37; 슥 4:2). 흙, 나무, 청동, 금 등 다양한 재료로 만들었던 촛대는 가정(왕하 4:10), 성전(렘 52:19), 왕궁(단 5:5) 등에서 사용되었다. 요한이 환상 중에 본 예수님은 일곱 개의 금촛대 사이에 계신 분(계 1:12-13, 2:1)으로 묘사되었는데, 이때의 촛대는 교회를 상징한다.

Candlesticks

A holder in which to stand candles. Also translated as lampstand, or 'Lychinia' in Greek (Exodus 25:31-40, 37:17-24; 2 Chronicles 4:7; Zechariah 4:2; Hebrews 9:2) and 'Menorah' in Hebrew (Matthew 5:15; Mark 4:21; Luke 8:16, 11:33).

Candlesticks in the Bible are equivalent to lampstands, holding either candles or oil lamps(Exodus 25:37; Zechariah 4:2). Clay, wood, bronze, and gold were the materials for candlesticks, and they were used in the home(2 Kings 4:10), temple(Jeremiah 52:19), and palace (Daniel 5:5). John described his vision in which he saw Jesus standing in the center of a gold menorah(Revelation 1:2-13, 2:1); in his vision, the menorah symbolized the seven churches.

등, 등잔

불을 켜서 밝게 하는 도구로, 초기에는 점토 또는 도기로 만들어졌으나 나중에는 금속으로 만든 등잔이 나왔다. 등잔은 손으로 들 수도 있었으나 대부분 선반이나 등대 위에 놓고 사용했다(출 25:37; 레 24:4).

신약 시대의 팔레스타인 지역에서 가장 널리 쓰인 등잔은 단순하고 둥글며, 넓은 기름 구멍마개와 심지를 넣어 태우는 구멍이 있었다. 기름으로는 올리브유가 쓰였는데, 양에 따라 2~4일 정도를 밝힐 수 있었다.

등불은 구약성경에 종종 비유적으로 사용되고 있다. 욥은 이 세상에서의 악인의 멸망을 '등불의 꺼짐'(욥 21:17)에 비유하고 있으며, 잠언 기자는 부모를 저주하는 자식은 '암흑 속에서 꺼지는 등불'(잠 20:20)과 같다고 했다. 다윗의 부하들은 다윗을 '이스라엘의 등불'(삼하 21:17)이라고 하면서 다윗이 전쟁터에 나가 위험에 처하게 되는 것을 막고자 했다. 이와 같은 칭호는 '여호와께서 함께하시는 하나님의 종'이라는 말과 같다. 열왕기상 11장 36절의 "다윗이 항상 내 앞에 등불을 가지고 있게 하리라"에서 등불은 '한 지파'의 의미로 쓰인 경우다. 이외에도 등불은 '여호와'(삼하 22:29)나 '주의 말씀'(시 119:105)으로도 비유되었다. 잠언은 사람의 영혼이 '여호와의 등불'(잠 20:27)이라고 말한다.

Lamp

Implement used to produce light. Made of clay in the early stages, but also made with metals later. Lamps could be carried by hand but mostly were placed on tables(Exodus 25:37; Leviticus 24:4).

The wick hole and the cap constituted the main structure of the lamp, and in the region of Palestine during the New Testament period, lamps were most commonly simple and round in form. Olive oil was used as lamp oil, and lamps could last 2-4 days depending on the amount of the light.

Lamps were often used as metaphors in the Old Testament. The collapse of evil in the world was described as the 'lamp of the wicked snuffed out' by Job(Job 21:17), and if a man curses his parents, Proverbs says 'his lamp will be snuffed out in pitch darkness' (Proverbs 20:20). David called his troops the 'Lamp of Israel' (2 Samuel 21:17), and kept them from being in danger on the battlefield. This also refers to the servant of God present with Jesus. In 1 King 11:36, the verse reads 'David my servant may always have a lamp before me in Jerusalem,' and the lamp in this verse refers to the 'one tribe.'

'Lamp' was also used to denote 'Lord' (2 Samuel 22:29) and 'His Word' (Psalm 119:105). Proverbs also described the spirit of the human as the 'Lamp of the Lord' (Proverbs 20:27).

향로

향을 피우기 위해 사용하는 작은 화로를 말하며(레 10:1, 16:12; 민 16:6-47; 대하 26:19; 겔 8:11) 같은 원어가 '불 옮기는 그릇'(출 27:3; 민 4:14)으로도 번역되었다. 율법에 의하면 대제사장은 향로에 번제단의 불을 담고 그 위에 하나님이 명한 향료(출 30:34-38)를 채워 지성소로 들어가 향을 피웠다(레 16:12-13).

Censer

Small brazier for burning incense(Leviticus 10:1, 16:12; Numbers 16:6-47; 2 Chronicles 26:19; Ezekiel 8:11). The same original word also translated as 'firepan,' a utensil to carry fire (Exodus 27:3; Numbers 4:14). According to the law, high priests put fire on the altar of burnt offerings with the spices demanded by God(Exodus 30:34-38) and burnt incense in the sanctuary(Leviticus 16:12-13).

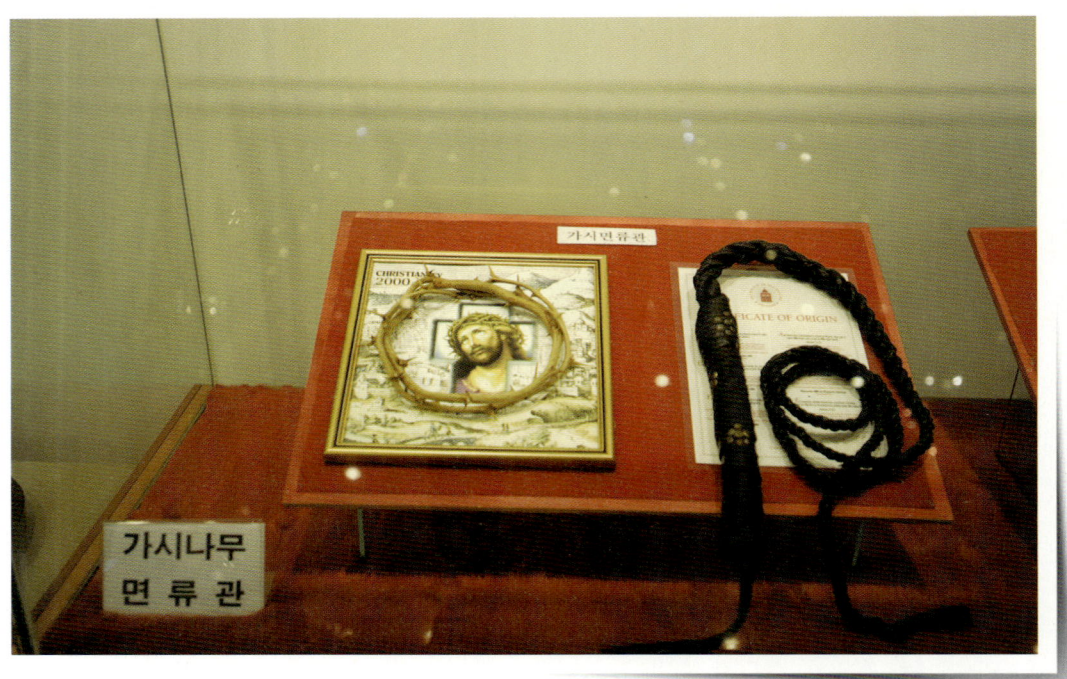

가시면류관

예수님이 십자가에 달리시기 전 로마 병정들이 예수님의 머리 위에 씌운 가시관을 말한다(마 27:29; 요 19:2, 5). 이 가시관은 가시나무로 만들어졌으며, 로마 병정들은 유대인의 왕이라고 주장하는 예수님을 조롱하기 위해 로마 황제의 관을 흉내 내어 가시로 관을 만들어 씌웠다. 아담에게 내린 벌이 가시로 상징되듯(창 3:18) 예수님의 가시관은 인류의 죄를 그분이 친히 담당하셨다는 것을 상징한다.

Crown of thorns

The crown of the thorns that Roman soldiers put on Jesus' head before He was crucified on the cross(Matthew 27:29; John 19:2, 5). It was made from the thorn tree, and Roman soldiers made it and put it on Jesus to mock Him. Just as the punishment to Adam for his sin was symbolized by thorns(Genesis 3:18), Jesus' crown of thorns symbolizes the fact that He died on the cross to cleanse us of our sins.

싯딤나무(Acacia)

아카시아 나무를 말한다(신 10:3; 사 41:19). 성경의 다른 곳에서는 대부분 조각목으로 번역되었다(출 25:27, 30, 35-38).

이 나무는 출애굽한 이스라엘 백성들이 성막의 재료로 사용한 나무였다(출 25:38). 시나이 반도에서 자생하는 아카시아 나무 가운데 아카시아 라디아나(Acacia raddiana)는 목질이 단단하고 내구력이 강해 건축용으로 가장 적합한데, 이 나무가 성막의 재료로 사용된 조각목이었을 것으로 보인다. 싯딤나무의 '싯딤'은 '아카시아 나무들'이란 뜻의 히브리어 '쉿팀'(shittim)을 음역한 것이다.

Acacia

Acacia Wood(Deuteronomy 10:3; Isaiah 41:19). Often described as a sculptural wood in other parts of the Bible(Exodus 25:27, 30, 35-38).

This wood was the material used to build the tabernacle of Israelites fleeing from Egypt(Exodus 25:38). Acacia raddiana, which grows on the Sinai Peninsula is a suitable building material because of its strength and hardness, hence its use in building the tabernacle. Shittim tree means acacia tree.

조각목

아카시아 나무를 말한다. 단단하고 튼튼한 나무로 이스라엘에서는 성막과 그 안의 장식품을 만드는 데 주로 사용되었다(출 25:5, 26:15, 27:1, 6). 오늘날에도 시나이 반도와 이스라엘 남쪽 사막 지역에서 많이 발견된다.

Acacia wood

Wood of the acacia tree. It was often used for making decorations for the tabernacles in Israel because of its hardness(Exodus 25:5, 26:15, 27:1, 6). It still is common on the Sinai Peninsula and southern desert region of Israel.

양털

양의 털로 의복을 만드는 기본 직물이다. 신명기의 법에 따르면 처음 깎은 양털은 제사장에게 주어야 했으며(신 18:4), 양털과 베실을 섞어서 짠 옷은 입어서는 안 되었다(신 22:11). 양털은 성결, 순결을 상징한다(사 1:18). 다니엘은 '옛적부터 항상 계신 이'를 묘사하면서, 그 머리털은 깨끗한 양의 털 같다고 함으로써 하나님의 성결을 상징하였다(단 7:9). 요한계시록에서도 '인자 같은 이'의 머리와 털의 희기가 양털 같다고 했는데, 이것 역시 예수 그리스도의 위엄과 무죄하심을 상징하는 표현이었다(계 1:14).

한편 양털 깎는 날은 이스라엘에서 일종의 축제일이었다(삼상 25:4,11; 삼하 13:23-24). 압살롬은 이날을 계기로 삼아 누이인 다말을 욕보였던 암논을 죽였다(삼하 13:23-33).

Wool

A basic fabric for making clothing. According to the law in Deuteronomy, the first wool from the shearing of the sheep has to be offered to the priest(Deuteronomy 18:4), and it is forbidden to wear clothing made from wool and linen thread(Deuteronomy 22:11). Wool also symbolizes purity and holiness(Isaiah 1:18). Daniel describes the 'one who existed even before the universe' and God's holiness as clean wool(Daniel 7:9). Revelation also symbolized the brightness of the hair of the 'Holy Son of God' as wool, which refers to the dignity and innocence of Jesus Christ(Revelation 1:14).

The day of shearing wool was a celebration day in Israel(1 Samuel 25:4, 11; 2 Samuel 13:23-24). Absalom killed Amnon who raped his sister Tamar on that day(2 Samuel 13:23-33).

파피루스

- 외떡잎식물 벼룩 사초과의 여러해살이풀
- 학명 - Cyperus papyrus
- 분류 - 사초과
- 분포지역 - 지중해 연안
- 자생지 - 습지
- 크기 - 높이 1~2m

지중해 연안의 습지에서 무리지어 자란다. 높이 1~2m다. 줄기는 둔한 삼각형이며 짙은 녹색으로서 마디가 없다. 잎은 퇴화하여 비늘처럼 되고 줄기의 밑부분에 달린다. 줄기 끝에 짧은 포가 몇 개 달리고, 그 겨드랑이에서 10여 개의 가지가 밑으로 처질듯이 자라서 연한 갈색의 작은 이삭이 달린다. 꽃차례는 지름이 약 40㎝다.

고대 이집트에서는 이 식물 줄기의 껍질을 벗겨내고 속을 가늘게 찢은 뒤, 엮어 말려서 다시 매끄럽게 하여 파피루스라는 종이를 만들었다. 현재의 제지법이 유럽에 전파되기 전에는 나일 강을 중심으로 많은 재배가 이루어졌다. 세계에서 가장 오래된 종이뿐 아니라 보트, 돛대, 매트, 의류, 끈 등을 만들었고 속은 식용했다고도 한다. 관상용으로 온실에서 가꾼다.

Papyrus

Monocotyledon plant, Perennial plant of Cyperaceae

- Scientific Name - Cyperus papyrus
- Group - Cyperaceae
- Area of distribution - Mediterranean coast
- Habitat - Wetlands
- Size - Height 1~2m

It grows collectively in the wetlands around the Mediterranean coast. Height is 1~2m. Stem is triangular and green, without nodes. Leaves are degraded and needle-like. The diameter of the inflorescence is about 40cm.

In Ancient Egypt, they dried and shredded the stems to make the paper called papyrus. Before the current method of paper-making in Europe, it was cultivated mostly in the Nile River. Not only the oldest paper in the world, but also used as making boats, mats, clothing, and string. Egyptians even consumed it as food.

에봇

제사장의 의복으로, 가슴과 등을 덮는 긴 조끼 모양의 상의다(출 28:4). 특별히 하나님의 뜻을 전달할 때에 대제사장은 이 옷을 입고 우림과 둠밈으로 판결을 구하였다(출 28:6-30).

에봇은 금색, 청색, 자색, 홍색, 흰색 등 다섯 가지 색상의 실을 사용하여 만들었으며(출 28:6), 견대를 달아 그 견대에 각각 여섯 명의 이스라엘 아들들의 이름을 새긴 호마노 두 개를 붙였다(출 28:9-11). 또 에봇 위에 매는 띠는 금실, 청색, 자색, 홍색 실과 가늘게 꼰 베실로 짜서 붙였다(출 28:6-8).

대제사장이 아닌 사람들도 에봇을 입은 경우가 있었는데, 다윗과 사무엘이었다. 다윗은 언약궤가 다윗 성에 들어올 때 에봇을 입고 춤을 추었으며(삼하 6:13-15), 사무엘은 어렸을 때 세마포 에봇을 입고 하나님을 섬겼다(삼상 2:18).

기드온은 금으로 에봇을 만들어서 자기 성읍 오브라에 두었는데, 이에 대해 사사기 기자는 그것이 기드온과 그 집에 올무가 되었다고 적었다(삿 8:27). 에봇이 올무가 된 또 다른 경우로는 미가가 있다(삿 17:5).

Ephod

Long vestment for priests(Exodus 28:4). This was worn especially when the high priest needed to deliver the word of God or a priest asked for judgment(Exodus 28:6-30). The ephod was made of gold, blue, purple, red, and white colored threads(Exodus 28:6), and featured shoulder straps on which the twelve tribes of Israel were inscribed(sixoneachstrap)(Exodus 28:9-11). The waist belt was also made of the same colored threads twisted together(Exodus 28:6-8). David and Samuel wore ephods even though they were not high priests. David danced while wearing an ephod when the Ark of the Covenant was brought into his palace(2 Samuel 6:13-15). Samuel also worshiped God while wearing an ephod(1 Samuel 2:18).

Gideon also made an ephod of gold and placed it in the village of Ophrah; in Judges it is written that it became a snare to his family(Judges 8:27). Another example of one who was ensnared by an ephod was Micah(Judges 17:5).

홍보석

대제사장 흉패의 첫째 줄에 단 보석 중 하나다(출 28:17). 두로의 교역품 중 하나였다(겔 27:16).

Ruby

One of the jewels mounted on the first row of the breastplate of the high priest(Exodus 28:17). One of the trade products of Aram(Ezekiel 27:16).

황옥

노란 색과 오렌지색을 띠고 있는 광석을 말한다. 성경에서 황옥은 대제사장의 판결 흉패에 첫 줄의 두 번째 자리에 붙여 장식하였다(출 28:17). 에스겔은 환상으로 본 바퀴의 형상과 구조가 황옥 같다고 묘사하였으며(겔 1:16), 다니엘은 힛데겔 강가에서 본 이상 중에 인자의 몸이 황옥 같다고 설명하였다(단 10:6).

Topaz

Yellow- or orange-colored mineral stone. Topaz was mounted on the second row of the breastplate of the high priest(Exodus 28:17). Ezekiel described the shape and the structure of the wheel he saw in a vision as a topaz(Ezekiel 1:16), and Daniel describes the body of Jesus he saw in the vision at the Tigris River as like topaz(Daniel 10:6).

녹주옥

초록색의 보석으로, 대제사장의 흉패 첫 번째 줄에 달았던 보석이다(출 28:17, 39:10). 개역성경에서는 홍옥이라고 번역하기도 했다(겔 28:13).

Beryl

Green jewel mounted on the first row of the breastplate of the high priest(Exodus 28:17, 39:10; Ezekiel 28:13).

석류석(石榴石)

규산염 광물의 하나로 빨강, 노랑, 갈색, 검정 빛깔의 광택이 나는 보석이다. 남보석으로 번역한 곳도 있다(겔 27:16, 28:13). 석류석은 대제사장의 흉패에 박은 보석 가운데 하나이며(출 28:18, 39:11) 새 예루살렘의 성문 재료로 사용하라고 했다(사 54:12).

Carbuncle

A silicate mineral of red, yellow, brown, or black. Carbuncle was one of the jewels mounted on the breastplate of the high priest(Exodus 28:18, 39:11) and a material used to build the gate of the New Jerusalem(Isaiah 54:12).

남보석

푸른색의 아름다운 광택을 내는 보석이다(욥 28:6, 16). 대제사장의 흉패에는 열두 개의 보석을 달았는데, 그 중 둘째 줄에 남보석을 달았다(출 39:11). 아람과 두로가 무역하던 물품 중의 하나였으며(겔 27:16), 새 예루살렘의 성곽을 꾸미는 둘째 기초석이다(계 21:19). 또한 하나님의 보좌의 형상이 남보석 모양으로 비유되기도 했다(겔 1:26).

Sapphire

Jewel with beautiful blue-colored sheen(Job 28:6, 16). It was mounted on the second row among the 12 jewels on the breastplate of the high priest(Exodus 39:11). It was also a trade item of Aram and Duro(Ezekiel 27:16) and the second fundamental stone for decorating the city walls of the New Jerusalem(Revelation 21:19). Also, the form of God's throne was described as being in the shape of the sapphire(Ezekiel 1:26).

홍마노

보석의 일종으로 대제사장 흉패의 둘째 줄에 달았던 보석 중 하나다(출 28:18, 39:11). 공동번역과 표준새번역은 '백수정'으로, KJV와 NASB는 '다이아몬드'(diamond)로 번역하였다. 교만한 두로 왕이 단장할 때 쓰던 보석 중 하나로도 소개되었다(겔 28:13).

Emerald

One of the jewels mounted on the second row of the breastplate of the high priest (Exodus 28:18, 39:11). KJV and NASB translate this as diamond. Arrogant King Duro used this to decorate himself(Ezekiel 28:13).

호박

오렌지색을 띤 보석의 일종이다. 대제사장 의복 가운데 흉패에 단 보석으로 세 번째 줄 첫 번째 위치에 장식되었다(출 28:19).

Jacinth

One of the orange-colored jewels. Mounted on the third row of the breastplate of the high priest(Exodus 28:19).

백마노

보석의 일종으로 중심에 백색과 갈색의 줄무늬가 있는 반투명의 석영이다. 석영, 옥수, 홍옥수, 부싯돌, 벽옥 등의 혼합으로 보는 학자들도 있다. 이 보석은 백색 또는 적색으로 반짝인다고 한다. 대제사장의 흉패에 붙어 있었던 열두 지파를 상징하는 열두 보석 가운데 하나다(출 28:19, 39:12). 흉패의 세 번째 줄에 들어가는 보석으로는 백마노 외에 호박과 자수정이 있다(출 28:19).

Agate

Transparent quartz with white and brown stripes in the center. Some scholars assert that it is a mixture of quartz, chalcedony, flint, and jasper. This also shines with both red and white colors. Also used on the breastplate of the high priest and mounted on the third row with amber and amethyst(Exodus 28:19, 39:12).

자수정

자주 색깔의 수정을 말한다. 투명한 석영 결정으로 고대에 귀한 보석이었다. 성경의 자수정은 히브리어로 '아흘라마'(achlamah), 헬라어로는 '아메튀스토스'(amethystos)로 '중독을 막는 것'을 의미한다. 계시록에서 자정(紫晶)으로도 번역된(계 21:20) 이 보석은 성경에서 대제사장의 흉패에 붙인 보석 가운데 하나였다(출 28:19, 39:12). 새 예루살렘 성곽의 기초석으로 사용된 열두 가지의 보석 중 하나로도 언급되었다(계 21:20).

Amethyst

Purple-colored crystal. As transparent quartz, it was one of the most precious jewels in ancient times. In Hebrew, it is achlamah and in Greek amethystos, which means 'non-intoxicating.' This was also one of the jewels used on the breastplate of the high priest in the Bible(Exodus 28:19, 39:12). It is also used as the one of the twelve jewels used in the foundation of the city walls of the New Jerusalem(Revelation 21:20).

녹보석

대제사장의 흉패에 붙였던 열두 지파를 상징하는 보석 중 하나로 넷째 줄에 달려 있었다(출 28:20). 히브리어로는 '타르쉬쉬'(tarshish)인데, 이에 대한 성경 번역본의 명칭은 불일치하고 있다. 개역성경에서 타르쉬쉬를 황옥으로 번역한 곳도 있다(단 10:6).

Chrysolite

It was mounted on the fourth row of the breastplate of the high priest, representing one of the twelve tribe of the Israel. It is 'tarshish' in Hebrew, which doesn't match the translated word. In Daniel 10:6 it is translated as topaz.

호마노

보석 '마노'의 일종으로 고대로부터 잘 알려진 귀한 보석이다(창 2:12; 출 25:7, 35:9). 석영에 옥수 등이 혼합된 혼합 광물로 주로 붉은 색을 띠었다. 내부에 흰색과 검정색 등 다양한 색상의 색띠가 있는 호마노는 매우 아름다워 고대부터 여러 가지 보석 세공의 재료로 사용되었다. 성경에서는 이스라엘 백성들이 광야에서 하나님께 예물로 드렸던 보석 가운데 하나로도 언급되었는데(출27:7, 35:9), 이 보석은 제사장의 에봇 견대(출 28:9,12)와 흉패(출 25:7-표준새번역)에 붙였던 보석이다.

Onyx

A type of agate and well-known precious jewel since ancient times(Genesis 2:12; Exodus 25:7, 35:9). Quartz and chalcedony mixed and create a red color. Its beautifully is magnified by the alternating bands of color inside. It was also used as an offering to God when the Israelites were wandering in the wilderness(Exodus 27:7, 35:9), and was mounted on the shoulder strap of the priest's ephod and breastplate.

벽옥

푸른 빛이 나는 옥으로 노랑, 적색, 갈색 등도 있었다. 벽옥은 대제사장의 흉패 넷째 줄에 달았는데, 흉패에 달았던 열두 개의 보석에는 각각 이스라엘 열두 지파의 이름이 새겨졌다(출 28:20, 39:13). 어떤 학자는 벽옥이 하나님의 속성 중 자비하심과 청결을 상징한다고 보았다. 새 예루살렘에 대한 묘사에서 요한은 '그 성의 빛이 귀한 보석 같고 벽옥과 수정같이 맑다' 고 했으며(계 21:11), 성곽의 건축 재료로 벽옥을 꼽았다(계 21:18-19).

Jasper

Usually blue-colored, but yellow, red, and brown jasper also exists. Jasper was mounted on the fourth row of the breastplate of the high priest, and the 12 jewels mounted on the breastplate had the names of the twelve tribes of Israel(Exodus 28:20, 39:13). Some scholars assert that Jasper symbolizes God's merciful nature. John describes the New Jerusalem as the 'It shone with the glory of God, and its brilliance was like that of a very precious jewel, like a jasper, clear as crystal' (Revelation 21:11). Jasper was also used as a building material for the city wall(Revelation 21:18-19).

전갈류(全蝎類)

거미강 전갈목에 속하는 절지동물을 통틀어 이르는 말.
- 학명 : Scorpionida
- 분류 : 거미강 전갈목
- 종수 : 약 1,100종
- 생활방식 : 야행성
- 부속지수 : 8개 (다리)
- 크기 : 몸길이 1.5~21㎝
- 생식 : 난생
- 서식장소 : 건조지대, 한대, 습지 등
- 분포지역 : 전세계

몸길이 약 1.5~21㎝다. 화석종 가운데에는 최대 1m에 이르는 것도 있었을 것으로 추정된다. 현재 지구상에 살아 있는 종은 전 세계적으로 약 1,100종이 알려져 있고 한국에는 극동전갈(Buthus martensii) 1종이 분포한다. 대부분의 종이 독을 지니고 있으나 사람에게 해를 끼

칠 만한 독을 지니고 있는 종은 20여 종에 불과한 것으로 알려져 있다.

Scorpionida

All arthropods under Arachnid Order Scorpionida

- Scientific Name: Scorpionida
- Group: Arachnid Order Scorpionida
- Number of Species: About 1,100 species
- Life Style: Nocturnal
- Number of legs: 8
- Size: Length of the body 1.5~21㎝
- Reproduction: Oviparous
- Habitat: Arid zones, polar regions, wetlands, etc.
- Area of distribution: All over the world

Body length ranges from 1.5~21㎝. Among paleospecies, the longest grew to as much as 1m in length. There are 1100 species currently living around the world, and Buthus martensii is one that lives in Asia, including Korea. Most scorpions are venomous; however, only 20 are known to have harmful poison.

독충(毒蟲)

　인체에 직접 또는 간접으로 해를 주는 독을 가지고 있는 곤충과 거미류, 지네류 및 그 밖의 소동물의 총칭.

　해를 입히는 정도는 흡혈, 자상(刺傷), 교상(咬傷), 독액 및 독취(毒臭)의 분비, 불결성과 불쾌성 등 가벼운 것과 심한 것이 있다. 벼룩, 이, 빈대, 모기, 등애모기, 파리매, 침파리, 쇠파리 등에 의한 흡혈, 벌류 혹은 개미류의 독침에 의한 자상, 개미류, 딱정벌레류, 지네류, 거미류에 의한 교상 등이 알려져 있다. 독액 또는 독즙을 내는 독나방류, 쐐기벌레의 유충, 개미반날개류, 하늘소붙이류, 가뢰류 등은 심한 염증을 일으키는데, 심하면 실명하는 경우도 있다.

　병원균을 매개하는 파리류, 모기류, 바퀴벌레류 등 불결감과 불쾌감을 주는 위생곤충도 독충이라고 한다. 파리매, 독나방 등은 단백질용해독, 히스타민계의 독을 가지고 있어 이들에게 물리거나 접촉하면 가려움증, 피진(皮疹), 습진, 농가진(膿痂疹) 등을 일으킨다. 거미류 중에서 에어리염낭거미는 독이 있는데, 물리면 물린 자리가 빨개진다.

　알레르기 체질인 사람에게는 통증이 며칠 계속되나 보통은 30분~3시간이면 사라진다.

북중앙 아메리카와 오스트레일리아에 서식하는 독거미는 치명적인 해를 입히는 수도 있다.

Venomous Insects

Insects, spiders, centipedes, and other small animals containing poison harmful to humans.

Levels of harm are bloodsucking, puncture wounds, bite wounds, secretion of poisonous venom or odors, and uncleaness. Bloodsucking by fleas, lice, mosquitoes, bedbugs, biting midges, robber flies, stable flies, gadflies and puncture wounds from ants and bees, bite wounds by beetles, centipedes and spiders.

Flies, mosquitoes, and cockroaches spread pathogenic bacteria and are classified as non-hygienic or poisonous insects.

Robber flies and oriental tussock moths have protein-dissolving poisons and histamine poisons which cause itching, exanthema, eczema, and impetigo. Sac spider bites cause reddishness. For those who are allergic, the pain lasts for several days, but only 30 minutes to 3 hours for ordinary people. Poisonous spiders like the brown recluse spider living in North Central America and Australia can be fatal to humans.

독거미

사람에게 치명적 또는 격심한 통증을 일으키는 강한 독이 있는 거미.

세계의 거미 3만 5천여 종(種) 중에 독이 있는 거미는 30여 종이 있는데, 맹독(猛毒)의 것은 아주 적다. 유명한 것은 꼬마거미과(Theridiidae)의 이끼거미로, 미국에서 동반구(東半球)에 걸쳐 분포한다. 오스트레일리아의 깔때기거미과의 아트락스는 이끼거미와 더불어 때로는 치명적인 해를 입힌다. 북아메리카의 가죽거미과의 실거미 무리도 강한 독성을 가진 것이 있다.

또 염낭거미과(Clubiondae)의 에어리염낭거미(Chiracanthium japonicum)도 다른 거미에 비하여 독성이 강한데, 개인차에 따라 증세도 다르다. 그러나 거미가 적극적으로 사람을 쏘는 일은 없다.

Poisonous spiders

Spiders with poisonous venom that cause serious pain or death in human beings.

Among 35,000 species of spiders in the world, 30 of them are poisonous, and only a few of them are fatal. The most famous are the widow spiders(genus Latrodectus in the Theridiidae family), mostly found in the eastern part of the United States. Funnel-web spiders of Australia(genusAtrax), Brazilian wandering spiders(genus Phoneutria), recluse spiders(genus Loxosceles) also have fatal poison.

In addition, Clubiondae(sac spiders) and Chiracanthium japonicum(yellow sac spiders) have stronger poison than other spiders, but the symptoms vary among individuals. However, spiders do not actively attack humans.

지네

순각강(脣脚綱)에서 그리마류를 제외한 절지동물의 총칭.
- 분류 : 절지동물문 순각강
- 종수 : 전세계 약 3,000종
- 생활양식 - 축축한 곳을 좋아하며 야행성
- 형태 : 몸이 길쭉하고 등배쪽으로 편평함
- 크기 : 몸길이 0.5~15㎝
- 생식 : 자웅이체, 산란기 봄~여름
- 서식장소 - 온대와 열대지역

한자어로 오공(蜈蚣), 토충(土蟲), 백족(百足)이라 한다. 《구급간이방》에 지네를 오공이라고 한 기록이 있다. 다지류에 속하며 몸길이 0.5~15㎝로 머리부와 몸통부로 나뉜다. 몸은 길쭉하고 등배쪽으로 편평하며, 머리부에는 1쌍의 촉각(더듬이)이 있다. 눈은 홑눈이 집합된 것인데, 원시적인 겹눈을 가진 것과 눈이 없는 것도 있다.

Centipedes

All Arthropods under Chilopoda except Grima
- Group - phylum Arthropoda, class Chilopoda
- Number of Species - About 3,000 species in the world
- Life Style - Nocturnal; prefer damp places
- Form - Body is long and both belly and back tend towards flatness
- Size - Length of the body ranges from 0.5~15cm
- Reproduction - Gonochoric / dioecious; spawn in spring and summer
- Habitats - Temperate and tropical regions

There are centipedes and millipedes, having numerous legs and body lengths ranging from 0.5~15cm. The form can be divided into head and body. The body is thin and elongated and the belly is flat. There is a pair of antennae on the head. Its eyes are collective ocelli, and some have compound eyes, while some have no eyes.

물개

식육목(食肉目) 물개과의 포유류.
- 학명 : Callorhinus ursinus
- 분류 : 식육목 물개과
- 분포지역 : 프리빌로프제도, 코만도르스키예제도, 로벤섬
- 서식장소 : 외딴섬, 해안
- 수명 : 약 25년
- 크기 : 수컷 약 2.5m, 암컷 약 1.3m 몸무게 : 수컷 180~270kg, 암컷 43~50kg

한자어로 해구(海狗), 우리말로는 '온눌'로 부른다. 몸길이는 수컷이 약 2.5m까지 성장하고, 암컷은 약 1.3m로 작다. 몸무게는 수컷이 180~270kg, 암컷이 43~50kg 정도다. 갓 낳았을 때에는 검은색이지만 나이를 먹을수록 털갈이를 하여 등면은 짙은 갈색 또는 회흑색으로 변하고, 흰색 솜털이 빽빽하다.

꼬리는 매우 짧고, 귀가 작으며, 머리는 튼튼하고 목이 굵다. 몸은 방추형이고, 네 다리는 모두 물고기의 지느러미 모양을 하고 있어서 헤엄치기에 적당하다. 수컷은 다 자라면 목으로부터 어깨에 걸쳐 갈기가 생긴다. 먹이는 주로 오징어, 청어, 명태, 정어리 등 어류와 갑각류 등이다.

Northern Fur Seal

Otariidae mammal

• Scientific Name - Callorhinus ursinus

• Group - Otariidae mammal

• Area of Distribution - Pribilof Islands, CommanderIslands, RobbenIsland

• Habitat - Isolated islands and coastal areas

• Life Expectancy - About 25 years

• Size - Males approx. 2.5m; female approx. 1.3m; Weight - Males 180~270kg; Females 43~50kg

'On-nul' in Korean. Males can grow to 2.5m and females can grow to about 1.3m. Males weigh from 180~270kg and females from 43~50kg. Color is black when they are born, but turns to grey or dark brown as they mature, and a dense, cottony coat of white down.

The tail and ears are very short and small. Its head is strong and the neck is thick. The body is has a fusiform shape that is tapered at both ends, and its four legs are like the fins of fish, well-suited for swimming. Adult males grow a mane from the neck to the shoulders. They feed mainly on fish and crustaceans, including squid, herring, cod, sardines, etc.

산호(珊瑚)

산호충강 산호과에 속하는 강장동물의 총칭.
- 분류 - 산호충강 산호과
- 형태 - 폴립형
- 생식 - 자웅이체, 체외수정
- 서식장소 - 심해

팔방산호아강(八方珊瑚亞綱)에 속하는 빨간산호, 연분홍산호, 희산호 등을 가리키는데, 넓은 뜻으로는 육방산호아강(六放珊瑚亞綱)에 속하는 석산호류, 간산호류, 토규류(葵類)와 히드로충류에 속하는 의산호류(擬珊瑚類) 등도 포함된다.

Coral

Coelenterata: Anthozoa

- Group - Anthozoan planulae(coral)
- Shape - Polyps
- Reproduction - Gonochoric, external fertilization
- Habitat - DeepSea

There are three subclasses, which are Octocorallia(red coral, pink coral, etc), Hexicorallia, and Hydrozoa.

소라

원시복족목(原始腹足目) 소라과의 연체동물.

- 학명 - Batillus cornutus
- 분류- 원시복족목 소라과
- 크기 - 껍데기 높이 약 10cm, 껍데기 지름 약 8cm
- 색 - 껍데기 표면은 녹갈색
- 패각 - 두껍고 견고함
- 생식 - 자웅이체, 체외수정
- 서식장소 - 어릴 때는 조간대의 바위 밑, 크면 해초가 많은 조간대 아래쪽
- 분포지역 - 한국 남부 연안, 일본 남부 연안

복족류에 속한다. 껍데기 높이 약 10㎝, 껍데기 지름 약 8㎝다. 껍데기는 두껍고 견고하다. 나탑(螺塔: 체층 위에 있는 층 전체)은 원뿔형이고 나층(螺層: 나선 모양으로 감겨져 있는 한 층)은 6층이며, 각 층은 부풀어 있다. 체층(體層: 껍데기 주둥이에서 한 바퀴 돌아왔을 때의 가장 큰 한 층)

에는 5줄 내외의 굵고 낮은 나륵이 있다. 생장맥은 가늘고 빽빽한 판 모양이다. 대략 하루에 1개의 생장맥을 만든다고 한다.

Spiny turban shell

Vetigastropoda Turbinidae Mollusks.

- Scientific Name - Turbo(Batillus) cornutus
- Group - Vetigastropoda Turbinidae
- Size - Height of the shell about 10cm, Diameter about 8cm
- Color - Surface of the shell greenish-brown
- Shell - Thick and hard
- Reproduction - Gonochoric / dioecious; external fertilization
- Habitat - live under rocks in intertidal areas in the early stage; move to the bottom area of intertidal areas where many sea plants grow in the later stage.

Area of Distribution - Southern coast of Korea and Japan

Gastropod. The height of the shell is about 10cm and diameter is about 8cm. Shell is thick and hard. The spiral shape has six cords. Growth lines are very thin and close-set. They can generally produces about one growth line per day.

석류(石榴)

석류나무의 열매.

지름 6~8cm에 둥근 모양이다. 단단하고 노르스름한 껍질이 감싸고 있으며, 과육 속에는 많은 종자가 있다. 먹을 수 있는 부분이 약 20%인데, 과육은 새콤달콤한 맛이 나고 껍질은 약으로 쓴다. 종류는 단맛이 강한 감과와 신맛이 강한 산과로 나뉜다. 원산지는 서아시아와 인도 서북부 지역이며, 한국에는 고려 초기에 중국에서 들어온 것으로 추정된다. 현재 중부와 남부지방에서 정원수와 과수로 재배한다.

주요 성분은 당질(포도당, 과당)이 약 40%를 차지하며 유기산으로는 새콤한 맛을 내는 시트르산이 약 1.5% 들어 있다. 수용성 비타민(B1, B2, 나이아신)도 들어 있으나 양은 적다. 껍질에는 타닌, 종자에는 갱년기 장애에 좋은 천연식물성 에스트로겐이 들어 있다.

열매와 껍질 모두 고혈압, 동맥경화 예방에 좋으며 부인병, 부스럼에 효과가 있다. 특히 이질이 걸렸을 때 약효가 뛰어나고, 휘발성 알칼로이드가 들어 있어 기생충, 특히 촌충 구제약으로 쓴다. 과즙은 빛깔이 고와 과일주를 담그거나 농축과즙을 만들어 음료나 과자를 만드는 데 쓴다. 올리브유와 섞어 변비에 좋은 오일을 만들기도 한다.

Pomegranate

The fruit of the pomegranate tree.

Round in shape, with a diameter of 6~8cm. The surrounding skin is hard, with yellowish flesh containing many seeds inside. Only 20% of the fruit is edible; however, the peel is used for medicinal purposes and the flesh has a sweet and tart taste. Originating from West Asia and the northwest part of the India, it is thought to have entered Korea from China in the early years of the Goryeo Dynasty. It is grown in central and southern regions as a garden tree and frui ttree.

40% is carbohydrate(glucose, fructose), 1.5% is citric acid, giving the fruit its sour taste. It also has trace amounts of water soluble vitamins(B1, B2, niacin). The skin contains tannin and the seeds contain natural estrogen, which is good for menopausal disorders.

Both the flesh and skin are good for women's diseases, boils, and prevention of hypertension and atherosclerosis. It is also very effective in curing shigellosis, and because of its volatile alkaloids, it is also used as a remedy for intestinal parasites, especially tapeworms. The juice has a beautiful color and is often made into fruit drinks, sodas, and confections. When mixed with olive oil, it is good for curing constipation.

구유

가축의 먹이를 담아주는 그릇.

주로 돼지, 소, 말 등의 사육에 쓴다. 긴 통나무 토막의 한쪽 거죽을 떼어내고 우묵하게 속을 파 만든다. 양쪽에 홈이 팬 기둥에 고정시키며, 돌로 만든 것도 있다. 통나무가 귀한 곳에서는 널빤지로 짜서 만들기도 한다.

Manger

Vessel of carved stone or wood construction used to hold feed for livestock.

Trough for feeding pigs, cows, horses, etc., usually made of wood(logs or boards) but also can be made of stone.

수통(水筒)

음료수를 휴대하기에 알맞도록 만든 용기.

미개 민족은 자연물을 수통으로 쓰는데, 동남 아시아에서는 죽통(竹筒)이, 중국이나 유럽에서는 가죽주머니가 사용되었다. 사막 같은 건조지대에서 생활하는 유목민은 가죽주머니나 짐승의 내장(內臟)처럼 형상에 유동성이 있는 것을 수통으로 사용하였다. 토기(土器)를 사용하는 민족들은 토기 단지를 대나 등나무 줄기로 엮은 망태에 넣어 물을 날랐다.

Water Canteen

Portable water container.

Many races in the world have used natural resources to make water containers. Bamboo was popular in southeast Asia, while leather was used in China and Europe. Leather water containers are good for people living in dry regions like deserts.

숫양

양의 수컷을 말한다. 희생제물로 사용되었고(출 29:1; 레 8:2) 식용으로도 사용된 동물이다. 이스라엘 백성들이 드리는 희생제사에서 숫양은 아주 중요한 제물이었다. 흠 없는 숫양은 화목제(레 1:10)와 속건제(레 5:15)의 희생제사로 바쳐졌다. 아브라함이 이삭을 제물로 바치려 할 때 하나님이 예비하신 제물도 숫양이었으며, 숫양은 인류를 대속할 하나님의 어린양 그리스도를 예표하는 것이기도 하였다(요 1:29). 붉은 물을 들인 숫양 가죽은 성막 덮개를 만드는 데 사용되었으며(출 25:5, 39:34) 숫양의 뿔은 나팔을 만드는 데도 쓰였다(수 6:4-6).

Ramb

The male sheep. It has been used both for sacrifices and as food(Exodus 29:1; Leviticus 8:2). The ram was one of the most important sacrifices for the people of Israel. It was the sacrifice for peace offerings(Leviticus 1:10) and repentance offerings(Leviticus 1:15). God prepared the ram as an offering when Abraham was trying to sacrifice his only son Isaac, and it is also a symbol of the Christ, the little Lamb of God who was sacrificed for humankind(John 1:29). Leather made from the skin of the ram, dyed red, was used to cover the tabernacle(Exodus 25:5, 39:34), and the horn was used to make trumpets(Numbers 6:4-6).

성막 자료 비교(각 페이지에 동일한 내용이 기록되었다)

소주제	강문호 목사	유관지 목사	김종복 목사	이동원 목사	이재실 목사	엠 알디한	존 리치
성막		69페이지			11페이지	32페이지	10페이지
성막의 공부		69	4페이지	37페이지	12		
성막의 개론	1페이지	69	1	49			
울타리	10	110	16	63	37	42, 83	14
뜰문	14	92	8	67	42	36, 44	19
번제단	17	104	16	77	49	91	25
번제단 기구	20	104, 21		52			
물두멍	22	107, 60	33	89	69	111	53
물두멍 영적 의미		107	35	54			
성소	25	98,6	39			60	61, 79
떡상	28	98	39	101	79	123	88
금등대	36	100, 23, 9	47	115	89	131	96
분향단	42	102, 65	58	131	101	141	83
휘장	50	17		145	135	152	75, 105
법궤	52	4		157	111	162	107
널판	58	88		131	51	65	
덮개	60				145	60	105
제사장	65	25		187	203		75
5대 제사	76	38		237	237		33
7대 절기	98			221	289	245	

참고서적

성막	강문호 목사
성막 C.D	강문호 목사
성막강해 설교	유관지 목사
하늘 가는 밝은 길	이동원 목사
왜 성막을 공부해야 하는가?	이재실 목사
광야의 성막	존 리치
성막의 비밀을 찾아서	감종복 목사
법궤를 찾아서	돈 스테와르트
성막	엠 알디한

성막과 예수 그리스도

1판 1쇄 발행 _ 2015년 11월 25일
1판 2쇄 발행 _ 2024년 7월 1일

지은이 _ 김한배
펴낸이 _ 이형규
펴낸곳 _ 쿰란출판사

주소 _ 서울특별시 종로구 이화장길 6
편집부 _ 745-1007, 745-1301~2, 743-1300
영업부 _ 747-1004, FAX 745-8490
본사평생전화번호 _ 0502-756-1004
홈페이지 _ http://www.qumran.co.kr
E-mail _ qrbooks@daum.net / qrbooks@gmail.com
한글인터넷주소 _ 쿰란, 쿰란출판사
페이스북 _ www.facebook.com/qumranpeople
인스타그램 _ www.instagram.com/qrbooks
등록 _ 제1-670호(1988.2.27)
책임교열 _ 정연숙 · 오완

© 김한배 2015 ISBN 978-89-6562-715-9 93230

책값은 뒤표지에 있습니다.
이 출판물은 저작권법에 의해 보호를 받는 저작물이므로 무단 복제할 수 없습니다.
파본(破本)은 구입처에서 교환해 드립니다.